网络型产业的组织优化研究
——以电信业为例

牛文涛　著

本书出版得到以下项目的支持：
河南省高等学校青年骨干教师资助计划项目（2018GGJS014）
河南省高等学校重点科研项目（20A790026）
河南省哲学社会科学规划项目（2021BJJ093）
河南省高等学校哲学社会科学智库研究重大项目（2021-ZKYJ-10）
河南省高等学校哲学社会科学应用研究重大项目（2023-YYZD-22）

科　学　出　版　社
北　京

内 容 简 介

本书基于边际分析法则尝试构建规模效益—竞争效益—管制效益的三维框架，并基于这一框架对网络型产业的管制问题与"马歇尔冲突"之间的关系进行研究，为管制政策的精确设计和改革时机的选择提供理论基础。同时，本书将扩散分析方法延伸到网络型产业管制政策效果与市场结构演化内在关系的研究中，验证管制政策与市场结构的双向关系。本书中的相关研究构成传统产业组织理论的有益补充。

本书可作为产业经济和规制经济及相关专业学者和学生、电信业监管部门人员、电信行业从业者的参考用书。

图书在版编目(CIP)数据

网络型产业的组织优化研究：以电信业为例/牛文涛著. 一北京：科学出版社，2023.3
ISBN 978-7-03-075128-7

Ⅰ. ①网… Ⅱ. ①牛… Ⅲ. ①电信企业-产业-研究-中国 Ⅳ. ①F632.1

中国国家版本馆 CIP 数据核字（2023）第 040328 号

责任编辑：薛飞丽　周春梅 / 责任校对：赵丽杰
责任印制：吕春珉 / 封面设计：东方人华平面设计部

科　学　出　版　社 出版
北京东黄城根北街 16 号
邮政编码：100717
http://www.sciencep.com

北京中科印刷有限公司 印刷
科学出版社发行　各地新华书店经销
*
2023 年 3 月第 一 版　　开本：B5（720×1000）
2023 年 3 月第一次印刷　　印张：12
字数：241 000

定价：119.00 元
（如有印装质量问题，我社负责调换〈中科〉）
销售部电话 010-62136230　编辑部电话 010-62135397-2039

前　言　PREFACE ■

　　基于我国电信业 1987～2017 年的相关市场数据，本书以电信业为例，对网络型产业的管制政策、市场结构及二者内在的双向关系进行深入研究，并为网络型产业的组织优化及其最优市场结构的实现提供基本的理论参考。伴随技术因素对供给条件的改善及需求条件对市场容量的扩张，网络型产业的自然垄断性趋于弱化，在理论层面引发了关于自然垄断性的重新认知，而在实践层面，自 20 世纪 70 年代起，在世界范围内开始出现网络型产业管制改革的浪潮。1987 年之后，我国电信业经历了政企分离、中国联通的成立、中国电信的"南北分治"，以及 2008 年开始的"全业务"经营改革。就市场化改革的完整性及市场结构演化的基本特征而言，我国电信业引入竞争和组织优化的过程提供了研究此类问题的典型样本。

　　本书关于网络型产业组织优化的研究致力于以下方面。第一，网络型产业的"马歇尔冲突"具备的特征。第二，网络型产业的管制重建、竞争引入及其对市场结构的影响。这构成关于管制政策与市场结构内在双向关系分析的第一个层面，即管制政策的实施如何推动市场结构演化。第三，网络型产业的定价模式及其与市场结构的关系。第四，网络型产业的新产品扩散、管制政策取向与最优市场结构的实现。最后两个方面构成管制政策与市场结构关系研究的第二个层面，即市场结构如何对管制政策的效果进行约束。对上述方面进行分析后，本书得出如下基本结论。

　　1）网络型产业自然垄断性存在的范围和理由均表现为一个趋于弱化的过程，并具备时变性特征。在网络型产业的"马歇尔冲突"中，其对规模经济的偏好在一定时期内将强于竞争活力，但伴随自然垄断性弱化的深入，竞争活力将被重新关注，网络型产业的组织优化问题则回归到有效竞争的实现问题上，而网络型产业"马歇尔冲突"的融合则可基于边际法则实现。网络型产业在管制收益既定条件下实现最优的市场绩效，对规模经济性和竞争活力的选择需要基于如下原则进行：规模经济性的边际绩效与竞争活力的边际绩效之比等于两者价格之比。

2）网内网外定价政策对市场绩效的影响与市场结构的具体特征有关。当市场结构 n 指数介于 1（完全垄断）与临界值之间时，市场环境趋于垄断，网内网外同价政策对于新进入者的支撑作用，不及差别定价权单独赋予新进入者的网内网外差别定价政策情形。通过不对称的网内网外定价赋权，降低新进入者的产品价格以提升其吸引潜在用户的能力，并通过用户规模的扩张和市场份额的增长实现对在位者垄断势力的冲击，最终为网络型产业打破垄断、提升运行绩效奠定基础。市场结构 n 指数达到临界值时，市场环境趋于竞争，应当实施网内网外同价政策，打破不对称价格管制政策对新进入者的保护罩，构建市场竞争的公平环境，并长期改善网络型产业的市场绩效。

3）网络型产业的管制效果与市场结构之间存在双向的动态关系。管制政策构成市场结构演化的基本力量，同时，市场结构的基本特征也成为管制政策效果提升的重要约束条件。这一结论意味着网络型产业管制政策的实施存在一个市场结构的适用区间，即对具体的管制政策而言，存在一个可以实现最优政策效果的市场结构情形，或者说基于相关市场数据可以测算出市场结构的临界值，并确定其区间。管制政策的基本方向、具体特征及实施的时间节点都可以基于临界值做出说明，当市场结构突破临界值时，管制政策应当进入下一个周期。

感谢徐真真、张蕊、张河雄、刑明慧等所做的数据搜集和文字校对工作。感谢我的夫人赵欢欢在我修改、完善本书时所给予的关怀和鼓励。

尽管本书为网络型产业组织优化问题的研究提供了产业组织相关理论的有益补充，并为管制政策的精确设计及改革时机、改革方向的选择提供了理论依据，但由于作者水平有限，且时间仓促，书中难免存在不足之处，恳请广大读者批评指正，作者亦将继续前行，并在未来逐步完善三维分析框架。

牛文涛

2019 年 10 月于英国爱丁堡大学

目 录 CONTENTS ■

第 1 章

导　　论

1.1　网络型产业组织优化的研究背景和意义

1.1.1　研究背景

20 世纪 80 年代以来，关于网络型产业[①]的研究一直是产业组织理论的热点问题。以电信、电力为代表的网络型产业在国民经济中占有较大比例，同时，在推动技术进步、引领创新、提升相关行业的运行效率方面起到了重要作用。由于网络型产业的产品和服务提供需要一个互联互通的基础网络，这些网络的建设和维护的成本高昂，并具备显著的成本沉没化特征。相比市场中的私有个体，国有部门对这种"高成本，收益期较长"模式的承受能力往往更强[②]，并且有限的市场规模仅能容纳少数几家[③]网络运营商。在产业发展的早期阶段，网络型产业往往表现出显著的自然垄断性，纵向一体化和国有化[④]成为其产业组织的主要特征。这种垄断的市场结构带来了规模经济性和范围经济性的好处，企业提供产品和服务的单

[①] 本书所分析的网络型产业主要是指基于实体网络（物理网络）运营的产业，如电信、电力等行业，而基于虚拟网络运营的网络型产业则不属于本书的讨论范围。因此，本书关于网络型产业组织优化的相关研究结论并不适用于虚拟网络运营的网络型产业。

[②] 对国有部门这种"更强的承受能力"可以从如下两点做出说明：其一，基础网络的成本并非属于国有部门决策者的私人成本，即对成本缺乏敏感性，而市场个体则需要承担这些成本，并且构成其市场行为的重要约束；其二，收益期较长带来的利润缺口或资本不足可以从政府层面获得补充，与此不同，市场个体很可能会因这种收益模式而加剧破产的风险。

[③] 在网络型产业发展的早期阶段，市场中往往仅有一家运营商，即表现为一个独家垄断的市场结构。

[④] 当然也存在例外情况。以电信业为例，在向这一产业引入竞争机制之前，美国、加拿大等少数北美国家的基本制度是私有制。除此之外，在世界范围内，包括欧洲一些国家或地区、日本和中国等国家及地区的电信业的运营都是基于公有化展开的。

位成本趋于下降，而消费者也将有机会获得更低的价格[①]，更多的潜在群体成为网络型产业的在网用户，市场规模最终基于这一逻辑获得扩张，并使新的运营商进入市场成为可能，也奠定了网络型产业市场化改革的基础[②]。如果将自然垄断性理解为网络型产业采取垄断市场结构的理由，那么这种理由在市场条件发生上述变化之后开始变得不够充分，打破垄断、引入竞争的改革呼声开始高涨。实际上，伴随技术因素对供给条件的改善及需求因素带来的市场容量的扩张，近30年来，在世界范围内掀起了一场关于网络型产业管制改革的浪潮。

在世界范围内，网络型产业的管制改革以电信业为典型。电信业改革也因此成为学术争论的焦点，并持续了数十年，特别以法国学者让·雅克·拉丰（Jean Jacques Laffont）和让·泰勒尔（Jean Tirole）等的研究为代表[③]。与其他网络型产业一样，电信业的自然垄断性因技术和需求因素的改良而趋于弱化，引入竞争、打破垄断成为主流的认知，并被政策制定者接受。最早开始进行电信业改革的国家是英国、美国等，其改革经验[④]成为后来许多国家电信业改革的参考模式。英国电信业的改革开端于私有化，这也是在世界范围内很多国家的选择。但与英国模式不同，我国电信业的市场化改革则始于向市场中引入竞争机制。自20世纪90年代以来，我国借鉴欧美国家的经验，先后对整个电信行业进行了数次改革，包括1994年成立中国联通、2002年对中国电信进行南北分拆，以及2008开始的"全业务"经营改革[⑤]。这些改革通过向市场中引入竞争因素，尝试突破垄断对市场的约束，提高了资源配置的效率，推动了整个电信业尤其是移动通信市场的快速发展。这里基于电信业改革与移动电话扩散的关系针对引入竞争机制对我国电信业的重要性做出简单说明。实际上，1987年，我国移动电话用户数仅有700多户，普

---

① 这种更低的价格需要依赖政府的价格管制，因此，基于更低的价格获得产品和服务只是一种可能性，这种可能性在政府有效管制的情形中变成现实。

② 这里实际上强调的是市场结构与网络型产业发展阶段的适应性。在网络型产业发展的早期阶段，完全垄断成为"马歇尔冲突"融合问题的一种解决思路，这种"多垄断、少竞争"的市场结构奠定了这一阶段最优市场绩效实现的基础。因此，网络型产业以最大化市场绩效为目标进行组织优化的过程与其产业发展阶段的演变紧密相连。

③ 电信业成为网络型产业研究的热点问题，其主要原因有两个：其一，通过改革电信业获得了迅速发展，提高了个体和整个经济的效率，受到广泛的关注；其二，相比自来水、电力等行业，电信业的市场数据更易于收集，为进行严谨的定量分析提供了基础。诺贝尔经济学奖获得者约瑟夫·斯蒂格利茨（Joseph Stiglitz）和J.A.豪斯曼（J.A. Hausman）都对电信业研究非常感兴趣，前者主要研究电信业改革与竞争政策，后者则关注电信业的福利分析。

④ 戴维·M.纽伯里（2002）对英国电信业改革进行了详尽的研究。

⑤ 中国电信业自1987年至今的市场化改革历程，为我们分析网络型产业的相关问题提供了典型样本。本书关于网络型产业的相关实证研究主要基于我国1987～2017年的电信业数据展开，部分描述统计分析则包含2018年和2019年的数据。

及率水平也仅为百万分之一左右。但 7 年之后的 1994 年末，我国移动电话用户数达到 156.78 万户，普及率水平为 0.13%。2001 年末，我国移动电话用户数首次超过 1 亿户，达到 14 522.2 万户，普及率水平为 11.46%。2007 年，我国移动电话用户数首次超过 5 亿户，达到 54 730.6 万户，普及率水平增长至 41.64%。2010 年末，我国移动电话用户数达到 85 900.3 万户，普及率水平为 64.36%。2013 年末，我国移动电话用户数达到 122 911.3 万户，普及率水平为 90.33%。2016 年末，我国移动电话用户数增长至 132 193.4 万户，普及率水平为 95.60%[①]。2017 年末，我国移动电话用户数达到 141 748.7 万户，普及率水平进一步增长至 101.97%。2019 年，我国移动电话用户数进一步增长至 160 134.5 万户，普及率水平已达到 114.38%。受益于移动电话在我国的成功扩散，我国移动通信业的市场规模位居全球首位，移动通信服务演变为整个电信业领域内最重要的业务，扮演着电信业发展的先锋角色，对相关行业及国民经济的支撑和辐射作用极大。因此，我国向电信业引入竞争机制主要基于两种思路：其一，发放行政许可，允许成立新的网络运营商，向市场中引入新的竞争者；其二，不改变网络现状，通过分拆网络、解决互联互通问题构建新的竞争者。

　　私有化改革和向市场中引入竞争机制，在本质上都是致力于提升网络型产业的资源配置效率，以实现最优的市场绩效。作为产业组织理论的根本命题，描述"规模经济与竞争活力"之间对立的"马歇尔冲突"在本质上同样构成网络型产业改革的出发点和亟待解决的根本问题，而通过管制改革构建最优市场结构在本质上就是对"马歇尔冲突"的融合[②]。垄断和竞争作为两种不同的资源配置方式，它们所表征的市场结构在本质上都是对"马歇尔冲突"问题的解决思路。在网络型产业发展的早期阶段，自然垄断性使垄断的市场结构成为最优选择，而伴随自然垄断性的弱化，最优市场绩效的实现需要市场结构特征或者组织特征趋于竞争，但这种市场结构趋于优化的演变在产业发展的早期阶段无法自发实现，需要依赖政府管制政策的有效实施。

　　管制改革需要基于特定的管制政策展开，这些政策或者是关于制度本身，或者是关于市场竞争机制，即基于何种准则引入新的竞争者。因此，管制政策的实施总是在特定的市场结构中展开，并致力于通过改革引导市场结构趋于优化。但在网络型产业的管制实践中，管制政策的效果往往受到市场结构的约束，并表现

---

　　① 由于单个用户拥有移动电话的数量存在大于 1 的情形，此处的普及率之于实际普及率存在一定程度的高估。

　　② "马歇尔冲突"的融合是指在产业发展的特定阶段，通过选择垄断、竞争因素在市场结构中的比例实现最优的市场绩效，以兼容规模经济性与竞争活力的好处，使两者之间的边际替代率相同。详细分析见第 2 章的相关内容。

出滞后性。因此，网络型产业管制改革与市场结构优化（组织优化）之间或许存在一种双向约束关系，本书对网络型产业组织优化问题的相关研究正是围绕此点展开的。考虑到网络型产业组织优化的过程在本质上就是最优市场绩效实现的过程。在产业的特定发展阶段，必然存在最优的市场结构以构成最优市场绩效实现的基础。作为产业组织的基本问题，"马歇尔冲突"及其融合伴随网络型产业改革的整个过程。但在管制实践中，应该基于何种原则对"垄断""竞争"做出选择，从而兼顾规模经济性与竞争活力的好处，实现对"马歇尔冲突"的融合？这是本书需要回答的一个基本问题。

自 1987 年至今，我国电信业进行了数轮市场化改革，从早期独家垄断的市场结构演变为中国移动、中国电信和中国联通"三分天下"的情形，市场中的竞争因素趋于强化。尽管如此，我国电信业的垄断属性依然很强，特别是国内主流媒体持续披露垄断行业的低效率，"反垄断"成为决策层需要重新关注的基本问题。但"反垄断"并不是管制改革的根本目的，改革的落脚点应该是网络型产业最优市场绩效的实现，其改革的整个过程实际上表现为组织优化的过程。在此背景下，本书尝试基于我国电信业的相关市场数据，对网络型产业组织优化的相关问题进行研究，以提供对"反垄断"问题的反思，为我国电信业及网络型产业实现最优市场绩效提供理论参考，并致力于回答如下几个问题：网络型产业的管制政策是否构成市场结构演变的重要力量？市场结构是否构成网络型产业管制政策效果的约束？网络型产业的管制政策是否存在市场结构的临界值和适用区间？管制政策与市场结构之间是否存在双向关系？在产业发展的特定阶段，网络型产业的最优市场结构如何进行测算？如何评价我国电信业 1987 年至今四个阶段的改革与移动电话在中国的成功扩散？我国电信业三家网络运营商的市场结构是最优的吗？

1.1.2 研究意义

基于相关市场数据，本书以电信业为例，对网络型产业的市场结构特征、管制效率与市场绩效等问题进行研究，并分析网络型产业管制政策与市场结构的双向动态关系。本书的研究主要具有如下两点意义，这也是研究的起点和落脚点。

1）提供了对产业组织相关理论的反思，这也构成本书相关研究的理论意义。本书基于我国电信业的相关数据，分析管制政策与市场结构的双向关系，强调管制政策对市场结构演变的影响及市场结构对管制政策效果产生的约束。研究表明，管制政策存在市场结构的适用区间，其有效性存在临界值，最优市场绩效的实现存在一个最优的市场结构，这些结论构成对"结构学派"观点的一次证明，丰富了产业组织理论的基本内容。

2）为管制政策的精确设计及改革的时机与方向选择提供了理论依据，这也构成本书相关研究的现实意义。本书基于边际法则对网络型产业"马歇尔冲突"的融合进行数理分析，探讨在管制效益既定的情形中，规模效益与竞争效益的选择基准[①]。如果可以获得两个目标变量的具体数据，管制政策的精确设计将成为可能。在对网络型产业网内网外定价政策与市场结构关系的分析中，本书基于扩散模型，通过引入交互项，测算这一政策的市场结构适用区间和临界值，为网络型产业及一般性产业的管制政策设计提供了市场结构基准，即基于市场结构的数据可以对管制政策的引入阶段做出说明，这也为克服管制改革的盲目性及"决策层印记"[②]提供了理论参考。同样，本书通过对我国电信业最优市场结构进行定量分析，为电信业及其他网络型产业引入竞争的改革提供了选择依据。

1.2　网络型产业组织优化的研究理论及相关概念界定

1.2.1　网络型产业组织理论

1. 网络的概念与类型划分

网络是指由一定节点和链路构成的系统。节点和链路是网络的基本要素，它们相互连接构成网状配置系统，成为网络功能充分实现的基础。网络经济效益的发挥不仅需要这些基本要素的数量和质量，还需要网络内部结构的优化。李怀（2004）将网络经济效应定义为一种结构效应。网络有以下两种划分方式。

1）基于网络的形式差异，网络可以划分为物理网络和虚拟网络。物理网络以通信网络、输电网络等为代表；虚拟网络则主要围绕某一标准，基于互补性展开，如由智能手机与某一操作系统等所构成的用户网络。

2）基于信息传递是否可逆，网络可以划分为单向网络与双向网络。单向网络意味着信息传递只能单方向进行，同类型节点之间的交易没有意义，具备这一特征的网络以有线电视、电力管道为代表；双向网络则意味着网络节点之间可以进

---

① 管制效益等同于微观分析中的收入，规模效益与竞争效益等同于可消费的两种产品。规模效益表示规模经济性，即垄断；竞争效益表示竞争活力，即竞争。对这一问题的数理分析详见第 2 章。

② 管制改革的实施主要基于决策者的主观判断，而非来自市场数据的客观分析。

行信息传递，同一类型节点之间的交易有效，通信网络、电子邮件等均属于双向网络。单向网络与双向网络构成对网络型产业网络外部性分析的基础。

2. 双向网络和单向网络的网络外部性

网络外部性是对网络经济起支配作用的梅特卡夫（Metcalfe）法则的本质，网络外部性存在的关键是网络成分间的互补性（罗仲伟，2000）。

双向网络的网络外部性在本质上是一种直接的技术外部性，或者称为技术溢出。对于一个拥有 n 个节点的网络，第 $n+1$ 个用户入网将带来如下改变：网络节点从 n 变为 $n+1$。原网络中的 n 个用户获得了与新用户进行交易（如通信）的可能性，增加了交易的选择权。同时，n 个用户将向新用户开放，显然，n 的值越大，网络规模越大，新入网用户获得的外部性越大。当然，还有一个前提条件，即网络并未饱和，新入网用户带来的收益不大于成本。这种网络外部性也是潜在进入者在入网决策时往往选择较大网络的一个理由。

与双向网络通过交互式的方式产生不同，单向网络的网络外部性主要通过对尚未利用的规模经济性的开发来实现。这主要有两种途径：其一，新用户的入网将扩大用户规模，同时降低单个用户所承担的成本；其二，与规模经济和多样化的价值有关。以自动取款机为例，伴随用户增加，对自动取款机的需求增加。通过在合适的地理区域中引入新的自动取款机，将有效降低其他用户的取款成本，包括时间成本和交通成本。这实际上是指伴随网络规模的扩大，更多的互补性产品和服务将会被供给，从而带来价格的下降（罗仲伟，2000）。

3. 网络型产业的产品属性

董烨然（2002）认为，网络型产业具有公共物品性的特征，与彭云飞和马超群（2009）的观点接近，他们将网络型产业的产品属性划归为准公共物品。但刘戒骄（2001）则认为，网络型产业提供的产品或服务在本质上属于私人物品，即具备可竞争性与排他性等特征，并从 Musgrave（1959）提出的纯公共物品的概念出发对网络型产业的产品属性做出说明。董烨然（2002）则从网络型产业发展阶段对网络型产业的产品和服务属于公共物品还是私人物品做出解释，他认为，由于发展中国家网络型产业发展滞后，产品和服务提供往往呈现出"拥挤"[①]特征，原本所具备的非竞争性和非排他性特征，在严重的供需冲突情形下趋于弱化，公

---

① 这里的"拥挤"实际上是指因供给不足、需求旺盛而带来的一种卖方市场状况，产品极为稀缺，只能为少数人提供。

共物品演变为具有竞争性和排他性特征的私有物品。此外，普遍服务原则①也为网络型产业的产品和服务具备公共物品属性提供了一些证明②。实际上，本书认为网络型产业的产品或服务兼具公共物品与私人物品的特征，在不同的发展阶段，某一特征将占据主导地位：在产业发展的早期主要呈现出私有物品的特征，而在产业发展的成熟期，公共物品属性将是其主要的产品特征。

4. 网络型产业的成本特征及市场结构选择的成本比较法

网络型产业的固定成本很高，网络结构越复杂，这种固定成本越高。例如，双向网络就比单向网络的固定成本高。但网络型产业的边际成本很低。因此，网络型产业的平均成本曲线非常陡峭，在产量达到某一水平后开始急剧下降，并接近零。这一成本特征对网络型产业的市场结构选择，即是否引入竞争产生显著影响。伴随技术和需求因素的作用，网络型产业的自然垄断性趋于弱化，整个网络型产业将被划分为可以引入竞争和不能引入竞争两个部分，或者说两个业务领域。但与完全竞争市场不同，网络型产业的竞争性领域总是存在着严格的进入管制，实际上，其竞争的引入更多的是由政策引导的，而不是市场自由竞争的结果。但伴随竞争机制的引入，市场个体的竞争强度被放大，这对管制者是有利的。因为引进竞争者、进行分散经营，将更有利于管制者获得厂商的基本信息，从而在整体上提高管制效率，改变过去因严重的信息不对称而带来的管制失灵状况。

李怀（2004）从成本比较的角度分析了网络型产业最优市场结构选择的基本逻辑，即对是垄断还是竞争的选择应该基于什么原则进行。李怀（2004）认为，对网络型产业这种自然垄断产业而言，对垄断与竞争机制的选择，需要基于对两种成本节约的比较：垄断带来的规模经济性等所致的成本节约与竞争机制带来的成本节约。只有垄断带来的成本节约大于竞争的情形，自然垄断的市场结构方为可行。反之，如果竞争机制相比垄断情形可以带来更多的成本节约，竞争的市场结构就应该被选择。需要说明的是，这种成本节约在本质上等同于效率提升或者社会福利水平的提高。

---

① 普遍服务（universal service）的概念最早可追溯至社会改革家罗兰·希尔（Rowland Hill），尽管其并未明确提及普遍服务，但罗兰·希尔于1837年对英国邮政体系的改革则主要基于这一概念展开。普遍服务这一表述则是由 T. N. 维尔（T. N. Vail）于1907年提出的，他的口号是"一个系统，一个政策，普遍服务"。以电信业为例，偏远地区的通信收益往往低于通信成本，但基于这一原则，电信运营商则同样需要为这一地区提供与城市无差别的通信服务。为了维持厂商的持续运作，可行的做法是基于其他的利润来源对这一收益缺口进行补偿。

② 徐华（2006）也认为网络型产业的普遍服务具有非排他性和非竞争性等公共产品特点。

1.2.2 政府管制的基本理论[①]

1. 规制和管制的区分

regulation 目前有两种译法，即规制和管制。实际上，前者是由日本学者创造出来的名称[②]，后者则是符合中文习惯并具备权威性的译法，但现在这两种译法的术语都已经在学术界被广泛使用，在观点表达及政策传递中也并未出现冲突。因此，本书并不刻意区分规制和管制，在本书中两者的含义相同。尽管如此，致力于规避可能产生的语义困扰，本书在引用文献原文时保留"规制"这一用法，而在其他情形下均使用"管制"这一字眼。

2. 政府管制的供需均衡论：供给与需求的特征、管制过剩还是不足

政府管制虽属于一种特殊的公共产品，但同样可以对其进行供需均衡分析（王俊豪，2001）。对政府管制的需求分析，可以基于宏观和微观两个层面展开。

在宏观层面，政府管制的需求主要来源于自然垄断性和外部性问题，前者包括遏制垄断定价、防止破坏性竞争，以及盲目的市场退出、制约不正当竞争行为，如内部交叉补贴等；后者则主要包括如何增进正的外部性，消除负的外部性。互联互通、普遍服务原则（缺乏政府管制，边远地区的通信将无法实现），以及与外部性相关的环境问题、产品质量问题都需要政府管制。

在微观层面，对政府管制的需求主要见于 G. J. 斯蒂格勒（G. J. Stigler）的"产业需求论"。斯蒂格勒在《经济管制理论》（"The Theory of Economic Regulation"）一文中对政策因素带给产业的好处做出了详尽的分析。但在现实中政府管制并不必然为被管制产业带来利益，实际上也会产生某种约束，如价格上限等会压缩企业的利润空间。对行业及处于该行业中的企业而言，其对管制政策的需求应该主要限于对自身有利的政策，如限制新竞争者的进入壁垒政策及严苛的许可证制度等。

政府无法对每种管制需求都提供对应的管制。与管制需求相比，管制的供给更为抽象。作为一种特殊的公共产品，管制本身并无价格，并且各个利益集团对管制本身价值的认识不同，甚至相反。管制的制定将经历复杂的博弈过程，这种博弈加剧了管制的供给。王俊豪（2001）将管制的供给归结为对管制政策的认识及实施这些政策的条件。对自然垄断行业进行价格管制和进入管制就是基于经济

[①] 王俊豪，2001. 政府管制经济学导论[M]. 北京：商务印书馆：4-30.

[②] 此点可从日本学者植草益所著《微观规制经济学》1992 年的中译本中得到说明，其文末的译后记（第304页）中有清晰的描述。植草益（1937—　），日本著名的产业经济学家，毕业于日本庆应大学，毕业后担任日本庆应大学经济研究所的研究员，1967 年获得经济学博士学位，担任日本东京大学的经济学教授。植草益的主要学术贡献集中于工业组织理论、公共管制，以及中国市场经济改革中的价格改革和工业政策实施等领域。

理论进行分析而获得的对管制的认识。在管制实践中，政府的认识经历了一个由浅及深的过程，伴随认识的深入，政府管制的动机开始出现并得到强化，但能否供给管制政策，还需要改善供给条件。这些供给条件主要包括基础市场环境、纲领性文件①的出台等。

管制的供需均衡分析最早见于 Stigler（1971），后经其芝加哥大学同事萨姆·佩尔茨曼（Sam Peltzman）在 1976 年进行了扩展。Peltzman（1976）构建了管制者即政治的边际替代率，以及表征市场主体决策特征的企业利润与消费者剩余相互进行转移的边际替代率，他认为，管制的供需均衡发生在两种边际替代率相等的情形中。但由于理论构建的基础较为特殊，这些均衡分析难以具备普遍性。本书沿用王俊豪（2001）对管制供需均衡的分析。在一个简单的分析框架中，管制的价格以管制的成本进行表达，成本对管制的供给将带来负激励，并主要由管制者承担，因此，管制成本与供给表现为一种负相关关系。管制需求对成本并不敏感，将其假设为向上递增也符合管制实践。

以管制成本 C 为纵坐标，以管制量 R（用于对管制供给和管制需求的数量进行测度）为横坐标，政府管制的供需均衡可以在一个二维图（图 1.1）中进行分析。图 1.1 中，A 点为管制量为零的情形下，所对应管制成本的数量。政府管制属于一种特殊的公共产品，因此，伴随管制成本的增加，政府的管制供给规模趋于下降，在管制成本极高的情形下，政府的管制供给趋近于零，A 点即描述了这一极端情形。B 点则为管制量为零的情形下，政府等仍须承担的管制成本。E 点为管制供给曲线 SS 和需求曲线 DD 的均衡点，处于 E 点这一情形时，政府的理性选择是：面对管制需求，在管制成本 C^* 时，提供数量为 R^* 的管制供给。均衡点将管制分割为两个不同的区域，当管制供给大于需求时，表现为管制过剩，此时需要放松管制；当管制需求大于供给时，表现为管制不足，此时需要强化管制。与一般的产品市场不同，管制的供需失衡并不会在市场机制的作用下自动恢复平衡。主要原因在于管制成本对管制需求的调节能力很弱，这意味着这种失衡更多需要通过管制者单方面调节供给来改善（王俊豪，2001）。

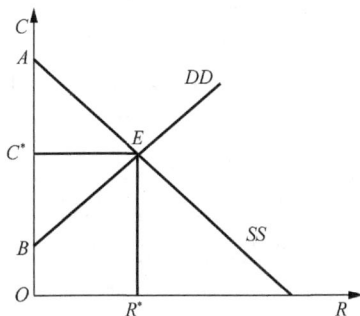

图 1.1　管制的供给与需求：一个均衡分析方法②

---

① 例如，在电信业改革中，《中华人民共和国电信条例》的出台为管制改革提供了基本的框架和法律依据。

② 王俊豪，2001. 政府管制经济学导论[M]. 北京：商务印书馆：16.

3. 管制的成本与收益分析：具体计量、管制效益及必要性

管制的成本主要包括管制政策的制定成本、交易成本、由企业承担的管制成本（游说等成本）、管制方案修订产生的成本。这些成本在本质上可以划分为两个部分：一是由管制者承担的成本，二是由企业承担的成本。管制成本高昂的原因主要有如下三个方面。其一，管制者与管制对象之间目标的差异性，管制者以配置效率为目标，致力于实现社会福利最大化；而管制对象则基于生产效率进行决策，致力于实现利润最大化。其二，管制者与管制对象之间的信息不对称现象。企业总是设法隐藏自身的真实信息，甚至误导管制者出台对其有利的管制方案。政府管制效率因信息不对称而大幅下降。为了克服这种信息不对称，需要雇用大规模的专业人员进行调查研究，这样必然会增加管制成本。其三，管制方案因利益集团、市场条件变化等需要变革，同样带来了不可避免的成本。

传统经济学文献对管制收益的评价主要基于管制后垄断者收益减少和消费者收益增加，而从福利经济学角度分析，政府管制收益可以从管制前后生产者剩余与消费者剩余之和加以衡量，但这些对管制收益的衡量过于抽象，难以获得具体的数据。王俊豪（2001）提供了分析管制收益的新框架。在这一分析框架中，管制收益被界定为两个可计量的福利改进之和[①]：其一，维持消费计划不变，消费者因管制实施而带来的支出减少；其二，剔除非管制因素（如竞争、技术变革等）的影响，生产者因效率提高而实现的收益增长。如果获得相应的市场数据，就可以对某次管制的收益进行具体的测量。但需要说明的是，由于对福利测度的相关信息进行了选择性剔除，这一简化的分析框架对福利变动的测度可能存在一定的偏差。

获得管制收益与管制成本的具体信息，为本书分析管制的必要性提供了可能。从本质上讲，最优化决策需要基于边际成本与边际收益相等这一边际法则进行，但这并不适用于对管制的分析。本书在一个更简单的框架中实现分析目标。定义管制收益与管制成本之差为管制效益，如果管制效益为正，则管制有效；反之，管制效益为负，即意味着管制产生了更高的成本，管制并无必要。但需要说明的是，这种成本—收益分析法只能对已经发生的管制进行效率评价，无法前瞻性地提供是否需要进行管制的具体结论。因此，考虑成本与收益特征，管制供需的均衡并非最优状态。此外，对管制成本与收益的分析同样需要将技术和需求等因素考虑在内，以作为管制政策的决策依据。如果基于成本—收益分析方法，管制被证明是可行的，则管制政策的方向和特征应当基于何种原则实施将在第2章中进行分析。

---

① 本书在王俊豪（2001）的基础上进行了简单修正。

4. 管制的主要类型：经济性管制与社会性管制

根据管制目标、实施工具的差异，政府的管制可以划分为经济性管制与社会性管制。本书基于日本学者植草益（1992）的定义[①]对此两类管制做出说明。实际上，网络型产业具备较为显著的自然垄断性[②]——由少数几家企业提供产品和服务，生产效率更高。但由于企业获得了市场垄断地位，存在进行垄断定价的激励，如果不进行管制，将带来社会福利损失。同时，信息不对称也导致企业定价能力提升，分散的消费者进一步沦为价格接受者，基于利润最大化，企业存在进行信息误导、欺诈消费者的可能性。因此，微观市场存在的上述问题需要政府实施干预，即管制。

经济性管制是指在出现自然垄断与信息不对称的市场领域，政府基于自身的强制权，通过立法、行政许可等途径，对市场个体的进入、退出及价格、质量等相关市场行为进行约束，以规避资源配置的低效率，实现公平交易（王俊豪，2001）。传统或者说最早出现的管制是经济性管制。这种管制一般包括以下几种类型。其一，涉及企业提供产品和服务的管制，如价格管制、质量管制等。在实践中，由于质量信息较为多元化，不如价格信息如此唯一和明确，质量管制往往并不单独实施，而是包括在价格管制中。如果消费者对企业的质量进行投诉，管制者将对企业产品、服务的价格进行约束，对于一个较低的质量等级，企业将只被允许进行较低的定价。其二，与市场结构关系密切的管制，如进入、退出管制等。在产业发展的初期阶段，为了获得规模经济性、范围经济性等，许可证制度被选择，并通过限制进入对在位厂商实施保护。如果市场等各种因素导致这一行业的收益低下，为了保持产品和服务供应的稳定性，市场个体退出市场的行为需要被管制，即使可以退出，也需要付出高昂的成本，使退出者否定自己的退出决策。其三，为了避免重复建设、低效率投资，市场个体的投资行为也会受到管制。前两种类型的管制构成经济性管制最重要的部分，也是经济性管制采用最多的管制类型。需要说明的是，由于各个行业的技术经济特征及发展的阶段不同，政府对某一产业实施的管制将表现出独立性与时变性。在世界范围内，开展经济性管制最早且较成功的国家是美国。对中国而言，管制已经取得巨大成功，但存在的主要问题是独立的监管机构依然没有出现。

社会性管制作为经济性管制的补充出现得较晚，代表着管制在对经济效益的

[①] 植草益（1992）认为，管制即指依据一定的规则对构成特定社会的个人和构成特定经济的经济主体的活动进行限制的行为。

[②] 对这种自然垄断性的分析详见第 2 章。

追求之后，开始关注社会效益。20世纪70年代之后，西方发达国家开始重视社会性管制，系统的理论研究也从这个时期开始。在美国，社会性管制也被称为HSE管制，这是因为其社会性管制被局限在英文字母所代表的三个领域：健康（health）、安全（safety）与环境（environment）。社会性管制的内容繁多，日本学者植草益（1992）将社会性管制分为A、B、C、D四个大类，每个大类又分成若干小类[①]。社会性管制在中国也经历了一个逐渐被认识的过程，从早期主要基于经济效益进行决策到后来重视环境保护，决策者提出的"生态中国"意味着社会性管制开始变得日益重要。经济性管制与社会性管制的有效结合能在放大经济管制效果的同时，弱化其带来的负面作用。

5. 管制俘虏

20世纪70年代之前，政府管制的公共利益理论处于主流地位，并没有人对政府管制的有效性提出质疑，管制失灵现象被认为是不存在的。此后，伴随公共选择理论的兴起，政府管制者的自利性逐渐被认识，一种对政府管制进行反思的理论开始出现，即管制俘虏。管制俘虏存在的基本逻辑如下。

1）利益集团的规模与对管制者的影响力成反比。市场中存在不同的利益集团，可以对政府管制者的决策产生影响。如果将利益集团简单划分为企业与消费者，由于前者人数较少、利益集中，利益的分配较为明确；而后者数目众多，存在严重的"搭便车"行为，单个消费者为实现集团利益进行呐喊的激励弱于企业组成的利益集团。因此，规模庞大的消费者群体无法对管制者的决策产生重要作用。这就为企业组成的利益集团基于自身力量开展游说活动提供了激励。

2）管制者的经济人假设。管制的公共利益理论假定政府的目标是社会福利最大化。管制实践表明，政府决策符合理性经济人假设。管制者存在个人利益最大化的激励问题，这种个人利益可能是政绩、延伸政治生命需要企业集团的支持，以及其他直接的收入等（王俊豪，2001）。

关于政府的自利性假设为企业积极寻租、与管制者共同分享垄断利润提供了可能，出现了管制俘虏现象。在一个产业内部，这种俘虏表现在两个方面。管制俘虏理论的研究以Stigler（1971）和Peltzman（1976）为代表。管制俘虏理论者认为，政府管制实际上是为了满足产业对特定管制的需要产生的，而管制机构最终也会被产业控制。这里产生了两种俘虏：一是立法者被产业俘虏，二是执法者被产业俘虏。基于上述分析，管制是否最终将沦为企业利润最大化的手段？既然

---

① 由于本书并未基于这种分类方法进行相关分析，故详细分类在此不予讨论。具体可参见"植草益，1992. 微观规制经济学[M]. 朱绍文，胡欣欣，等译. 北京：中国发展出版社：282-284."。

如此，管制还有存在的必要吗？管制俘虏理论表达了一种反管制的倾向，20 世纪70 年代之后，在世界范围内所掀起的放松管制浪潮即与此有关。但实际上，管制俘虏理论的基本假设过于绝对，存在一定的局限性。尽管管制的成本高昂，但如果所获得的收益大于成本，则管制仍应当被认为是可行的。如果只是为了规避管制俘虏现象就过度地放松管制，实际上并不可行。但管制俘虏理论为我们反思管制者的基本动机提供了基础，通过构建完善的约束机制，管制者被俘虏的可能性将被控制，管制效率也将得到提高。

1.2.3　扩散分析的基础理论及其在经济学研究中的兴起

1. 创新的扩散与 S 形曲线

2002 年，在距离 Rogers（1995）写就《创新的扩散》（*Diffusion of Innovations*）一书之后的第 7 年，这部传播学领域的经典之作始有中译本。由辛欣所译的中译本书风典雅，文学化地呈现了 Rogers（1995）关于"创新的扩散"的思想精髓。本人在 2009 年有幸阅读了此书，开始对扩散分析产生兴趣，并尝试将扩散分析引入对市场结构的研究中。第 5 章即是本人在 2009 年研究[①]的基础上对管制改革与市场结构关系所进行的研究。为了便于读者更好地理解后续研究，此处对扩散研究的基本理论做出说明。

作为扩散分析的起点，创新与扩散的概念需要人们进行简单的讨论。创新可以是一种新思想、新思路、新产品或服务等。同时，创新具备个体属性，也就是说，是否构成创新取决于这个个体对创新的态度。以移动电话为例，尽管相比固定电话，移动电话对多数人而言是一种创新，但它也会因为种种原因对某些个体不构成吸引力，这意味着对这些人而言，移动电话并不是一种创新。因此，创新是相对的，并且只能在受到认可的群体中获得成功的扩散。但这仅构成扩散的前提条件（扩散的目标群体存在），扩散能否成功还受到诸多因素的影响，包括创新的特征、相容性、使用的难度，以及与过去产品相比是否具备显著的比较优势。这些因素将影响市场个体的采用决策，从而决定了这一产品在市场中的扩散状况。

本书提及的扩散并非严格意义上等同于一项新产品被采纳的过程。"扩散"一词原本是一个物理学概念，描述的是因物质团的热运动而产生的物质迁移现象（牛文涛，2009）。不仅在微观层面，实际上在宏观和中观层面同样存在着丰富的扩散现象。以移动电话这项创新为例，自 1987 年我国开始提供移动通信服务后，采用移动电话的用户从早期局限于数目极少的商界精英人士到现在逐步被多数人

---

① 牛文涛，2009. 中国移动电话扩散趋势及动力因素研究[D]. 成都：西南财经大学.

采用，普及率大幅提升。移动电话在我国即经历了一个成功的扩散过程。基于Rogers（1995）对创新的扩散所给出的定义，本书在此对"创新的扩散"这一范畴进行理论表述。创新的扩散是指一项创新经过一定时间（由产品特征决定时间的长短），通过特定的传播渠道（可以是口头传播，也可以是其他类型的传播），在社会系统中的传播过程。这一定义实际上对影响创新扩散的四个要素进行了完整的刻画，包括创新本身的特征、扩散时间、扩散渠道及社会系统特征。

创新本身的特征决定了采用者对这项创新的直观印象，也决定了早期采用者的类型。扩散时间是指一项创新在社会系统中的扩散历程，为了便于数据统计和模型分析，扩散开始的时间一般记为 1（以我国移动电话的扩散为例，1987 年我国开始有移动电话扩散的相关数据，在进行扩散分析时可将这一年记为 1，而 1986年则为 0）。同时，扩散时间也是扩散阶段划分的一个基本依据，一个完整的扩散过程包括起飞阶段、成熟阶段和衰退阶段等。在以扩散时间为横坐标、以扩散率（或者称为普及率，即每 100 个人采用这项创新的频率）为纵坐标的二维图中，创新的扩散呈现为一个典型的 S 形曲线（图 1.2）。需要说明的是，图 1.2 对应的是一个成功的扩散过程，失败的情形与此不同。

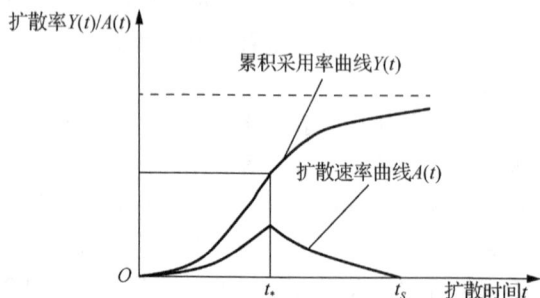

图 1.2　创新的扩散：累积采用率曲线与扩散速率曲线

如果将扩散率，即累积采用率换成即期采用率（每年新增的扩散率），可以获得倒 U 形的创新的扩散速率曲线。在扩散速率实现最大的时点，S 形的累积采用率曲线达到拐点，此后扩散开始走向递减阶段，直至扩散速率接近零，整个扩散过程将达到其最大扩散规模，即市场饱和点。在许多新产品推广的市场研究中，这一市场饱和点构成对市场规模的评价。将扩散达到拐点和饱和点的扩散时间分别标记为 t_* 与 t_S。S 形的累积采用率曲线与倒 U 形的创新的扩散速率曲线基本上限定了这些创新在社会系统中的扩散特征。如果将社会系统缩小至行业，如电信业，通过研究移动电话在移动通信市场扩散的趋势及影响因素，将为人们理解移动通信业的变革与发展提供一种思路。这也是扩散分析被引入行业研究时通常采用的做法。

2. 扩散研究范式在经济学研究中的兴起

扩散研究起源于欧洲社会科学（Rogers，1995），它通过分析某项创新在社会系统中的传播过程，研究在这一过程中个体的社会特征。此后，扩散研究开始关注某项创新在一个地理区域中的扩散过程。这些社会学家或人类学家基于扩散分析进行的研究为后来扩散研究范式的成熟奠定了基础，并对 Ryan 和 Gross（1943）研究杂交玉米在艾奥瓦州的扩散，继而创建扩散研究的基本范式产生了重要影响。这两位学者对一种新产品（杂交玉米）在农民群体中扩散的过程的研究，被 Rogers（1995）等学者评价为扩散研究中的典范之作，他们的论文后来发表于美国《农村社会学》（*Rural Sociology*）这一学术刊物，并成为众多扩散学著作中引用率较高的文献。实际上，在 Ryan 和 Gross（1943）之后，众多的扩散研究者追随了他们的研究方法，包括数据统计方法、对 S 形曲线的分析甚至研究结论都存在相似之处。这被 Rogers（1995）称为研究范式的模仿。

创新的扩散表现为一个 S 形的变迁过程，与产品的增长曲线极为相似，如缓慢的早期过程，有拐点，扩散速度在达到峰值前递增，此后递减，存在一个扩散或增长的上限，因此，在对创新的扩散进行模型研究的过程中，S 形的增长曲线成为首要选择，如 Gompertz 模型、Logistic 模型、Bass 模型[①]等。Bass 模型在新产品市场推广所需要进行的市场规模评估研究中应用非常普遍，而 1957 年 Z. 格瑞丽切丝（Z. Griliches）将扩散分析首次应用到经济性领域则是基于 Logistic 模型展开的。通过将杂交玉米扩散的影响因素引入模型中，Griliches（1957）实现了扩散分析与经济分析的首次结合。尽管扩散研究在行业分析中的应用较为少见，但其基本逻辑与 Griliches（1957）相似。以市场结构、管制政策与市场绩效的研究为例，新产品在市场中的扩散在本质上等同于市场规模，同时是市场绩效的重要表征形式，因此，新产品扩散水平可以作为因变量用于对市场绩效进行测度，而通过将市场结构、管制政策等市场因素引入扩散模型的变量中就可以实现对上述目标变量之间关系的研究。市场结构、管制政策等变量通过影响扩散初始水平和扩散速率，进而影响扩散的累积水平。基于这一逻辑，原本只能依赖简单的线性关系进行的行业研究被拓展到一个非线性模型中，并可获得比线性模型更丰富的信息。

---

① 对这三类模型的分析详见"牛文涛，2009. 中国移动电话扩散趋势及动力因素研究[D]. 成都：西南财经大学."。

1.2.4 通信网络基础

1. 移动通信的概念与频谱资源的有限性

本书对网络型产业的研究主要基于我国移动通信市场的相关数据展开,因此,对通信网络的理论说明也仅限于移动通信网络。移动通信,简单来讲,是指移动体之间及移动体与固定体之间的通信。这种移动体可以是某种车载终端,也可以是移动电话等手持终端。基于移动体所处区域的差异,移动通信可以被划分为陆地移动通信、海上移动通信和空中移动通信。由于通信个体处于运动状态,移动通信必须依赖无线电波传播信号,这也构成移动通信与固定通信的显著区别。但无线电波信号传递所依赖的频谱资源极为有限,如何提升其利用效率一直是通信技术变革的主要动力。频谱资源的分配和使用需要遵守基本的准则,服从国际电信联盟和国内主管机构的统一管理。按照国家无线电管理委员会对陆地移动通信的基本规定,原邮电部规定选取四个频段作为移动通信的工作频段:150MHz、450MHz、900MHz,以及后来批准的1800MHz。

2. 移动通信的技术基准变化

自1983年移动通信首次在美国民用化以来,移动通信服务目前已经进入第五代。第一代移动通信系统主要采用FDMA（frequency division multiple access,频分多址）方式的模拟蜂窝系统[①]（图1.3是一个简单的模拟蜂窝移动通信系统）,通信技术基准主要是AMPS（advanced mobile phone system,高级移动电话系统）、TACS（total access communications system,全入网通信系统技术）等,但这种通信技术基准存在严重的技术缺陷,包括仅限于语言通信、容易被窃听、频谱资源利用率低等。1991年,GSM（global system for mobile communications,全球移动通信系统）在欧洲问世,移动通信系统开始进入数字时代。第二代移动通信主要采用欧洲标准GSM和美国标准CDMA（code division multiple access,码分多址）,相比第一代实现了大幅提升,但仍局限于语言通信与低速率数字通信。2001年,移动通信服务进入多媒体通信时代,第三代移动通信技术（3G）开始应用。3G标准主要有三种,即泛欧标准WCDMA（wideband code division multiple access,宽带码分多址）、美国标准CDMA 2000及中国标准TD-SCDMA。我国自2009年1月7日开始向公众提供第三代移动通信服务,中国移动、中国电信和中国联通分别基于TD-SCDMA（time division-synchronous code division multiple access,时分-同步码分多址）、CDMA 2000和WCDMA提供服务。世界部分国家和地区已经开始向公众提供第四代及第五代移动通信服务（可获得高速率的多媒体通信服务）。

---

① 正是这个原因,移动电话在英文中被称为cellular phone。

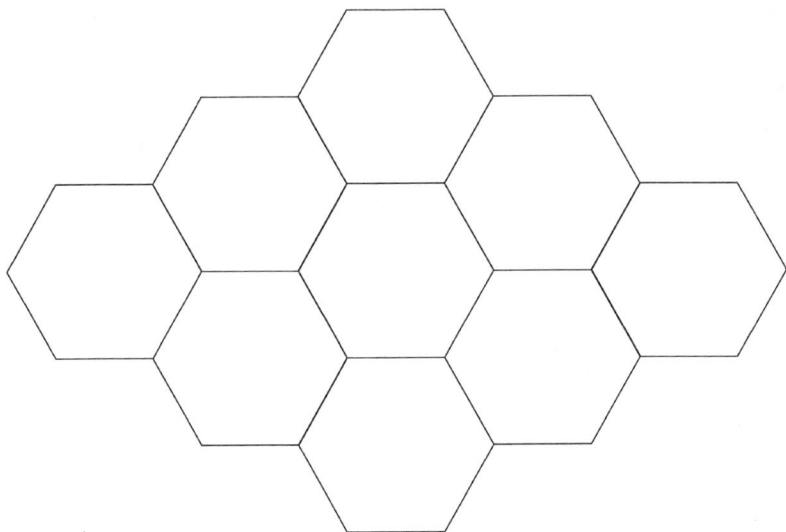

图 1.3　模拟蜂窝移动通信系统

3. 移动通信网络与移动通信系统

移动通信网络可以从以下两个层面上理解：其一，物理网络，它由各种设备和设施构成，一般包括三大系统，即用户设备、传输系统和交换系统；其二，业务网络，也就是承载业务流的网络，由专用设备和一部分公共设施共同构成。

移动通信系统（图 1.4）一般包括四个部分：移动交换中心（mobile switching center，MSC）、移动台（mobile station，MS）、基站（base station，BS）、与公用交换电话网（public switched telephone network，PSTN）（具体为市话网）相连的中继线。图 1.4 提供了一个简单的移动通信系统的说明。移动业务交换中心主要用来处理信息交换并进行整个系统的集中管理。移动台主要管理各种类型的呼叫，包括本地、长途及国家呼叫等，以实现与通信对象的连接。基站主要包括一个基站控制器与若干个信息收发系统，固定电话与移动电话之间的通信连接及信号和用户信息的传递主要是通过基站来完成的。每个基站构成一个通信的可能覆盖范围，即无线小区，多个无线小区的重合构成整个通信覆盖范围。

移动台主要有手持和车载两种类型，是移动通信系统中最重要的部分，分属于不同网络的两个移动台之间的通信即构成网间通信，它们与移动台和固定台之间的通信原理类似。本书所研究的网内网外价格管制问题即存在于移动网络运营商对网内通信与网间通信实施不同的价格政策情形。多个基站的连接构成一个完整的移动通信网。通过基站和移动交换中心，不同移动用户之间可以实现通信，而通过中继线与市话局相连，移动电话与固定电话可以实现通信。因此，一个可以固定通信、移动通信的通信系统就实现了，并在一个地理区域内构成一个巨大的通信网络。

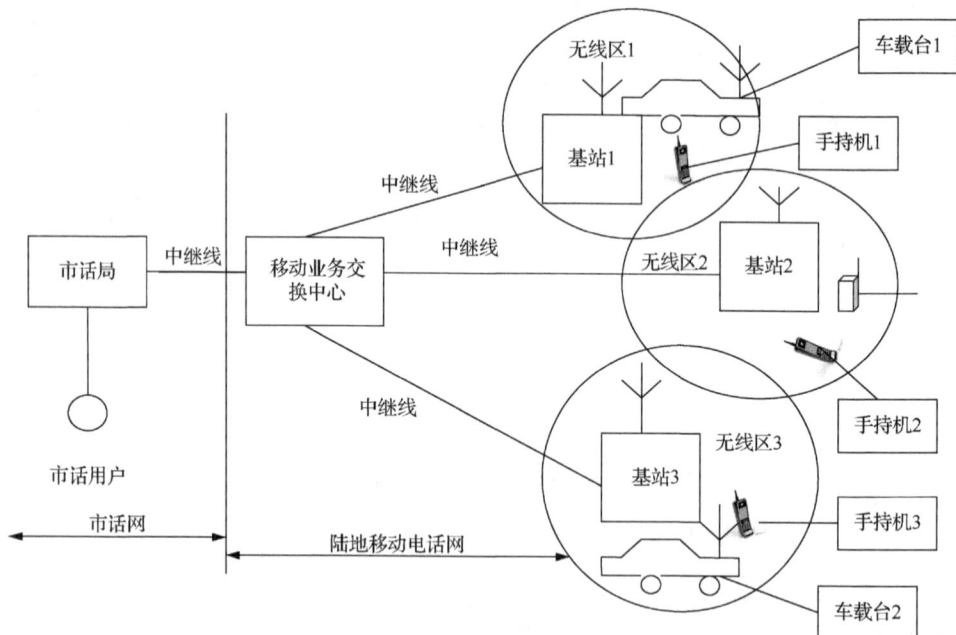

图 1.4　移动通信系统①

1.2.5　相关概念界定

1. 网络型产业

网络型产业是指只有基于特定的节点和链路构成的系统才能实现产品和服务供给的产业。这一定义表明网络型产业具备系统性、全程全网，以及产品、服务供给的"瞬间实现和不可分割"的特征。传统意义上的网络型产业以电信、电力、燃气等行业为代表，属于实体型的网络型产业，也是本书基于电信业的相关数据进行研究的目标行业。实际上，尚且存在另一种形式的网络型产业，即虚拟型网络型产业，但由于本书研究的落脚点是对实体型网络型产业组织优化问题进行一般性讨论，关于虚拟型网络产业的相关问题，本书选择性忽略。国内部分学者也将网络型产业简称为网络产业，但由于这一简化存在将网络型产业与互联网产业等同视之的风险，为避免混淆及表述方便，本书统一将电信、电力等行业称为网络型产业。

---

① 高斌，2008. 通信经济学[M]. 北京：人民邮电出版社：74-83.

2. 组织优化

组织是指由要素和规则构成的组合体。组织内部要素的结构特征及关于要素的规则特征决定了组织的生命力，或者说运行效率。本书所指的组织优化限定为基于结构优化及规则实施带来的组织效率的提升，实际上就是市场绩效的改善。因此，本书研究的组织不是企业组织，而是企业组织的集合体，即市场，或者称之为产业组织。本书对网络型产业组织优化问题的研究特别强调了结构特征、管制政策与组织效率的关系，以及结构与管制两者内在的双向互动关系。

3. 管制效益、规模效益与竞争效益

对某一特定行业实施某一管制政策，这一行业将在既定的政策周期内获得一定额度的市场绩效的改善，称为管制收益，但同时管制的实施需要一定的不可避免的成本，即管制成本。管制收益与管制成本的余额就是既定周期内管制实施的净收益，它代表着管制实施所带来的组织优化的真正提升，称为管制效益。

为了分析网络型产业的"马歇尔冲突"问题，本书构建了一个新的分析框架，尝试对管制效益进行理论上的分解。对网络型产业而言，它既需要获得规模经济性带来产品平均成本的下降——对规模经济性的追逐倾向于产生一个垄断的市场结构，为克服垄断的低效率，又需要向市场中引入竞争机制，以获得自由竞争带来的市场效率的提高。这两者是矛盾的，因此，需要基于一定的原则进行选择。如果某次的管制效益总和是既定的，则在一定的理论假设条件下，这一管制效益等同于规模效益与竞争效益之和。在某次管制实施带来的组织优化中，由于规模经济性带来的优化成为规模效益，而产生于竞争机制的组织优化部分则成为竞争效益。既定额度的管制效益类似微观分析中的收入，规模效益与竞争效益则类似两种替代产品，基于微观分析的边际法则将对管制政策实施过程中如何进行规模效益与竞争效益的选择提供理论分析的新思路。

4. 网内网外定价政策

网内网外定价政策属于价格管制政策的一种，发生在存在多个运营网络的市场中。以电信业为例，通信既可能发生在网络内部，如中国移动用户之间的通信，又可能发生在不同网络间，如中国移动与其余两家运营商中国电信、中国联通用户之间的通信，是否允许网络运营商对网络内部通信与网络间通信进行差别定价及价格浮动的空间即为网内网外定价政策。网内网外定价政策具备阶段性。在产业发展的特定阶段，引入竞争机制的时机成熟，可通过分拆在位企业或构建新的网络为市场带来竞争因素。在引入竞争机制的初期，在位者与新进入者的市场地位悬殊，这一阶段的网内网外定价政策需要考虑对新进入者的保护，需要采取网内网外同价或有利于新进入者的网内网外差别定价政策，而伴随市场中各个网络运营商市场地位的接近，市场竞争加剧，允许市场个体基于市场信息进行理性决策将是政策的基本方向，这一阶段网内网外定价应当由市场个体自主决定。网内网外定价政策是否存在一个市场结构的适用区间及其如何影响网络型产业的市场结构，将是本书研究的一个基本问题。

5. n 指数

从数学形式上看，n 指数等同于 HHI（Herfindahl-Hirschman index，市场集中度指数）的倒数，实质上为有效的厂商数量（effective number of firms），即市场中参与竞争的有效厂商数目，其计算公式为

$$n_t = \left(\sum_{i=1}^{M} s_{it}^2 \right)^{-1} \tag{1.1}$$

式中，$i = 1, 2, \cdots, M$ 表示网络运营商的数目；s_{it} 表示基于用户份额（百分比形式）计算出的第 i 个网络运营商在时间 t 的市场占有率。

n 指数直观地反映了市场结构的竞争特征，更易于反映竞争因素在网络型产业组织优化中的作用。通过与政策变量如网内网外定价政策、价格上限管制政策的结合，可以对政策的市场结构适用区间进行有效的识别。当然，这种市场结构主要是基于竞争状况进行表征的，本书基于这一指数所进行的分析也表明了适度竞争的重要性。

1.3 网络型产业的国内外研究现状分析

1.3.1 网络型产业的互联互通与接入定价

伴随技术更新及需求条件的改善，网络型产业的自然垄断性趋于弱化，新的竞争者开始被允许进入市场，并与在位厂商展开竞争。基于这样的管制改革逻辑，新厂商与在位厂商的互联互通及制定一个有效率的接入定价政策将是改革能够成功的首要问题。实际上，关于互联互通与接入定价的研究，尤其是以电信业为例进行的研究极为广泛，为其他网络型产业解决此类问题提供了重要参考。

1. 网络型产业的互联互通

关于网络型产业的互联互通的研究主要集中于以下几个方面。

1）互联互通的动力来源。祝祖强（2011）主要基于网络外部性分析了网络型产业互联互通的动力来源，他认为，不同网络间的互联互通是为了获得网络外部性[1]的好处；而 Shy（2001）认为，电信业实施互联互通政策的动力来源是电信市场的公开竞争，只有不同企业间实现互联互通，才能实现有效的竞合。这实际上是说这种互联互通的基础是市场中存在公开竞争的体制，同时，互联互通有助于将这种自由竞争的机制进行延伸，从而改善市场绩效。

2）互联互通中市场个体即新旧厂商的地位差异。新厂商只有连接到占有优势地位的本地网络经营者，才能连接到用户。这些拥有网络基础设施的经营者被称为关键设备或瓶颈，而由于规模优势、先行优势及技术优势，这些关键设备往往被垄断（Shy，2001）。

3）互联互通与市场绩效的关系。Shy（2001）认为，向传统自然垄断的行业中引入竞争机制，不仅可以改善消费者福利，还会对生产者极为有利——从整体上改进市场绩效。虽然自然垄断理论认为，多厂商的行业是低效率的，因为每个厂商都采取次优生产规模，在平均成本曲线向下倾斜的部分生产，但事实并非如此。实际上，通过引入接入定价让其他厂商向拥有并维护设施的厂商支付接入费，并使用其设施，可以实现这些基础设施的高效、大规模利用（Shy，2001）。

4）互联互通与管制实施的内在逻辑。互联的双方之间，如果一方比另一方从互联中获得更多的收益，将使互联不可能有效地自动执行，这就是市场失灵，同时也是政府必须对网络互联进行管制的重要原因（陈代云，2000）。政府管制政策的走向则依赖这种收益不对称的程度，实际上，互联双方的不对称的程度大，意味着竞争关系居于主导地位，在位厂商将对互联持消极态度，成功的互联更需要政府的直接干预。与此相反，在位厂商与新进入者之间的收益对称的程度和互惠性越大，意味着两者越趋于合作关系。在这种条件下，新进入者与在位厂商之间达成合谋的可能性增大。致力于规避合谋带来的低效率状态[2]，就需要对互联的双方进行有效监管。

2. 网络型产业的接入定价

有关网络型产业的接入定价的研究极为广泛，它吸引了一批优秀的学者投身其中，成为网络型产业组织理论中成果极为丰富的一个领域。相关研究主要集中于以下几个方面。

---

[1] 这种网络外部性实际上强调的是不同网络间的互联互通对用户的价值：不同网络的在位用户可以实现跨网消费，并可基于自身偏好选择网络，这提高了用户消费选择的多样性，也是新进入厂商发展的基础条件。

[2] 这种低效率状态指更低的产量和更高的价格。

1）关于接入定价的理论模型。以成本为基础的定价、Ramsey 定价和有效要素定价构成接入定价的三种主要的定价模式。其中，Ramsey 定价被讨论得最多，也是应用最普遍的一种定价方式。Ramsey 定价的具体计算公式由法国学者让·雅克·拉丰和让·泰勒尔在 1994 年提出，计算公式为

$$a = c_0 + \frac{\lambda}{1+\lambda} \frac{p_2}{\hat{\eta}_2}$$

式中，λ 表示公共资金的影子成本；$\hat{\eta}_2$ 表示进入者某项电信业务需求价格的超弹性（严华，2008）；a 表示进入者需要向在位者支付的单位接入价格；c_0 表示在位者进行网络运营的边际成本；p_2 表示进入者某项电信业务的单位需求价格[①]。对超弹性的详细讨论见于法国学者让·雅克·拉丰和让·泰勒尔所著的《电信竞争》。

2）管制或非管制产业中的接入定价。这方面的研究起源于 Willig（1979）和 Baumol（1982）等的政策研究，该类文献主要讨论接入费和零售价格管制、成本共摊、激励计划及其他政策工具是否能诱导产业接近 Ramsey 最优（Laffont，Tirole，1994；Laffont et al. 1998）。

3）接入定价的福利影响：对等收费与网间价格竞争。接入定价与消费者剩余、企业利润和社会福利之间的关系，以王德财等（2001）的研究为代表。他们认为，对等收费就是对互联各方征收相同的接入定价，从而消除网内、网间的价格差别。他们关于电信市场中对等收费与网络间价格竞争的研究发现，收费特征将对市场结构演变产生重要影响：实际上，当网间通话价格大于网内通话价格，这种价格差带来的内部通话折扣将推动市场结构走向垄断，而对等收费通过消除网内通话价格和网间通话价格差有利于降低市场结构的垄断特征。特别是在我国 2010 年开启携号转网改革的基本情形下，如何更好地实施接入定价管制政策具备现实的紧迫性（李美娟，唐启明，2017），对于实施双向接入定价的运营商之间是否利用接入定价作为合谋工具，提高下游用户和消费者实际支付的价格（张昕竹等，2014），应当密切关注。

4）接入定价对市场结构的影响，包括接入价格与接入的服务质量。房林（2010）利用演化分析法、计量分析法等实证方法研究了接入定价对网络型产业市场结构的影响方式和途径，并分析了不同的接入类型，包括单向接入和双向接入中的竞争个体的定价行为模式，这种竞争个体主要包括在位运营商和进入运营商

---

① 在本质上，这属于单向接入定价情形下的定价公式。这一情形下，进入运营商唯有接入在位运营商的电信网络，才能向社会公众提供相关产品和服务，但又与在位运营商形成直接的竞争关系，后者通过对"瓶颈"资源的控制，不断尝试压缩前者的生存空间，并且对电信业的市场结构优化和管制政策实施产生了重要约束。

两种类型。与接入定价的价格作用相似，接入服务的质量也可以对市场结构产生影响，这种影响主要侧重于限制进入的角度，即遏制新进入者的进入决策。实际上，与垄断价格的作用相似，提供低质量进入服务在一定程度上同样可以发挥进入遏制的策略作用。当进入被真正遏制，即在位企业的策略性行为奏效时，市场结构将趋于垄断。在电信行业中，接入服务的质量可以用接通率来反映，一般认为，更低的接通率代表着更低的服务质量（张树民，2003）。实际上，接入价格过低，存在引致无效率进入和重复建设的可能性，同时，在位运营商对接入服务及其质量缺乏激励，导致接入和互联互通质量相对低下。但若接入价格过高，则在位运营商通过滥用市场势力，遏止潜在竞争者进入，将对规模较小的边缘运营商进行市场封锁（王磊，2018）。对在位企业而言，其要求接入定价实现高价格的基本逻辑是，基础网络的构建需要大量投资，这些网络为其他网络带来了外部经济效应。因此，这种成本投入和外部性需要通过高价格得以弥补，但问题是这种高价格可能会吓退新进入者，使其否定自己的进入决策，将对市场结构产生负面效应。除此之外，在位厂商限制进入尚且存在另一种思路，即多样化经营与产品扩散战略。多样化的选择也可以作为一种策略手段进行分析，这被称为产品扩散战略。

与新进入者相比，在位者存在先行者优势，致力于改变新进入者的进入决策，从而实现吓退新进入者的基本目的，替代产品的开发成为一种重要思路。这是由于网络型产业往往面临的是一个不完全的市场，市场中的产品表现出差别化特征，这意味着新进入者提供的产品与在位者的产品必然存在某种不同，而在位者通过开发自己产品的替代品，将在一定程度上弱化因新进入者产品差异化而带来的市场份额效应。一般而言，伴随不同代际产品之间的替代弹性的下降，在位者实施产品扩散战略的激励将呈现相似的下降趋势。这种产品扩散战略与限制定价战略极为接近，在本质上都是在位者所实施的策略性行为，它们的基本目的都是致力于降低进入者的剩余需求空间，从而降低其利润预期（张树民，2003），阻止新进入者进入。

5）接入定价的网际歧视，包括网内网外差别定价类型归属及网间的价格博弈特征。在通信服务市场，价格歧视的种类较多，除了基本的数量价格歧视，还包括网内价格歧视、网间价格歧视等类型。通信服务、软件和硬件等网络产品就是采用非线性收费的价格歧视来细分市场的（刘恒军，2008）。对垄断厂商而言，成本相同、需求弹性不同的同种产品，差别定价将成为合理的定价策略。一般来讲，这种差别定价主要是指垄断企业对同一产品或服务基于购买者的身份差异而制定不同的价格（祝祖强，2011）；而对网络内外的消费者征收不同的价格，类似将消费群体分离为网内和网外两个部分，则是网间价格歧视，网络型产业的这种差别定价应该属于三级价格歧视，但考虑到这一方式构建了一个自我选择机制，用户可以在网内通信与网外通信之间基于偏好做出选择。实际上，由于网内通信的成本较低，这种价格歧视增加了用户的网内通信比例，也可以视作二级价格歧视。黄居林（2004）对不同网络间接入定价的基本价格博弈特征进行了分析，其研究结果表明，当不同网络之间达成互联互通的基本协议时，这些竞争性的网络将基于伯特兰德（Bertrand）模型展开价格博弈，而消费者对不同网络的消费选择的基本理论依据则是霍特林（Hotelling）产品差异模型。在黄居林（2004）的分析框架中，有一个重要的假设条件需要说明，这个假设条件是竞争的网络已经完全同等覆盖，而零售市场同样未受到管制。

1.3.2 网络型产业的放松管制与管制重建

20 世纪 70 年代之后，网络型产业掀起了一场管制改革的浪潮，放松管制与管制重建伴随管制改革的不同阶段被提及。网络型产业管制改革存在许多争议（张树民，2003），这些争议可能是由研究的阶段和分析问题的基本视角的差异带来的。实际上，关于网络型产业管制改革的研究同样非常丰富，主要有以下几个方面。

1）对放松管制的理解：放松管制与放弃管制。实际上，放松管制并不是放弃管制。管制的主要目的是引导网络型产业走向最优的市场结构，适度的管制将是必需的。因管制放松过度而对产业发展带来致命伤害的例子很多，典型的是印度电信业因竞争过度而出现的缓慢发展现象。尽管基于 L.瓦尔拉斯（L.Walras）的一般均衡理论，完全竞争的市场可以实现最优的经济效率，但网络型产业的发展由于自身的特征存在发展的基本规律，盲目追求竞争的市场结构并非最优。实际上，印度电信业的失败主要源于过度竞争与网络运营商规模经济性的缺失。作为发展中国家，印度电信业的竞争力低下，开放电信市场之后，市场竞争趋于恶化。这种过度竞争的市场环境迫使网络运营商压缩利润空间，但由于服务成本高昂，以及产能过剩，网络运营商的规模经济性难以实现。这一基本特征导致市场的利润预期普遍悲观，并导致印度电信市场的外来资本纷纷撤离。这是因过度竞争而导致市场发展混乱的一个典型案例。

实际上，此后印度各移动通信公司开始普遍亏损。由于规模经济性缺少，印度电信业的基础设施建设缺乏必要的资本，作为市场绩效重要表征的电话的普及率远远落后于同时期的亚洲其他国家。印度电信业的失败表明，管制与竞争存在以下基本关系：放松管制通过降低进入壁垒，引导新的竞争者进入市场可以促进竞争，并降低市场结构的垄断特征，从而提高消费者的基本福利水平，但放松管制并不等同于放弃管制（房林，2010），否则印度电信业的失败将会被复制。正是对此进行的反思，印度电信业在后期走上了加强管制、重新设定管制政策的管制重建之路。

2）放松管制的原因。自然垄断理论的新变化为网络型产业引入竞争提供了理论依据，与此同时，技术因素及需求的增长也为传统的被认定为自然垄断产业的网络型产业放松管制提供了可能。特别是管制实践中管制失灵的出现①，也成为放松管制的一个理由（祝祖强，2011）。同时，对于电信企业而言，在管制放松的情境下，由于市场的开放性，采取更具密集性的竞争行动将有助于其获取竞争优势（袁靖波等，2019）。

3）网络型产业的不对称管制，主要包括基于市场个体的不同、业务类型的差异及网络环节的差异实施不同的管制等。

向市场中引入新的竞争者构成网络型产业管制改革的重要方法。但由于与在位者相比市场力量差距巨大，致力于保护新进入者②，最终实现市场结构的优化。在引入新竞争者的初期，需要在位者与新进入者之间实施不对称管制，而对于不同竞争类型的业务则可以实施融合管制策略。通过将网络型产业划分为基本类、竞争类和潜在竞争类，可以基于类型差异实施差异化管制策略：对基本类的网络型产业应当实施严格的管制合同，放松管制则适用于竞争类产业，而对于潜在竞争类的网络型产业，融合策略则成为其实施的基本方向。分类实施的好处极为明显，当然对于不同类型的管制策略，这种好处存在差异。实际上，基本类业务主要获得的是信息租金，竞争类业务因其定价模式与基于边际成本定价极为接近而获得了"效率"。与前两种类型的管制策略不同，潜在竞争类则实现了对效率与信息租金的兼顾（王燕，2004）。对于不同网络环节则需要实施不同的管制政策，允许混合的市场结构的存在即产业的某些部门适合竞争，而其他部门很可能由几个生产者独占。如果允许在某个部门具有市场权力的厂商将这种市场权力延伸到该产业的其他部门，就会严重地影响经济效率（约瑟夫·斯蒂格利茨等，1999）。这种混合产业结构实际上就是混合的市场结构。

不同网络环节的特征差异，也为纵向一体化还是纵向分离的政策选择提供了理由。刘戒骄（2001）以电信、电力、铁路、石油、天然气、供水、供气等产业垂直产业链中的传输网络环节为切入点，从解决管制这种典型的非市场机制存在的效率问题入手，运用产业组织经济学和管制经济学理论，并结合国内外的管制

---

① 管制失灵的原因可能有以下几种：其一，信息不对称，尤其是管制者对管制对象的信息不足；其二，寻租等导致的管制俘虏现象。

② 由于在位者具有先行者优势，通过阻碍互联互通、提高接入价格、掠夺性定价等策略性行为限制新进入企业的发展，如果不实施不对称管制，通过向市场中引入新竞争者的努力就很有可能会失败。但不对称管制是暂时的，在市场结构达到临界值的条件下，继续实施这一管制模式将会扭曲市场对资源的基础配置。

实践，对网络型产业放松管制、管制改革进行了分析。刘戒骄（2001）认为，应该通过放松管制、管制改革和垂直分离建立与网络性产业技术、经济特征相适应的竞争性结构，强化市场机制和厂商的内在激励对改进网络型产业供给效率的作用。

1.3.3 网络型产业的网络属性与网络外部性

在众多的经济技术特征中，网络外部性应该是网络型产业根本的特征。正是这个原因，基于网络属性及网络外部性对网络型产业的管制改革与市场结构所进行的研究成为理解网络型产业的重要途径。这一领域的研究内容较多，既有关于实体网络的研究，又有关于虚拟网络的研究，考虑到分析的便利，本书主要尝试分析基于实体网络所展开的研究。现有研究集中于以下几个方面。

1. 网络型产业的网络类型归属于网络产业经济学

对网络型产业的网络类型归属，虽然无法追根溯源对最早的出处做出明确界定，但在产业组织和管制经济学等学科领域，网络型产业早已约定俗成地被限定为实体型网络产业（张昕竹，2000），而早期的网络经济学又称网络产业经济学，长期以来一直被划归在通信经济学的范畴中，其研究对象主要包括以电信、电力等为代表的基础设施行业。网络外部性、接入问题、网络外部性对网络服务定价的影响等问题是网络经济学的主要研究内容（袁宏斌，2005）。1985 年，经济学家 M. L.卡茨（M. L. Katz）和卡尔·夏皮罗（Carl Shapiro）在《美国经济评论》中发表了《网络外部性、竞争与相容性》（"Network Externalities, Competition and Compatibility"）一文，引发了人们对网络外部性研究的热潮。

2. 网络外部性的基本概念

网络外部性与经济主体的数量相关，一般来讲，网络外部性出现在外部性带来的影响与经济主体的数量正相关的情形中。网络外部性非常普遍，包括产品和服务，诸如通信网络及社会规则、社会分工等形成的虚拟网络领域（刘恒军，2008）。这种网络外部性更多是由于产品或服务在其消费或生产上具有互补性或兼容性而形成的。1985 年，网络外部性的概念被经济学家 M. L.卡茨和卡尔·夏皮罗提出，他们对网络外部性在竞争中所具有的策略性意义进行了探索性研究，而外部性的概念则最早由经济学的集大成者阿尔弗雷德·马歇尔（Alfred Marshall）在 1890 年提出[①]。在 Marshall（1890）等开创性的研究之后，福利经济学的创始人 Pigou（1920）基于自己构建的静态技术外部性理论框架，提出了外部性的解决方法，即"庇古

---

① 1890 年，阿尔弗雷德·马歇尔出版了《经济学原理》，并在讨论厂商与行业运行效率时，提出了外部经济和外部不经济等概念。

税"。实际上，电话的网络外部性最早是由杰弗里·罗尔夫斯（Jeffrey Rohlfs）于 1974 年发现的，但他并未对其进行网络外部性的概念界定，后来 Katz 和 Shapiro（1985）与其他的经济学家，诸如 Economides（1996）等则在 Rohlfs（1974）研究的基础上，将这种特殊类型的外部性称为网络外部性。

网络外部性是否就是网络效应？Liebowitz 和 Margolis（1994）认为，网络效应与网络外部性存在差异，实际上网络效应是指一种行为（消费产品、使用电话服务）的净值受采取相同行为的经济当事人数量影响的情况；而网络外部性则是网络效应的一种，是指无法被内部化的网络效应，因而存在正负之分，可以分为正的网络外部性和负的网络外部性。如果由于网络中主体数量的增加，其他主体产生了收益增加，则属于正的网络外部性，但由于网络外部性存在临界值规模，这意味着在大于临界值规模的情形中，网络规模的扩大有可能成为用户效用下降的诱因，诸如免费公路因通行成本下降而导致的道路拥挤、互联网因费用下降所导致的网络堵塞等，这些都意味着负的网络外部性同样存在（Liebowitz and Margolis，1994）。

李霞（2006）则认为，网络外部性的实现以需求方规模经济为重要基础。网络外部性可以分为直接网络外部性和间接网络外部性。直接网络外部性是指需求方规模经济，在网用户的效用会伴随用户规模的扩大而增加，如电信业用户增加带给其他用户效用的改善。间接网络外部性则主要由基础产品和辅助产品之间技术层面的辅助性所引致。基于这一逻辑，基础产品的价值将伴随辅助产品数量的增加而获得相应增长，即产生了间接网络外部性。

3. 网络用户的效用、网络外部性对用户需求的影响

Shy（2001）认为，在网络型产业中，每个网络用户的效用都显示出网络外部性，这是因为其伴随消费者总的期望数的增加而增加。Shy（2001）在一个倒 U 形的需求曲线中分析了网络效应与价格效应对用户需求的影响。在总需求水平较低且网络规模较小时，网络效应超过价格效应，网络中用户的支付意愿伴随总需求的上升而上升，总需求曲线表现出向上倾斜的特征。与此不同，在用户规模实现一个临界值，如达到潜在扩散群体规模的 1/2 时，价格效应将超过网络效应，在用户支付意愿选择中居于主导地位。在这个阶段，反需求曲线表现出向下倾斜的特征。实际上，我国互联网的普及进程也可基于网络外部性这一视角给出部分说明（杜创，2019）。

4. 网络外部性的临界容量、一个定律及测度方法

对于网络型产业而言，网络效应的有效发挥需要在网用户达到最小有效规模（minimum efficient scale），即临界容量，在达到这一用户规模之前，网络效应并

不显著。当突破用户的数量门槛，即网络规模超过临界安装容量时，网络效应将进入一个良性循环，这也就是网络效应的"阈值现象"。这个概念类似新产品扩散的最小关键数量，当这一用户规模实现时，新产品将进入一个加速的自发扩散过程。关于网络外部性还有一个法则，即梅特卡夫法则。以太网的发明者罗伯特·梅特卡夫（Robert Metcalfe）在一次演讲中描述了网络效应的概念，即网络的力量与连接其中的计算机数量并非呈现线性关系，而是以指数特征趋于增长。这是由于所有在网的计算机都可以作为资源来使用，并且因每个新入网的计算机而获得了指数化增长的机会（刘恒军，2008）。互联网、电话等通信网络型产业的迅猛发展均可以从梅特卡夫法则中得到说明。梅特卡夫法则同样提供了测度网络外部性的重要方法，计算公式为

$$V_i = k_i(N_i - a)^2 + b$$

式中，i 表示某一网络；V_i 表示第 i 个网络的网络价值；k_i 表示网络效应因子；N_i 表示网络用户规模；a 和 b 表示修正因子。

袁宏斌（2005）使用基于梅特卡夫法则所构建的网络外部性测度方法测度了中国银行卡产业的网络外部性。网络价值以交易量测度，用户规模则为持卡人数。结果表明，用户规模与网络价值间存在显著的正相关关系。由于通信网络属于双向网络，其网络价值与用户数量的平方成正比，即网络价值 $V = kn^2$。实际上根据唐守廉（2001）的计算，通过互联互通，1999 年，联网后的网络价值是单个原中国电信网络的 1.9 倍，是中国移动的 16.2 倍，是中国联通的 862 倍。2000 年，联网后的网络价值是单个原中国电信网络的 2.53 倍，是中国移动的 11.9 倍，是中国联通的 149 倍（唐守廉，2001）。

5. 网络外部性对网络型产业的技术创新及竞争的影响

网络外部性可能对创新产生负面作用，并导致次优技术的获胜。在网络型产业中，由于网络外部性和正反馈的作用，能够带来帕累托改进的新技术往往难以实现临界容量，将无法被市场采用，并面临失败的扩散过程。用户在旧技术的使用上存在网络外部性，加之新技术的使用成本高昂，就产生了过渡惰性（李霞，2006）。同样，网络外部性也将对管制与竞争产生影响，这部分的研究以刘恒军（2008）等为代表。刘恒军（2008）基于对网络外部性本源所进行的深层探索，揭示了网络外部性的价值和价值分配的基本特征，而对网络型产业管制和动态竞争规律的研究则主要通过对如下问题的研究来实现，包括网络外部性对管制和竞争价格及均衡的影响、网络外部性对数量竞争均衡的影响，以及对非完全信息的激励、动态定价等方面的影响。同时，网络外部性也会通过对电信业产品服务供应链定价的影响（张旭梅等，2017）使市场竞争状况发生变化。

1.3.4　网络型产业的价格管制

对于市场中的个体而言，其定价行为构成市场行为的重要方面。一般而言，这些定价行为主要包括价格水平和价格结构两个层面。价格管制是指监管机构通过实施具体的管制政策，实现对特定产业的产品和服务所采取的上述两个价格层面的管制（祝祖强，2011）。国内关于网络型产业的价格管制研究主要基于对某个具体产业的分析来展开（张昕竹，2004；王俊豪等，2002）。王燕（2007）对我国铁路行业价格改革进行了研究。她认为，铁路行业的改革已经进行多年，但实际上改革主要是调价和运价体系调整的过程。从整体上看，我国铁路行业的价格管制缺乏有效手段，还没有建立激励机制。

关于网络型产业价格管制的研究还包括以下几个方面。

1. 价格管制重点的时变性

徐华（2004）认为，伴随市场经济的发展及技术革命对市场条件的改变，网络型产业管制的重点将不再是针对网络产品本身价格所进行的管制，而是针对网络的互联互通，其核心问题在于如何对网间结算的价格实施有效的管制。因此，价格管制的重点过渡到因互联互通出现的网间价格结算，网络型产业价格管制的重点表现出时变性。多数学者认同这一观点。

2. 关于两种价格管制模式即价格上限管制、投资回报率管制的比较

报酬率管制的主要弊端在于资本投入量的增加在生产过程中形成对其他投入品的替代效应（后被称为 A-J 效应），从而导致企业技术创新、管理创新、成本节约的动机被大大弱化，因此往往与资源配置扭曲和内部激励不足联系在一起。为了克服报酬率管制存在的不足，价格上限管制作为一种替代方案开始被提出。作为激励性管制的一种，价格上限管制 1984 年在英国电信业中被首次使用，并取得良好效果，此后开始在美国等发达国家的网络型产业管制实践中被大范围使用。实际上，我国电信业 2005 年也开始实施这一规模模式，网络运营商只能在政府规定的价格上限范围内对其产品实施定价行为。但这一管制模式的管制效果因其带给市场个体的非正当激励而被弱化，通过减少投资和费用投入继而扩大利润空间成为市场个体的理性选择，尽管服务质量趋于下降，企业仍将获得成本下降所产生的租金收益（王燕，李文兴，2004）。这种不正当激励可以在美国战后的管制历史中得到某种说明，实际上，相比资金成本，这期间美国网络型产业获得的资本回报率更高。为了克服投资回报率管制的 A-J 效应，20 世纪 80 年代之后，管制者开始有区分地进行成本补偿，特别是那些过度投资部分不再被纳入补偿的范畴。

王燕和李文兴（2004）认为，投资回报率的 A-J 效应主要有两种情形[1]：其一，若管制对象为单一产品企业，则要素投入向资本倾斜，并将打破最优的资本劳动比率。其二，若管制对象为多产品企业，价格结构与资本结构的调整都将基于产品弹性不同而展开，最终实现资本扩张与利润增长的基本目标。价格上限管制的质量投资激励有可能被成本减少的激励削弱，管制的一致性和承诺期将对短期机会主义的质量投资行为的出现起到抑制作用（王燕，李文兴，2004）。虽然上述两种价格管制模式对约束企业的定价行为、提升市场绩效具有重要作用，但从本质上讲，关于价格水平与结构的管制只是优化市场结构的基本工具，打破垄断、提升市场绩效水平最根本的是向市场中引入竞争机制。Littlechild（1983）则认为，对价格管制而言，其基本的政策设计需要兼顾公平与效率原则。公平是指这种管制可以保护消费者福利，同时允许企业存在合理的利润空间；而效率则是对企业定价行为的基本约束，是指其定价行为应当基于边际成本进行。

3. 价格管制模式的选择及影响因素

一般来讲，价格管制模式的选择受到产业发展阶段、政府的管制能力及技术条件等因素的影响。产业发展阶段决定了管制者的偏好即在规模经济性与竞争活力之间的选择。在产业发展的初期，规模经济性对支撑整个产业成长极为重要，这一时期需要采取投资回报率管制模式（王燕，2003），以引导企业扩大投资。在产业发展的后期，优化市场结构、提升资源配置效率成为主要诉求，与自由竞争机制融合在一起的价格上限管制可以作为这一阶段管制模式的选择。政府的管制能力同样对管制模式的选择产生重要影响，这里的管制能力实际上是指管制效果被实现的可能性。由于厂商会基于管制政策进行相应的投机行为，并对管制者采用寻租等方法进行俘虏，这些管制失灵现象的出现将对管制者的政策目标产生负面作用，管制结果也将偏离管制改革的初衷。但由于各种管制模式均存在上述管制失灵的可能性，无论选择何种管制模式，改善与厂商的信息不对称状况[2]、加强对管制者的监管，都对提升管制效果极为重要。同时，技术条件也是管制模式选择的重要因素。一方面，由于技术状况的差异，网络型产业中的不同行业适用不同类型的管制模式。另一方面，技术条件本身也对管制政策的效果产生直接影响，一些技术进步迅速的网络型产业，如电信业，其实施高效率的管制政策所实现的

---

① 资本密集型倾向的 A-J 效应也会产生客观上的技术创新激励，如长途直拨电话经营企业运用自动转换设备取代接线员后，提高了运作效率（王俊豪，2001）。因此，价格管制对投资行为的扭曲需要与其对技术创新的客观推动结合起来进行分析。

② 这里的信息不对称主要是指管制者与厂商间关于厂商成本等信息方面的不对称。这种不对称以厂商具有信息优势为特征。通过获得更多厂商的基本信息，减少信息不对称程度，有助于提升管制政策设计的有效性。

效果也更为理想（王燕，2003）。

4. 价格管制对投资行为的扭曲及对放松价格管制与市场准入的反思

网络型产业价格管制的目标具备多元化特征，除基础目标外，还包括延伸目标。一般来讲，作为一种管制政策，价格管制的目标包括以下三个方面：其一，效率目标，主要包括配置效率和生产效率的改善；其二，供给能力的提升目标；其三，结构优化目标，即反垄断的基本目标。在一定程度上，这些多元化目标存在冲突，并对企业个体的投资行为产生负面激励，尤其在政策设计存在缺陷的情形中，这种负面激励带来的投资行为扭曲将更为普遍（王燕，李文兴，2004）。与此相似，基于价格和进入壁垒等层面的管制放松也会因管制缺失而引发低效率的重复投资，并因进入门槛的降低而出现市场秩序混乱的过度竞争，但需要强调的是，这些低效率的重复投资及过度竞争的市场情形，其产生的原因除了管制缺失，还有产权扭曲。监管机构是否需要对重复投资、过度竞争等承担责任，需要基于这些低效率情形产生的基本原因做出评价。一般来讲，监管机构仅对因管制不当带来的问题负责，而因产权制度设计产生的投资行为扭曲需要基于对制度本身的重新设计而实现对其的调整。总的来讲，价格管制的实施应当基于产业发展的阶段展开，在实施价格管制的同时，将产品的部分定价权给予市场个体也是非常重要的（黄居林，2004）。

1.3.5　网络型产业的竞争政策

从本质上讲，对网络型产业的管制改革就是对垄断与竞争这两种资源配置方式的选择。基于产业发展的阶段选择与其匹配的资源配置方式，或者追求规模经济或者强调自由竞争的价格机制，同时，尝试对两者进行协调，也即对其"马歇尔冲突"的融合。这实际上构成网络型产业打破垄断、引入竞争，进行管制改革，优化市场结构，实现产业发展的重要思路。因此，网络型产业的竞争政策构成其发展的起点和基础，有关这一领域的研究极为丰富，主要包括以下几个方面。

1. 网络竞争的本质

由于自然垄断性显著，网络型产业天然地具有纵向一体化特征，而竞争机制的引入在本质上就是通过对纵向一体化的企业个体进行管制来展开的。如果市场中存在若干个网络，这些网络之间的自由竞争并不会自发实现，管制者放开网络引入竞争的激励就较弱。一般来讲，管制者总是喜欢基于以下原因理解网络型产业中是否适合引入竞争①。第一，因竞争引入带来的供给能力的下降。过度竞争导致规模经济性的缺少，单位产品的成本过高，并伴随企业供给能力的下降，而对消费者而言，也将面临一个高价、低产量的供给状态，存在一定程度的福利损失。第二，因追逐利润而出现的低效率投资。网络型产业的不同业务的收益率存在较大差异，企业的逐利性引导企业投资走向利润空间最大的领域，在这种意义上，利润空间大的网络环节的投资将被重复进行。实际上，市场中的新进入者总是倾向于实现自己的网络扩张，基本结果是整个行业的产能过剩，并出现低水平的生产能力利用率，这一过度竞争状况对产业的国际竞争力及可持续发展都将产生负面影响。刘戒骄和杨晓龙（2004）认为，这些基于供给能力缺失或过度竞争而拒绝引入竞争的逻辑并不合理，实际上，在理论层面和改革实践中都无法获得有力的支持。

但由于不同网络往往代表利益倾向存在冲突的不同利益集团，管制制度与政策设计在某种意义上属于利益相关者之间动态博弈的结果。在存在多个网络但缺乏竞争的市场中，通过实施有利于新进入者（或者处于较弱的市场地位的厂商）的非对称管制政策，将为打破垄断、推动市场结构的优化提供基础（张树民，2003）。由于构建新的网络成本巨大，并且可能出现低效率的重复建设，多网竞争的存在是有条件的。徐华（2004）认为，不满足特定条件的"多网竞争"，必然导致网络的内部不经济和外部不经济。这里的特定条件应当是指技术和需求因素改良，最小有效规模下降，市场容量扩张足以容纳数家运营商，网络重建的成本及回收期大幅回落。

2. 网络型产业竞争引入的方式及竞争性机制的形成

伴随产业发展阶段的不同，网络型产业的自然垄断性将进行更迭，表现出时变性特征。一般来讲，自然垄断性的强度及经济技术条件的差异将对竞争引入的方式及竞争机制的构建产生重要影响。对于规模经济性、范围经济性等原因导致的强自然垄断性，如果基于效率标准，则通过拆分实施纵向分离并不是合理的选择，通过发放唯一的行政许可证构建垄断的市场结构或许更为合理，而如何引入竞争则需要考虑产业的具体特征。以成本沉没特征为例，存在如下两种基本情形：其一，低成本沉没特征，这一类型的产业重复发放行政许可证较为可行，原因在于重复发放的成本较低，并且可以被接受；其二，高成本沉没特征，这一类型的产业并不适合行政许可证的重复发放，实际上纵向分离及实现不同网络间的互联互通成为竞争引入更加合理的途径（刘戒骄，2004）。除了上述分析所表明的基本方法，我国网络型产业改革的方向也可以考虑基于网络环节引入竞争机制（刘戒骄，2004）。

---

① 这些原因主要归结为网络之间竞争所产生的负面效应。

但少有国家对网络型产业真正做到完全地放弃管制。无论是发达国家还是发展中国家，都致力于在引入竞争的基础上进行管制重建（王燕，2004）。简单的分解和新企业的进入并不会产生竞争性激励体制。网络型产业的竞争性体制的形成关键在于限制在位运营商的排斥竞争行为和制定有效的互联接入政策（唐晓华，唐要家，2002）。

3. 网络型产业的技术标准竞争

技术标准化属于网络型产业的一个基本特征，但行业标准的基础即以某个厂商的标准为标准则是市场力量对比的结果。这种技术标准竞争的基本逻辑非常简单，即某个厂商的技术标准被用户采纳，基于网络效应，如果其属于市场领导者，在整个市场中居于核心地位，将出现强者越强的基本情形。正是这个原因，处于优势地位的市场领导者的技术标准才被更多的用户选择，并最终演变为整个行业的标准。对于市场中处于劣势地位的厂商而言，其可能的策略只有两个：其一，依然坚持自己的技术标准，可能的结果是因大厂商的业务和用户分流，最终面临被淘汰的可能性，破产或退出市场将成为最后归属；其二，尝试选择大厂商的技术标准，并实现所提供产品与大厂商标准的兼容。这一结果是获得了部分市场，但可能在较长周期中只能成为一个追随者（唐未兵，刘巍，2004）。

1.3.6 网络型产业的行业研究

过去关于网络型产业的研究主要基于具体的行业展开，以具体到抽象的方式实现对整个网络型产业的规律探索。几乎每个网络型产业都被广泛地进行了研究，本书尝试对以下几个产业的研究做出简单的梳理。

1. 电力产业

严华（2008）在对国内外电力行业管制改革进行回顾的基础上，基于管制激励理论对我国电力行业的输配电环节接入定价及输电网络扩展问题进行了研究。作者认为，在网络容量扩展的基础上，市场机制应当被引入我国电力行业的输电网络环节中。在竞争机制构建的整个过程中，政府的角色定位应当是独立的监管者，需要适度减少政府的直接干预（严华，2008）。

2. 民航业

余英（2004）基于自然垄断理论、激励管制理论和机场管制理论对网络型产业的民航业进行了研究，回顾了国外发达国家机场管制的实践，并分析了我国机场管制的现状和存在的主要问题，最后提出了我国机场改革的目标及可行的管制框架。

3. 铁路业

王燕（2007）基于管制经济学的相关理论，以我国铁路行业为例，分析了网络型产业价格管制模式的特点，并进行了系统的比较，其对我国铁路行业价格管制的研究，为其他网络型产业的价格管制改革提供了参考。陈兵（2019）对我国改革开放以来铁路行业定价机制的嬗变与展望进行了讨论，其认为我国铁路行业市场化改革的基本趋势应当是铁路行业的经营者获得更多自主定价权。刘宇和方雷（2018）则认为，构建稳定、常态的运价补偿机制有助于弱化我国铁路行业市场化改革的困境。

4. 电信业

1）关于电信业改革与管制的基本目标。约瑟夫·斯蒂格利茨于1999年在中国社会科学院规制与竞争问题研究中心做了关于"促进规制与竞争政策"的演讲，分析了竞争与私有化对经济发展的重要性，并强调了竞争的关键性。约瑟夫·斯蒂格利茨等（1999）在自由竞争较为充分的基础上，分析了私有化这种所有制结构改革的路径和方法，并以电信业为例分析了改革的重要性及管制的基本目标。作为30多年来技术革新迅速的行业，电信业通过改善个人的信息享有水平在某种意义上提升了整个经济体运行的效率。约瑟夫·斯蒂格利茨等（1999）将关于电信业的改革政策视作整个经济政策的关键部分。实际上，如果无法有效地提供通信服务，或者通信行业发展的水平低下，在某种意义上这将构成对投资和经济增长的约束，电信管制的基本目标则是保证接入和互联互通，而关键的问题是需要保持管制机构的独立性及竞争政策的有效性。

2）关于电信业互联互通、定价与非捆绑问题。陈代云（2000）分析了电信业互联、定价与非捆绑问题，其认为网络的规模经济、范围经济及外部性决定了网络互联的意义。对于互联的双方而言，其基本的关系既可能属于竞争关系，又存在合作的可能[①]。因此，互联双方之间的费用分割难以由市场自发实现。完全基于市场将产生两种极端情形：其一，网络运营商之间的合谋将带来福利损失；其二，处于优势地位的在位者实施垄断定价，将产生垄断的低效率。实际上，接入价格若存在人为扭曲，则不仅不利于网络互联互通的实现，还将产生各种不利影响（王磊，2018）。关于非捆绑，陈代云（2000）认为存在争议，这种争议主要来源于其带给电信业的效率影响，包括两个方面：其一，带来的竞争性，这种竞争性基于非捆绑实现；其二，范围经济性的损失，如果坚持非捆绑将牺牲基于捆绑而获得的成本节约，同时非捆绑也会产生高昂的成本，使其实施并不可行。

---

① 当双方合作的净收益大于双方非合作的净收益时，合作成为一种可能的理性选择。

1.3.7　网络型产业的网内网外差别定价

作为普遍的竞争策略，网内网外差别定价政策在竞争格局较为均衡和市场更为自由化的欧美发达国家获得了广泛的研究。电信业领域内部的网内网外定价问题的研究则以法国学者 Laffont 等（1998，2008）、Laffont 和 Tirole（2000）等为代表。2004 年末，我国实施网内网外同价政策之后，网内网外定价问题开始在国内受到关注。网内网外差别定价是否属于不正当竞争行为一直是该领域研究的热点问题，观点集中在以下两个方面。

Laffont 等（1998，2008）认为，网内网外差别定价属于市场个体正常的市场竞争行为（这里的正常强调这种市场行为的合法性，即并非不正当的竞争行为），通过研究网内网外差别定价与网内网外同价两种条件下的市场竞争情况，他们认为网内网外差别定价这种价格歧视将加剧企业对市场份额的争夺，是有利于市场竞争的。马思宇和肖洪涛（2005）也持相似观点，他们认为，网间差别定价并不必然会带来市场的不正当竞争，主要有以下两个原因：其一，产生于不同运营商的差异，这种差异来源于网络投入和服务本身的不同，这种不同构成网内网外差别定价的成本基础；其二，网络归属、服务对象特征及地域等因素所带来的竞争策略差异构成网络运营商基于竞争策略实施差别定价的基础。因而，评价网内网外差别定价是否构成不正当竞争行为，需要基于这种差别定价产生的原因。如果在位者凭借自身的市场垄断地位，以排挤竞争对手为目标，实施不利于行业发展的网间差别定价，将被认为是不正当的，而在竞争较为充分的市场环境中，作为一种竞争策略的网内网外定价则是合理的。总的来讲，管制机构需要对网内网外差别定价背后的基本原因做出识别，并据此做出是否进行管制的判断，否则这种管制本身有可能带来反竞争的效果。但程先锋（2005）质疑这种基于成本差异实施网内网外差别定价的合理性，其理由是每次通话的成本基于所经历的网络被划分为两部分，即主叫方的基本成本和被叫方的基本成本，这种成本划分的基础在于通信网络或完整通信过程的完成需要两个部分，即主叫方所属的网络及被叫方所属的网络。从某种意义上讲，如果通信发生于同一网络内部，相比网间通信，将会存在一定额度的结算成本的节约，这构成实施差别定价的基础，在本质上属于成本基础。但被叫方所承担的成本并不会因是否需要进行结算而被弱化，实际上，这种成本一直客观存在。因此，成本因素并不是实施网内网外差别定价的充分条件。

还有一种观点认为，网内网外差别定价是主导运营商实施的不正当竞争行为。Gerpott（2008）研究了欧洲九个国家的移动通信业的市场竞争，但其所关注的网内网外差别定价政策变量是反竞争的，这意味着这一政策的实施加剧了市场结构的垄断趋势。实际上，持相似观点的学者较多，他们的研究都对这一观点做出了某种证明。网内网外差别定价将在行业内部出现恶性竞争，网内网外差别定价限制了用户的消费选择，实质上属于歧视，或者说是一种不正当竞争行为（邓胜，2005）。在我国移动通信业市场竞争趋于失衡的格局下，网内网外差别定价对主导运营商更有利，在某种意义上，这种差别定价将加剧市场结构的失衡。对市场中的竞争个体而言，其所处的市场地位决定了其在差别定价中的基础角色。一般而言，在这种非平衡的市场环境中，在位厂商倾向于基于自身优势，通过差别定价实施对其他运营商客户的分流，并基于网络经济性将此种分流效应放大。与此不同，处于劣势地位的网络运营商缺乏用户规模优势，也不存在成本优势，实施差别定价的基础较为薄弱。如果坚持实施网内网外差别定价，将压缩其利润空间，并在整体上削弱其市场竞争力。基于上述逻辑，网内网外差别定价政策将成为主导运营商中国移动滥用市场支配地位（王春晖，2006）、排挤对手的手段。伴随由此引起的运营商之间的恶性价格竞争，网内网外差别定价政策将侵犯普通用户的消费权益，并对电信市场的有效竞争造成一定程度上的影响（王西玲，2005）。

关于网内网外定价政策对市场绩效影响的研究也较为普遍。作为一种竞争手段，网内网外差别定价政策的使用有助于处于优势地位的运营商获得最大消费者剩余，并增加其利润（王西玲，2005）。Gabrielsen 和 Vagstad（2008）持相似观点，但其是从消费者转换成本的角度来研究网内网外差别定价问题的。他们的研究表明，网内网外差别定价策略将增加消费者的转换成本，提升消费者的品牌忠诚度，通过锁定用户的方式，使企业获得更高的利润。但谭孝权（2010）认为，当市场中有一家企业处于领先地位，网内网外差别定价的存在将使处于领先地位的企业更具有竞争优势，并能够维持更高的价格，获取更多的利润，从而拉开厂商收益的差距，强化市场竞争的不均衡状况。网内网外差别定价是否将对消费者产生不利影响？谭孝权（2010）认为，网内网外差别定价实际上是一种变相降价方式，是有利于消费者的。Laffont 等（1998）也认为，网内网外差别定价这种价格歧视会降低产品的平均价格和用户的使用成本。但网内网外差别定价政策限制了用户的消费选择（邓胜，2005），导致更多的用户被约束在网内通信领域。程先锋（2005）通过构建简单的通信市场供需模型，分析了网内网外差别定价的福利效应。他认为，这一政策与提高企业的总收入并不存在必然联系，相反却存在损害社会总消费的可能性，带给较小规模厂商的打击也可能是致命的，市场的公平竞争的基本原则将被破坏。

现有研究也在关注网内网外定价政策与市场结构或者说市场竞争状况的关系，但主要是通过对比国内外市场结构特征、网内网外差别定价政策的实施情形来实现的,依据市场数据所进行的定量研究相对比较匮乏。基于全球领先电信网络运营商的基本业务定价策略,马思宇和肖洪涛(2005)认为,网内网外差别定价在本质上属于市场定价策略的一种较为灵活的形式,可能与发达国家较为均衡的市场竞争状况有关。实际上,从市场份额来看,发达国家移动通信市场的任何一家运营商都没有足够的影响力控制整个市场。美国、德国首位运营商的市场份额都在 50%之内,韩国政府规定市场中所有运营商的市场份额都不可以超过 50%,这实际上与美国和德国 50%份额的规定是一致的(王春晖,2006)。国外典型移动运营商推行差别定价的特点主要有:①主流的定价方式是网间差别定价;②网内网外差别定价由于组网技术的差异,主要集中在移动业务运营商之间;③网内网外差别定价主要涉及移动话音业务,而很少涉及数据业务;④在业务推广初期及饱和期经常采用网间差别定价(马思宇,肖洪涛,2005)。有观点认为,网内网外差别定价在国外由于政府不加管制,而被视为一种惯例。然而,欧洲联盟多数国家政府干预移动网的差别定价,特别是那些移动通信市场发展不均衡的国家(程先锋,2005)。我国政府之所以会在一段时间内管制电信业务价格,是因为我国电信市场正值发展阶段,有效的市场竞争机制尚未健全。要使电信业务的价格由企业决定,我国的电信企业运作必须完全走向市场化,让其结合市场状况决定是否退出网内网外差别定价(马思宇,肖洪涛,2005)。

1.3.8　网络型产业新产品扩散模型的研究

Meade 和 Islam(1998)基于峰值时间的不同将 29 种扩散模型进行了分类,为模型选择提供了便利。实际上,对新产品扩散的研究,既有基于同一市场单一模型展开的,也有基于多产品模型、多区域模型及代际模型(Meade,Islam,2006)展开的。由于数据生成过程是未知的,如果对创新产品的扩散进行预测,则实际上需要尽可能地模拟实际的数据生成过程。模型选择的基本准则是参数估计结果的有效性、模型的拟合效果[①]及模型的稳定性(Meade,Islam,1998),这些准则后来被进一步深化(Meade,Islam,2001)。

线性趋势模型与非线性模型相比,对新产品扩散的拟合及预测处于劣势地位,因此,关于模型选择和预测的研究,主要是基于对非线性扩散模型预测精度的比较而展开的。比较有代表性的包括:Young(1993)基于 46 个数据集(以国家和地区为单位进行的数据采集)对九个基础模型拟合能力的对比研究,其预测精度的评价主要基于对最后三个数据点预测误差的测算,研究结果表明,在九个模型中,Bass模型 12 次成为最优模型;Meade 和 Islam(1995)基于 15 个不同国家和地区的电

---

① 主要以相对指标 MAPE(mean absolute percentage error,平均绝对百分比误差)作为预测误差的评价指标。

话扩散数据集对 14 个模型进行的比较研究表明，其中诸如 Gompertz 模型、Logistic 等基础模型比较为复杂的 FLOG（Flexible Logistics）模型更为精确；但与此不同，Bewley 和 Griffiths（2003）对音乐 CD 在 12 个国家的扩散过程的研究发现 Box-Cox（Logistic 模型的变形，经 Box-Cox 转换）模型优于 Bass 模型。因而，模型选择只能在同质数据集中进行，非同质数据集中不存在最优模型（Bewley，Griffiths，2003；Meade，Islam，2001）。不过，2003 年之后，出现了大量关于异质数据的处理，为非同质数据的模型选择提供了思路。模型选择还需要区分模型的拟合能力与预测能力的差异，将两者结合进行评价更有利于提高模型选择的有效性。实际上，Hardie 等（1998）的研究发现模型拟合能力与预测能力并不必然关联，即基于最优拟合模型进行预测存在较大风险[①]。关于新产品扩散阶段与模型选择的研究较少，代表性的主要有 Wu 和 Chu（2010）基于我国台湾 1988～2007 年移动电话的扩散数据对这一主题的研究，研究结果表明，Gompertz 模型在起飞前阶段最优，而 Logistic 模型则在达到拐点后的阶段及扩散的整个阶段最优。本书的研究将为扩散阶段、模型选择与预测过程中的阶段性（stage-dependent）特征提供新的证据。

新产品扩散模型主要的应用领域是耐用消费品和电信行业（Meade，Islam，2006）。移动电话作为一种创新产品，自 1983 年被引入市场至今，其扩散受到了人们广泛的关注。以移动电话为例研究新产品扩散的规律或研究移动电话扩散本身都非常普遍。关于移动电话扩散的研究主要按照如下思路展开：基于扩散研究的范例（Ryan，Gross，1943）和调查数据，研究移动电话采用者的分类、采用决策的影响因素、移动电话在社会系统中的扩散特征，以及创新型和模仿型扩散过程的识别（Rogers，1995），并基于扩散模型和市场数据研究具体的扩散特征（徐明慧，郑继明，2006），从而为重新理解移动通信行业的改革和发展提供新的视角。

1.3.9 基于扩散分析视角对电信业进行的研究

基于移动电话扩散这一视角对移动通信业进行的研究主要以 Parker 等（1997）及 Gruber（2001a，2001b）等为代表。他们的研究对象主要是移动通信业发达的区域，Parker 等（1997）关注美国，而 Gruber（2001a，2001b）的研究则集中于欧洲地区。移动电话在这些区域都获得了成功的扩散，并受到电信业改革的影响。在一个结构模型中，Parker 等（1997）主要考虑竞争因素、技术因素及进入许可发放时间等因素对美国移动通信行业发展的影响，其研究结果表明，移动电话在美国的扩散过程中，技术因素及技术许可发放时间比竞争因素更重要。这一结论与 Gruber（2001a）基于 Logistic 模型对移动电话在欧洲联盟区域的扩散所进行的

---

① 这是因为存在过度拟合问题。统计学界对此早有认识，因此才有了平滑技术和样条技术的兴起。

研究一致。但是，Gruber（2001b）对移动电话在中东欧地区的扩散所进行的研究则提供了相反的证据，其研究结论表明，在中东欧地区，市场结构变量及运营商的具体数量特征成为影响移动电话扩散水平的重要因素，而数字技术的作用则被置于一个较低的水平上。Gruber（2001a，2001b）还对固定电话与移动电话的关系特征进行了研究，结果表明，在欧洲联盟区域，移动电话和固定电话之间属于替代关系，而在中东欧地区（期待加入欧洲联盟的国家），移动电话与固定电话呈正相关，表明两者间很可能存在一种网络互补关系，为移动电话与固定电话间替代关系的固有思维提供了反例。

移动电话的扩散模型还被用来分析移动通信产业发展路径的区域差异。罗雨泽等（2011）基于1990~2006年全国30个省份的面板数据[①]，在对Mansfield模型进行改进的基础上，从移动电话扩散这个视角，研究了我国东、中、西三个区域移动通信业发展的路径差异，并考察了相应的扩散影响机制。罗雨泽等（2011）认为，投资是我国移动通信业起步阶段的主导力量，而通信资费、收入水平、城市化等因素则是产业发展速度和最终发展水平的决定因素。国内也有学者对我国移动电话扩散的决定因素进行了研究（柳卸林等，2009），不过由于其样本偏小，待估参数过多，文中参数估计结果较为意外，部分参数的估计结果与基于经济理论的预期相违背。实际上，文中关于多个数据的统计出现了一定程度的失真情形，或许可以为其参数估计的偏误提供一些说明。本书将以移动电话这种新产品为例，研究网络型产业新产品扩散与最优市场结构的问题，即移动电话的扩散受到多种因素的影响，是否存在一个市场结构区间有利于管制政策的实施，实现移动电话扩散的理想水平，从而实现移动通信市场的最优市场绩效。

1.3.10 研究现状述评

本书对网络型产业研究现状的分析主要包括网络型产业的互联互通与接入定价、网络型产业的放松管制与管制重建、网络型产业的网络属性与网络外部性、网络型产业的价格管制、网络型产业的竞争政策、网络型产业的行业研究、网络型产业的网内网外差别定价、网络型产业新产品扩散模型的研究，以及基于扩散分析视角对电信业进行的研究等方面。

对相关理论和文献的梳理表明，关于网络型产业的研究吸引了一批优秀的学者投身其中，但网络型产业的"马歇尔冲突"及应当基于何种原则进行规模经济性与竞争活力的选择还需要进行理论分析。实际上，学者尚未对市场结构、管制政策与管制效益的关系、市场结构与管制政策内部是否存在双向关系进行深入的

① 因分析需要，作者将重庆与四川的数据进行了合并，从而更合理地代表该面板数据中样本集的特征。

研究，这也是本书致力于回答的主要问题，即基于结构与管制政策的基本视角研究网络型产业组织优化的相关问题。

1.4 网络型产业组织优化的主要研究方法

致力于实现本书的研究目的，作者尝试选择了多种研究方法，并对这些方法进行了一定程度的组合，可归结为规范分析方法与实证分析方法。规范分析方法主要致力于对本书相关学术范畴的理论洞察及相关变量之间定性关系的讨论，而实证分析方法则致力于识别本书关键变量之间的定量关系。

1. 规范分析方法

本书主要采用规范分析方法尝试对以下几个方面做出分析：网络型产业组织理论、管制理论、扩散理论和通信网络基础等相关理论及国内外研究文献的梳理；网络型产业自然垄断性存在的理由、弱化的基本原因，网络型产业的"马歇尔冲突"的特征分析；网络型产业竞争引入的方法、管制重建的基本过程及我国电信业的改革历程；网络型产业的互联互通；网络型产业的网络外部性；监管体系建设部分。

2. 实证分析方法

实证分析是指通过模型、数据或图表等形式实现对某一命题的证明或证伪。实证分析方法与规范分析方法共同构成经济学研究的基本方法，并归属于历史学派。这里的历史学派实际上强调的是，实证分析方法的立足点为已经发生的事实或数据，基于这些事实或数据通过构建的模型做出说明。本书采用的实证分析方法主要包括以下几种：边际分析法、拉格朗日乘数法、图例分析法、最优规划法、方差分析法、计量分析法（线性虚拟变量时间序列模型、非线性时间序列模型）等。

本书基于实证分析方法主要对以下几个方面进行研究：基于边际法则，通过拉格朗日乘数法对网络型产业"马歇尔冲突"的对立双方，即规模效益与竞争效益"的选择基准的分析；基于线性时间序列模型对市场结构演化与管制政策关系的分析；基于方差分析法对改革节点年份效应的分析；基于最优化方法对市场中存在 N 个厂商的网内网外定价问题的分析；基于非线性扩散模型，通过引入交互项，对网内网外定价政策与市场结构关系的研究；基于梅特卡夫法则表征的关于网络外部性的估计式对网络外部性与市场规模的研究；基于非线性扩散模型，对网络型产业新产品扩散、最优市场结构与管制改革的研究。

1.5　可能的创新

20 世纪 80 年代以来，网络型产业的相关研究一直是产业组织理论的热点问题。本书以电信业为例，对网络型产业的组织优化问题进行研究，存在如下几种可能的创新。

1）基于边际分析法则，对网络型产业的"马歇尔冲突"问题做出理论拓展，尝试构建规模效益—竞争效益—管制效益的三维框架，并基于这一框架，对网络型产业的管制问题与"马歇尔冲突"之间的关系进行研究。

在一系列假定基础上，对"马歇尔冲突"的对立双方，即规模经济性与竞争活力的选择基准进行讨论，并获得如下推论：网络型产业在管制收益既定条件下实现最优的市场绩效，对两种效益的分配，即对规模经济性和竞争活力的选择需要基于"规模经济性的边际绩效与竞争活力的边际绩效之比等于两者价格之比"这一原则进行。本书的研究为重新理解网络型产业的"马歇尔冲突"管制政策的"精细化"[1]提供了基本思路。

2）将扩散分析的基本方法应用到对网络型产业管制效果与市场结构相关性的研究中。本书的研究验证了管制政策与市场结构的双向关系，并讨论了管制政策的实施存在一个市场结构的适用区间。

3）在对网内网外定价政策这一价格管制政策与市场结构关系的研究中，本书对市场结构变量与虚拟变量网内网外定价政策进行了特殊处理：通过变量的相乘，获得交互项。这一处理方法为相似问题的解决提供了一个新思路，即基于这一方法同样可以实现对网络型产业其他管制政策与市场结构关系的讨论，并获得具体的市场结构临界值及相应的适用区间。

---

① 这里的"精细化"是指如果可以获得规模经济性及竞争活力这两个变量的相关数据，对某一行业在特定市场结构条件下的管制政策就可以基于边际法则进行精确设计。

第 2 章

网络型产业的自然垄断性及其弱化、"马歇尔冲突"与一个数理模型

2.1 引　言

电信、电力等行业的产品和服务提供，包括整个运营的有效展开都需要依赖一个互联互通的网络，因此，网络特征构成这一类型行业的重要划分依据，这也是被命名为网络型产业的重要理由。产业组织理论对网络型产业的最早讨论是关于其显著的自然垄断性。实际上，宣扬电信、电力等行业的自然垄断性，并在产业组织理论框架下为这种自然垄断性提供充分的理论依据成为当时产业组织学者的偏好。此后快速变革的技术条件，尤以电信行业的更替为代表，极大地改善了供给条件，同时，伴随收入的提高，需求因素不再成为市场发展的制约因素。这些都为产业组织理论重新思考自然垄断性提供了契机。在此之后，关于自然垄断性存在的理由及范围都表现为一个弱化的过程。

20 世纪 70 年代之后，在世界范围内掀起的关于网络型产业的改革浪潮实际上就是基于自然垄断性弱化的认识而展开的。如果每种市场结构形式都是对产业组织理论根本命题"马歇尔冲突"的一种表达，网络型产业的自然垄断性及其弱化过程则经历了对规模经济性的强调及对竞争活力的重新关注这一演变。但对于网络型产业的管制政策而言，对"马歇尔冲突"的对立双方规模经济性与竞争活力的选择应该如何展开，是否可能存在基本的选择基准？这正是本章需要回答的问题。本书尝试基于微观经济分析中的边际法则对"马歇尔冲突"的融合进行数理分析，从而为理解"马歇尔冲突"问题的实质提供一种新思路。本章其余各节安排如下：2.2 节主要基于网络经济性、规模经济性、范围经济性和成本沉没四个方面对网络型产业的自然垄断性的存在理由进行说明，同时对技术因素、需求因

素与自然垄断性弱化的关系做出分析。此外，这一部分还包括对如下三个方面的研究，即自然垄断强度的数量分析、自然垄断边界的演变，以及自然垄断性与网络供应商的供给权和定价权；2.3 节主要对"马歇尔冲突"的历史渊源、融合的可能途径、网络型产业"马歇尔冲突"的特征进行讨论；2.4 节主要基于新构建的规模效益—竞争效益—管制效益框架，在一些简单的假设条件下，对在管制效益既定条件下，规模效益与竞争效益的最优选择问题进行模型分析，并以一种简单的管制效益函数形式为例进行具体研究；2.5 节对本章进行总结，并梳理本章在全书中的角色及与后续章节的关系。

2.2　网络型产业的自然垄断性及其弱化

由于技术、需求等因素的变化，网络型产业的技术经济特征表现为一个变化的过程。这种时变性打破了产业组织理论早期为网络型产业实施垄断的市场结构所构建的严密逻辑体系，并为反思自然垄断理论提供了机会。在开始主题部分的研究之前，本书尝试通过对网络型产业的自然垄断性及弱化、"马歇尔冲突"特征等问题的讨论，实现对网络型产业基础特征的识别，从而为人们理解网络型产业的市场结构、管制模式选择及最优市场绩效等问题提供基础。

2.2.1　垄断的产品、价格决定及福利损失

一般来讲，市场结构基于垄断和竞争特征被划分为完全垄断、寡头垄断、垄断竞争和完全竞争。由于垄断往往被认为是低效的，这种低效主要来源于垄断者利用自身的市场势力提供价高量少的产品所带来的福利损失，这里的价高量少是与完全竞争市场相比的。图 2.1 描述了一个典型的垄断者，它面临一条向右下方倾斜的需求曲线（曲线 DAC）。横坐标 Q 表示产量，纵坐标 P 表示价格。假定平均成本曲线 AC 与边际成本曲线 MC 重合。垄断者首先基于边际成本（MC）等于边际收益（MR）的原则确定产量水平，曲线 MC 和 MR 相交于 B 点，对应的产量水平标记为 Q_m，m 表示垄断。产量水平确定之后，垄断者基于需求曲线来确定产品价格，以实现利润的最大化。在垄断产量为 Q_m 时，其对应的价格为 P_m。P^* 和 Q^* 分别为资源配置完全有效情形下的价格和产量。因此，市场结构为垄断情形时，垄断厂商所提供的产品低于实际需求量，出现供给不足，同时，产品价格高于竞争情形，并提高了需求者的消费成本。图 2.1 中的 $\triangle ABC$ 区域就是微观经济分析中的"无谓的福利损失"。上述关于垄断效率的分析并未区分垄断的类型，也

没有考虑产业类型、产业发展阶段与市场结构的关系。实际上，自然垄断理论表明，在网络型产业发展的初期，由于规模经济性、范围经济性等特征极为显著，网络型产业天然地需要一个较为垄断的市场结构。

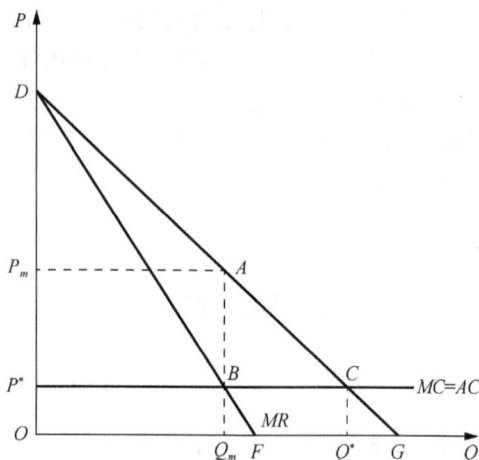

图 2.1　垄断的产量、价格决定与福利损失

2.2.2　网络型产业自然垄断性存在的理由

西方产业组织理论早期倾向于宣扬电力、供水、通信等行业的自然垄断特性，并在其严密的逻辑体系中为这些行业采用垄断（寡头垄断，或者更经常地表现为独家垄断）的市场结构提供充足的理论依据。自然垄断显然有别于行政垄断等一般的垄断形式，它打破了垄断与竞争相比高成本、低效率的传统经济学定位，反而在特定条件下成为一种更加有效的市场结构形式。这种特定条件，或者是受技术的局限，或者是由需求的约束所致。前者在本质上是一种供给因素，决定了产业是否存在供给依赖；后者则意味着用户规模的扩大。当存在供给依赖或需求不足时，市场仅仅可以容纳一家企业，采用独家垄断是理智的选择。当发生技术变革时，意味着可以以更低廉的成本提供更多的服务，并且随着收入水平的提高带来需求的扩张，这样一个不断成长的市场可以容纳更多的企业。换句话说，引入竞争的时机开始成熟，这其实就是自然垄断性的弱化。任何形式的市场结构都可以被理解为是对"马歇尔冲突"解决方法的一种表达，在自然垄断性这种表达形式里更加强调规模经济的重要性，因为我们面临一条向下的边际成本曲线。随着自然垄断产业的进化和发展，当代自然垄断已经收敛到仅具有网络特征的产业上（李怀，2004）。网络型产业的自然垄断性可以从以下四个方面给出其存在的理由。

1. 网络经济性

网络型产业的市场结构并不天然是自然垄断的，但在电力、电信等行业发展的早期阶段，这种形式的市场结构成为必然的选择。这种选择的第一个理由应当是网络经济性。在网络型产业所有的基础特征中，网络经济性或者说网络外部性实际上是其首要和根本的特征。这一特征在本质上是一种外部性，并以正的外部性为主。所有需要依赖一个网络提供产品或服务的行业都表现出这种网络外部性，这种网络可以是通信网、电力传输网、天然气管道等实体网络，也可以是由使用同一产品的用户所构成的虚拟网络。以下以电信业中的移动通信业为例做出说明，对移动网络的认识有助于我们理解其网络经济性的存在：移动通信网络使在网用户之间的通信成为可能，通过无线方式实现移动终端之间的通信，或者通过中继线实现移动终端与固定电话用户之间的通话。在这个过程中，每个用户都会因新的用户入网而得到一个更高的效用，这个效用主要体现在两个方面：其一，通信范围扩大，这意味着移动用户可实现的通信组合将呈几何级数增加，即梅特卡夫法则；其二，通信成本下降，这种成本的下降主要是指伴随入网用户的增加，在厂商运营成本既定的条件下，单位产品的成本趋于下降，用户可以基于比过去更低的资费实现通信需求。因而，当在网用户数不断增加，即扩散过程有效推进、市场规模不断扩大时，每个用户都获得了一种正的外部性，这种外部性称为网络经济性。

同样可以从另一个角度来理解网络经济性，如果在网用户期待通信的个体尚未加入通信网络，其通信需求将无法完成。或者在网用户期待通信的用户分属于不同的网络，而且网络之间的互联互通及成本结算等问题，使网间通信的成本非常高，通信需求也将被遏制，移动用户的扩散即用户规模的增长也会趋于缓慢。网络经济性将会被分散到不同的网络中，其对用户效用的改善将被弱化，同时，其对用户采用移动电话的激励也将小于单一网络。因此，在网络型产业发展的早期阶段，多个独立的网络实际上并不经济，客观上需要市场中只存在唯一的运营网络，即表现为一个垄断的市场结构。但许多具备自然垄断的行业并不具备网络经济性。因而，网络经济性是自然垄断性的充分非必要条件。

2. 规模经济性

规模经济性是自然垄断性的另一个经典理由，并被大多数经济学文献视作自然垄断的等同语。规模经济性，简单来讲，是指伴随生产规模的扩大，单位产品平均成本的下降。因此，规模经济性主要从单一产品经济性的角度解释自然垄断性的特征。规模经济性的好处主要表现在以下两个方面：一方面，在价格不变的条件下，单位产品成本下降意味着厂商的利润空间将趋于扩大；另一方面，成本的下降同时扩大了厂商的价格调整空间，即可以基于更低的价格向市场提供产品。上述两个方面，无论是利润增长还是价格竞争力的提高，都意味着厂商市场控制力的提高。因此，基于这一逻辑，伴随厂商市场控制力的提高，规模经济性将使市场逐渐被厂商垄断。垄断的低效率使我们有理由质疑规模经济性是否构成自然垄断的理由。实际上，规模经济性的好处与其引致垄断市场结构的激励本身并不矛盾，前者是自然垄断成立的理由，后者则是伴随产业发展需要实施管制政策的原因。规模经济性在这一意义上构成产业组织理论中"马歇尔冲突"的重要组成部分，但在网络型产业发展的初期，由于最小有效规模尚未实现，市场容量还不足以容纳更多的厂商。因此，这一阶段的规模经济性对产业发展更重要，"马歇尔冲突"的另一个方面即自由竞争的价格机制则被置于一个次要的位置。只有在最小有效规模下降，市场容量允许新的厂商进入市场展开竞争时，竞争活力这一目标才开始被放到重要位置。

本书以电信业为例对规模经济性与自然垄断性的关系做出基础说明。频谱资源的有限等因素导致在电信业发展的初期阶段，最小有效规模非常大，通常整个市场只能容纳一个厂商，否则市场中厂商数目的增加将带来规模不经济。电信业的规模经济性主要表现在两个方面：其一，伴随基础通信网络规模的扩大，新建网络的单位成本将下降；其二，通信用户规模的扩大降低了用户的通信成本。实际上，规模经济性的这两个方面是内在统一的：基础网络的完善和通信成本的下降推动了电信产品或服务的扩散（如移动电话），这种扩散行为在本质上扩大了用户规模，改善了需求条件，加速了电信业最小有效规模的下降。但在最小有效规模下降之前，规模经济性意味着市场中只能允许一家运营商，即表现出自然垄断性，而伴随最小有效规模的下降，市场容量可以容纳更多的市场个体参与竞争，自然垄断性开始趋于弱化。

3. 范围经济性

与规模经济性不同，范围经济性则从多产品经济性的角度解释了自然垄断性的特征。多产品的经济性，即几种产品仅由一家企业生产的成本要低于这些产品分别独立由不同企业生产的成本之和，这就是范围经济性，准确地说是生产的范围经济性。除此之外，还有管理的范围经济性、销售的范围经济性等。

范围经济性两个产品的情况，可用计算公式表示为

$$C(x_1, x_2) < C(x_1, 0) + C(0, x_2) \tag{2.1}$$

式中，$C(x_i)$ 表示成本函数；x_i 表示第 i 种产品。

技术关联性、网络不可分割性及产品和服务不可存储等特性[①]决定了网络型产业往往表现为纵向一体化形式。对各国移动电话扩散的分析显示:移动网络与固定网络之间的通信要大于移动网络之内的通信。因此,对于电信业的两种产品,移动通信服务与固定通信服务而言,联合提供的成本将小于分别提供的成本。实际上,在各国电信业发展的历程中,移动运营牌照往往首先发放给传统的固话运营商,以获得多业务经营的好处。通信网络在本质上分为公共陆地移动网络(public land mobile network,PLMN)和市话网两个部分。鉴于互联互通在早期是很难实现的,将统一的网络一分为二显然不利于通信产业的发展。规模经济性主要从单一产品的平均成本函数出发,而范围经济性则只是对总成本的比较。因此,对于一个多产品的产业,只要多产品联合生产的成本小于产品被单独生产的成本之后就构成一个自然垄断产业(王俊豪,2001)。对于多产品的自然垄断而言,规模经济性既不是充分条件,也不是必要条件。决定自然垄断性的是成本的劣可加性,其主要取决于联合生产的经济性,即范围经济性。

4. 成本沉没

成本沉没也是网络型产业的重要特征之一,巨大的资本投入及其沉没化,使采取垄断的市场结构更符合逻辑。成本沉没与资产的专用性密切相关,专用性越强,沉没特征越显著,这种沉没主要指基础设施移作他用的可能性。由于网络型产业的基础设施,如电信业的铜基电缆、光纤等传输介质及基站等信号交换设施一旦建成,在退出这一行业后并无有效的再利用方式,这实际上对厂商的市场退出行为进行了约束。一般来讲,网络型产业的退出壁垒较为显著,当然这种显著的退出壁垒并非完全由沉没成本所致,政策因素也是重要的退出约束。政府允许一家还是多家厂商进入市场,其决策基础也是对成本沉没的不断认识。伴随成本沉没趋于弱化,或者说并未构成新厂商重要的进入壁垒,可以引入自由竞争的价格机制,实现整个行业的最优市场绩效。

网络型产业的网络经济性、规模经济性、范围经济性和成本沉没造就了电信行业早期的发展具有显著的自然垄断属性,这也恰恰是世界各国通常对电信行业采取独家垄断市场结构的理论基础。但静态地看待网络型产业的自然垄断性并不合理,实际上无论是自然垄断的边界还是自然垄断的强度,都存在一个不断变化的过程。

---

① 以电信业为例说明这种产品或服务的特殊性。实际上,通信产品本身就是服务,这种产品或服务无法分割,产品的提供和消费同时发生。产品无法储存,消费之后无法退货,无实物形态。

2.2.3 自然垄断性的弱化

本书尝试以电信业为例，基于技术和需求两个因素对网络型产业自然垄断性的弱化做出说明，以加深人们对自然垄断性的动态认识。

1. 技术因素与自然垄断性

技术因素通过对供给条件的改善弱化网络型产业的自然垄断性。近 30 年来，在整个网络型产业中，取得技术进步最多的应该是电信业。自 1983 年移动电话首次民用化以来，移动通信服务已经从 1G（模拟通信）、2G（数字通信）变为 3G（多媒体通信），甚至 4G 和 5G 服务也在多数国家和地区开始提供。实际上，6G 服务等六代移动通信技术目前已开始进入研发阶段。这里的产品代际特征实际上主要是基于其通信技术基准的不同而进行的划分。技术因素与自然垄断性的关系可以基于如下的逻辑展开分析：技术因素决定了通信网络的建设成本，同时决定了用户的通信成本。因此，新技术的应用、基于新通信概念和原理的通信网络降低了构建网络的成本或者说使最小有效规模缩小了。最小有效规模由于技术进步趋于缩小，规模经济性所依赖的基础发生变化，带来自然垄断的弱化。此外，技术进步、网络分割及不同网络间的互联互通和网间结算的成本大幅下降，也开始为实施网络分割、引入新的竞争者提供现实基础。此外，互联网技术等替代性技术的出现奠定了电信技术与其融合并提供新服务的基础，而与其产品和服务具有竞争性的新产品及服务也开始弱化电信业的自然垄断性。因此，技术因素对自然垄断性的弱化，一方面通过成本条件的改变实现，另一方面通过业务的分割或延伸实现。这一问题已经得到广泛的讨论。

2. 需求因素与自然垄断性

技术因素从供给层面弱化了网络型产业的自然垄断性，但实际上，需求因素构成自然垄断性弱化更重要的理由。需求一般被定义为收入和价格的函数，同时，偏好差异也影响着需求的选择。以下以电信业为例，对需求因素与自然垄断性的关系做出说明。在电信业发展的初期，通信产品的价格高昂，但是，其质量并不理想，因此采用电信服务的用户很少，主要是对价格不很敏感的工商界人士。由于媒体宣传及口头传播，更多的人开始享受电信服务。随着用户规模的扩张和单位产品的成本下降，电信服务吸引了更多的用户，通信成本不断下降和在网用户规模的扩张构成彼此变动的基础。实际上，用户规模的扩张本身放大了市场容量，在最小有效规模不变时，一个更大的市场容量意味着市场中可以进入新的竞争者，采取垄断市场结构的理由不再充分，在这种市场结构演变的逻辑与市场容量不变的条件下，与因最小有效规模下降而允许新的竞争者进入市场是一样的。需求因素对自然垄断性弱化的重要性在 Viscusi 等（1995）对美国电信产业的实证分析中得到了说明，其研究结果显示，如果市场需求增加到一定程度，就可能会导致这个行业失去自然垄断属性，因为需求的大幅提升会使社会最优产量增加。

需求因素和技术因素分别从需求、供给两个方面构成网络型产业自然垄断性弱化的理由。因此，自然垄断性是一个动态的概念。网络型产业的自然垄断性及其弱化的过程、管制政策的目标及竞争引入的方式都应当发生变化。自由竞争的价格机制也需要被置于更重要的位置，以为优化市场结构、改善市场绩效提供帮助。

2.2.4　自然垄断强度的数量分析及图示说明

基于关于网络型产业的自然垄断及其弱化的分析，本书可以构建一个简单的多因素函数，实现对自然垄断强度的数量分析。将自然垄断定义为 NM（natural monopoly）。网络经济性（network economy，NE）、规模经济性（scale economy，SE）、范围经济性（economy of scope，ES）及成本沉没化特征（sunk cost effects，SCE）构成自然垄断存在的理由，而技术（technology，TE）条件和需求（demand，DE）条件的改善则导致自然垄断的弱化。因此，自然垄断强度可以表示为这些因素的函数，计算公式为

$$NM = f(NE, SE, ES, SCE, TE, DE) \tag{2.2}$$

显然，基于相关分析，可以获得 NM 关于各个变量的递变特征，计算公式为

$$\frac{\partial NM}{\partial NE} > 0, \frac{\partial NM}{\partial SE} > 0, \frac{\partial NM}{\partial ES} > 0 \tag{2.3}$$

$$\frac{\partial NM}{\partial TE} < 0, \frac{\partial NM}{\partial DE} < 0 \tag{2.4}$$

因此，自然垄断强度相对网络经济性、规模经济性、范围经济性和成本沉没递增，而相对技术因素和需求因素递减。需要说明的是，由于获得关于自然垄断强度及上述其他变量相关数据的难度较大，本书并未对基于理论分析创建的自然垄断强度函数进行计量分析。实际上，通过寻找相应的工具变量，各个变量间的具体数量关系在本质上可以获得[①]。但本书对网络型产业自然垄断问题的函数分析至少为人们更加清晰地理解自然垄断及其影响因素提供了一种方法。同时，关于这一问题的一个图示（图 2.2）也在这里给出，以获得另一种形式的说明，各因素与自然垄断性的关系及对这些因素重要性的排序主要基于 2.2.3 小节所做的基本分析。

---

① 这需要对相关变量进行适当的简化，本书并未进行相关分析，这也是未来研究的方向。

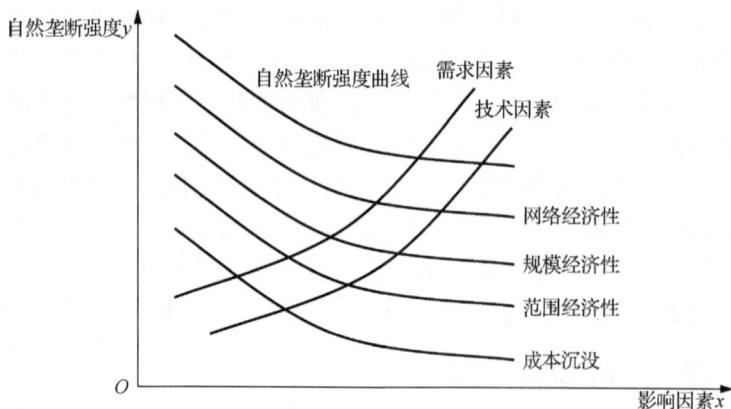

图 2.2　网络型产业的自然垄断性及其影响因素[①]

2.2.5　网络型产业自然垄断边界的演变

由于产业链条中的业务差异,网络型产业不同产业链区域的业务垄断与竞争特征自然不同,简单地将网络型产业归结为自然垄断行业并不科学。实际上,从静态的角度理解,网络型产业存在自然垄断业务与非垄断业务,这些业务区分构成网络型产业自然垄断的静态边界。但考虑到技术、需求等因素的变化,网络型产业的自然垄断边界也会在静态边界的基础上发生动态演变,主要的趋势是边界缩小,更多的竞争可以被引入传统上属于自然垄断的区域。董烨然(2002)持相似的观点,并强调政府管制政策需要考虑网络型产业的静态边界即产业发展的现状,同时,需要前瞻性地对动态因素做出分析,以引导网络型产业走向结构优化的发展道路。

2.2.6　网络型产业的自然垄断与网络运营商的供给权和定价权

对网络型产业而言,其发展过程伴随着自然垄断性不断弱化的过程,因此其供给权与定价权的基本特征也需要一个演变过程。在产业发展的初期,由规模经济性等导致的自然垄断性极为显著,运营商的供给权将呈现垄断特征,但其对产品的定价权应当受到管制部门的约束,以规避垄断定价带来的低效率和对资源配置方式的伤害,这个阶段需要进行价格管制[②](王燕,2003)。但伴随网络型产业供给能力和市场容量的扩张,行业的最小有效规模逐步降到一个较低水平,市场中开始可以允许多家厂商参与,这一阶段的供给权需要分配给更多的新进入者。

---

① 本图仅提供了网络型产业自然垄断性及其影响因素的某种说明,图中不同曲线之间的交点并不表征具体的经济学含义。

② 这里的管制主要是指对在位厂商的管制,因此,价格管制实际上就是对在位者定价行为的管制。

同时，伴随市场竞争的加剧，价格管制等政策行为应当适度调整，产品的定价权最终应当回归到市场，即产品的价格应当是市场中运营商相互之间进行竞争所实现的一个均衡价格。供给权与定价权的不同特征适应了网络型产业发展的不同阶段，其演变过程也是资源配置方式趋于优化和高效的过程。网络型产业的供给权与定价权(y)的演变与市场结构(x)的关系可以从图 2.3 中获得直观的说明。图 2.3 中，供给权与定价权曲线的交点表征的是伴随网络型产业市场结构的趋于竞争，市场中逐步允许进入更多的厂商进行经营，监管者（政府）对网络型产业的价格管制趋于弱化。因此，这一语境下厂商的供给权持续下降，而定价权则不断上升，并在市场结构的竞争属性达到一个"合理水平"时，两条曲线实现相交。

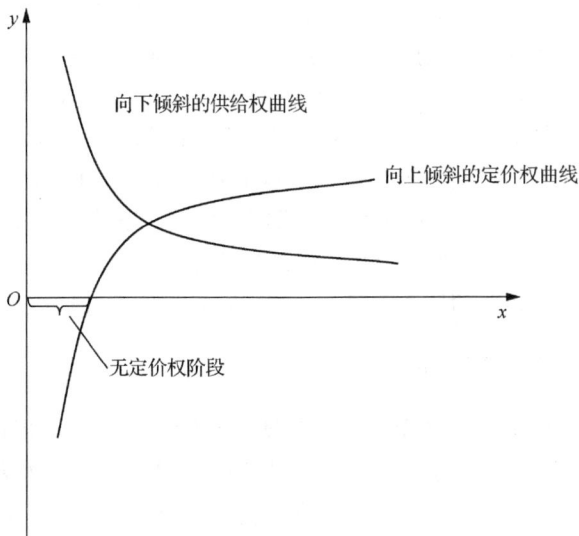

向下倾斜的供给权曲线

向上倾斜的定价权曲线

无定价权阶段

图 2.3　网络型产业的供给权、定价权的演变与市场结构特征的关系

2.3　网络型产业的"马歇尔冲突"

2.3.1　"马歇尔冲突"的历史渊源

1890 年，马歇尔的《经济学原理》一书问世。Marshall（1890）基于折中主义，将许多过去对立的学说和理论融合在自己的体系中。在这本经典著作的生产要素篇章中，马歇尔继承和发扬了亚当·斯密（Adam Smith）的自由经济思想，引入

了自由形成合作或联合，增加了工业组织这一第四要素，从而扩大了让·巴蒂斯特·萨伊（Jean Baptiste Say）的劳动、资本和土地生产三要素。Marshall（1890）提出，"组织"作为生产第四个要素的契机是其在研究大规模生产等相关问题时，触及了"规模经济"的问题。在马歇尔的逻辑中，工业组织构成规模经济性的现实基础，二者密切相关。实际上，Marshall（1890）对规模经济性的分析是基于工业组织展开的。为获得规模经济性的好处，市场中的个体倾向于扩大企业的规模，以实现单位产品成本的下降，并基于这种成本优势扩张市场份额，继而提升自身的市场地位。

这一演变的基本结果是市场结构趋于集中，并可能产生垄断市场结构所伴随的"高价格与低产量"的效率损失问题。因此，对规模经济性的追求潜在地需要以失去自由竞争的价格机制为代价。与此类似，对这种更高效的竞争机制的追求同样存在失去规模经济性的可能。在产业发展的早期阶段，这种规模经济性的缺少对市场成长尤其是长期内的成长是一种致命伤害。因此，规模经济和自由竞争之间呈现一种对立关系，这种对立最早是由马歇尔所揭示[①]的，因而被称为是"马歇尔冲突"或"马歇尔矛盾"。如何发挥竞争机制的作用，在确保享受规模经济的同时保持经济的活力，也就是如何兼容规模经济性和竞争活力，是产业组织理论的核心问题之一。正是在对这一命题的争论、反思中，这门学科才得以成长和发展。

2.3.2 "马歇尔冲突"融合的可能途径

关于"规模经济与自由竞争的对立"即"马歇尔冲突"被提出之后，如何寻找组织的最优规模？是追求规模经济，还是追求自由竞争的价格机制？经济学文献中关于二者的争论从来没有停止过。马歇尔本人及后来以 J. M.克拉克（J. M. Clark）为代表的学者都尝试从不同的途径来融合"马歇尔冲突"，以协调规模经济与竞争活力。

[①] 实际上，在 Stigler（1983）等学者对马歇尔的批判中，可以获得"马歇尔冲突"的理论起点。当亚当·斯密在《国富论》（The Wealth of Nations）中提出市场容量限制劳动分工的定理时，规模经济与自由竞争的对立就已经被暗示。市场容量限制劳动分工的定理表明，如果劳动的进一步分工使更高的产量在更低的成本上实现，则联合、扩张等市场行为对厂商而言是有利的。基于这一逻辑，市场结构的演变趋势必然是垄断。亚当·斯密的这一定理同样造成一个两难境地，如同 Stigler（1983）所分析的那样："如果该定理具备普遍性，市场容量的确限制了劳动分工，这意味着典型的市场结构必定是垄断；但如果典型的市场结构是竞争，那么这一定理就是错误的或不具备普遍性。这两种情况都难以否认。"因此，亚当·斯密的这一定理已经隐藏着规模经济与垄断、竞争的矛盾，只是在马歇尔这里，这个矛盾完全暴露出来了。

马歇尔主要从以下三个渠道或三个假设条件[①]实现对规模经济与竞争活力的融合。

1）规模经济性对厂商而言是外在的，至少对部分厂商适用。

2）规模报酬递增表现出动态性，其影响存在滞后。企业无法永续获得一流的管理，精英企业家终将离开。

3）运输成本增长迅速，并构成总成本的重要部分，成为厂商进行市场扩张、延伸市场空间的制约因素。

马歇尔对上述三个假设条件的表述的主要用意在于说明规模经济性并不必然导致垄断。如果这些假设成立，或许将使我们重新思考规模经济与竞争的冲突。但不幸的是，马歇尔的三个假设条件在实践中并不成立。本书基于马歇尔的三个假设条件顺序对这些假设做出分析。对于第一个假设条件，即使对大部分厂商而言规模经济性是外在的，但本书依然无法基于此点获得市场结构必然趋于竞争的结论。原因在于，规模经济性的外在性，只要通过企业之间的联合就可以实现规模经济性的外在问题的内部化，市场结构最终呈现寡头垄断特征。因此，第一个假设条件不成立。马歇尔的第二个假设条件在本质上强调合并（合并即为了实现规模报酬）是不可能的，并且企业的管理有可能落入无能者手中。因此，企业扩张或者说最后垄断市场的可能性较小。但这一假设条件显然是与现实冲突的，合并总是在发生，通过引入职业经理人团队，实现企业精英管理的持续性并非不可能。与前两个假设条件一样，马歇尔的第三个假设条件同样无法成立。作为总成本的组成部分之一，运输成本同样存在规模报酬递增，或者说边际成本递减规律，这一规律本身就成为扩张规模的重要激励因素。因此，第三个假设条件的适用性更有限。

这些假设条件也受到皮耶尔·斯拉法（Piero Sraffa）等学者的抨击，并引发了一场关于此问题的讨论。尽管马歇尔触及了规模经济与竞争活力的问题，但并未给出二者的稳定均衡条件，"马歇尔冲突"问题在马歇尔的理论框架中并没有得到彻底解决。

有效竞争（workable competition）理论也是对"马歇尔冲突"进行融合的重要思路。有效竞争这一概念是由 J. M. 克拉克于 1940 年首次提出的。此后，关于有效竞争的本质及实现途径都获得了广泛的研究。哈佛学派的代表人物爱德华·梅森（Edward Mason）则将关于有效竞争的相关见解归纳为两类：其一，主要研究形成有效竞争市场结构的条件，以及如何维护这种市场结构；其二，在竞争可能得到

---

① 原文并非如此，本书在保留原意的基础上进行了文字修正。关于马歇尔本人对"马歇尔冲突"融合问题解决思路的详细分析则可详见赵桂琴（1998）的研究。

的市场成果基础上寻求竞争的有效性。实际上，这两类研究由于研究视角的差异被分别称为市场结构基准和市场效果基准[①]，但这两个基准如果付诸实践，就会立即显示出它们的不确定性。但有效竞争理论应该是迄今为止对"马歇尔冲突"的最好解决方案。如果说在融合"马歇尔冲突"这个问题上难以找到最优解，那么不妨将有效竞争作为次优解来对其实现一定程度的融合。伴随对有效竞争概念理解的深入，经济学家和实务界人士认识到有效竞争的本质就是要平衡垄断与竞争的利弊，追求最优的市场运行效率。因此，有效竞争必然会对调和规模经济与自由竞争之间的矛盾起到自身的作用。网络型产业的组织优化过程在本质上就是这一产业有效竞争的实现过程。

2.3.3 网络型产业"马歇尔冲突"的特征

因为产业发展的阶段不同及产业类型的差异，实际上管制者在不同情形下对"马歇尔冲突"中对立双方的偏好也不同，这种偏好主要是指基于实现最优的市场绩效所进行的选择。一般来讲，在产业发展的早期，规模经济性对支撑整个产业成长的意义重大，竞争活力的效率损失可以忽略不计，这一阶段对规模经济性的偏好主要表现为规模经济性，而自由竞争的价格机制所表征的更有效率的资源配置方式被置于次要的位置。"马歇尔冲突"一直存在，但这个阶段规模经济与竞争活力之间的矛盾并不构成产业发展的重要障碍。但伴随产业的发展，市场容量得到扩张，足以容纳更多的竞争者，这一阶段对竞争的追求或者说效率成为重要因素。这是因为，在这一发展阶段，资源配置效率的提高可以快速改善市场绩效的状况。与此不同，在产业发展的早期阶段，盲目实施竞争引入有可能对产业成长产生负面作用。印度电信业的失败及市场竞争的混乱状况就是一个现实的例子。

尽管技术和需求因素会带来网络型产业自然垄断性的弱化，但整体上这种自然垄断性依然很强。牛文涛（2009）早期基于移动电话扩散模型对我国电信业进行的研究即表明了这一点。实际上，市场结构的竞争性与市场绩效存在一个二次型关系，即存在最优的市场结构。如果电信业中竞争者数目过多，这种竞争对资源配置效率的改善反而会因竞争过度而对最优市场绩效的实现起到负面作用。因此，网络型产业尽管弱化但依然较强的自然垄断性意味着在整个"马歇尔冲突"中，管制者在引入竞争的同时，仍然需要将规模经济问题置于一个重要位置。但应当基于何种原则对冲突双方进行协调，从而为管制政策的方向（以规模经济性考虑的规模优先，还是自由竞争价格机制考虑的效率优先）选择提供说明？本书将在 2.4 节基于一个重新构建的简单数理模型对此问题做出回答。

[①] 具体基准或假设条件不在这里赘述，详见牛文涛（2008）等的研究。

2.4　边际法则与"马歇尔冲突"：一种新的应用

基于边际分析法则，本书尝试对网络型产业的"马歇尔冲突"问题做出理论拓展。考虑"马歇尔冲突"的对立双方即规模经济与自由竞争的价格机制，忽略可能的成本，将两者分别等同于规模效益（scale benefits，SB）与竞争效益（competition benefits，CB），并增加第三个分析维度，即管制效益（regulation benefits，RB）。本书将基于新构建的规模效益—竞争效益—管制效益的三维框架分析网络型产业的管制问题与"马歇尔冲突"之间的关系。

2.4.1　基本假设及说明

1）假设 1：不考虑其他成本，在极端的情形中，规模效益与竞争效益本身相互构成对方的成本测量，即价格。这是由于规模效益与竞争效益呈现对立关系，类似微观经济学中两个产品间的替代关系，从某种意义上讲，规模效益是竞争效益的价格，即机会成本，反之亦然。某一产业实现规模效益的价格即消费这一福利产品的价格为 $P_{SB}=CB$。与此类似，某一产业实现竞争效益的价格为 $P_{CB}=SB$。两者满足简单的非线性替代关系，在二维坐标中凸向原点（图 2.4）。图 2.4 中，A 点和 B 点构成既定管制效益水平下规模效益和竞争效益组合的两种极端情形。A 点表征的是若不考虑竞争效益，既定管制效益所能实现的规模效益额度；B 点表征的是若不考虑规模效益，既定管制效益所能实现的竞争效益额度。显然，在管制效益曲线上，从 A 点到 B 点的移动过程，也是竞争效益对规模效益持续替代的过程。

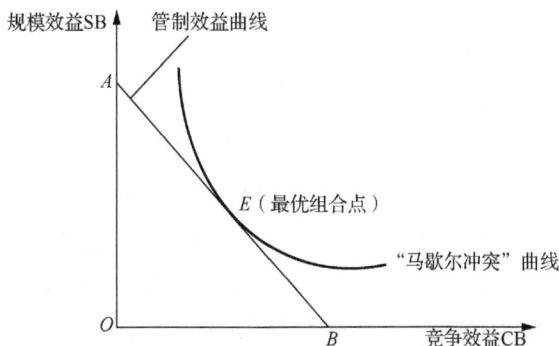

图 2.4　网络型产业的"马歇尔冲突"曲线及规模效益与竞争效益的最优点①

---

① E 表示约束条件下的最优选择情形。基于式（2.24）所获得的最优解在本图中就是"马歇尔冲突"曲线与管制效益曲线的切点。

2）假设 2：某一行业规模效益与竞争效益的额度分别为 x_{SB} 和 x_{CB}，并且有 $x_{SB}, x_{CB} \in [0, x_{SB} + x_{CB}]$，即规模效益与竞争效益的额度都在零值与两种效益之后的区间内，这意味着在某种极端的情形中，规模效益或竞争效益被放弃。在行业发展的不同阶段，行业对规模效益和竞争效益的偏好不同，这种偏好实际上可以被理解为行业发展对两种类型效益的依赖程度。在网络型产业发展的初级阶段，自然垄断性特征显著，对规模效益的需求强烈，这一阶段网络型产业的偏好特征为对规模效益的偏好强于对竞争效益的偏好。在网络型产业发展的后期，技术因素和需求因素对自然垄断性进行了弱化，规模效益的偏好强度会依据自然垄断性弱化的程度发生递减，与此同时，对竞争效益的偏好趋于强烈（图 2.5）。有效竞争除了需要满足结构或效率标准，显然还具备阶段性特征，即在网络型产业发展的初期，有效竞争强调规模效益，而在后期则强调竞争效益，并在两种偏好的边际收益与边际成本吻合的条件下实现。

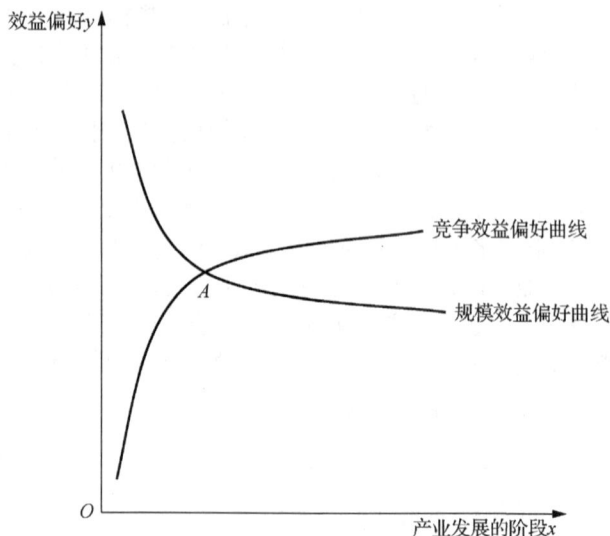

图 2.5　网络型产业的效益偏好特征与产业发展的阶段①

3）假设 3：在一个特定的周期内，处于特定市场结构条件下的某一行业可以实现的最大管制效益是既定的，为 RB。管制效益是指某一行业适应于其管制政策的规模效益与竞争效益的某一组合所带来的最优的市场结构与市场绩效特征，类

---

① 本图构成产业发展阶段、效益偏好类型的分析框架。在产业发展的特定阶段，致力于实现有效竞争，竞争效益偏好与规模效益偏好可能存在无差异情形（即 A 点），但在这一阶段之前及之后，可以在竞争效益偏好与规模效益偏好之间做出"选择"，即更偏好于何种效益类型。

似微观经济分析框架中的收入，即管制效益可以在规模效益与竞争效益之间分配。因此，结合假设 1 和假设 2，可以获得一个关于三个变量的等式，类似微观经济学中的消费决策的预算式，计算公式为

$$p_{SB}x_{SB} + p_{CB}x_{CB} = RB \tag{2.5}$$

4）假设 4：管制效益与行业的市场结构的优化程度负相关，即在过度垄断与过度竞争两种极端的市场状况下，管制效益较为显著，而在已经实现有效竞争的条件下，管制效益的额度将较小。在以管制效益为纵坐标、以规模效益与竞争效益组合为横坐标的二维坐标体系中，网络型产业的管制效益曲线表现为 U 形曲线（图 2.6），最小值在有效竞争的市场条件下实现，这意味着在有效竞争的市场条件下，管制实施的必要性并不强烈。

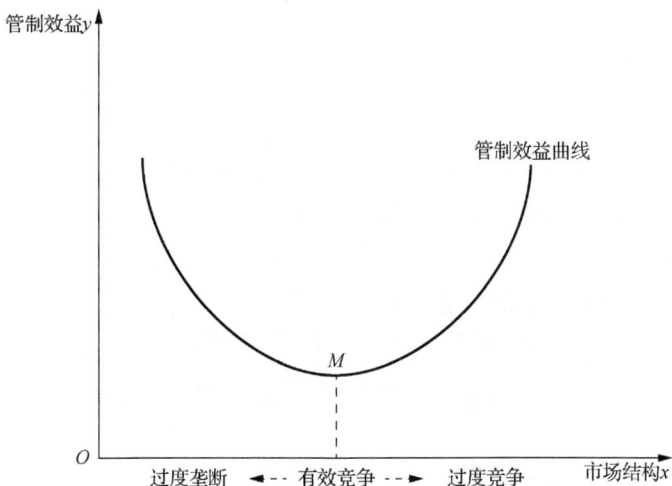

图 2.6　管制效益曲线及与市场结构的关系①

5）假设 5：规模效益与竞争效益的特定组合构成某一行业的市场绩效（market performance，MP），类似消费决策中的效用水平。在纵坐标为规模效益、以横坐标为竞争效益的坐标体系中，网络型产业的市场绩效曲线为凸向原点的一条曲线，实际上就是"马歇尔冲突"曲线。马歇尔在"马歇尔冲突"中所讨论的规模经济与自由竞争的对立，实际上是指为了实现一定的市场绩效，这两者之间总是难以调和的。这一点是需要特别说明的。图 2.4 中的"马歇尔冲突"曲线代

---

① 在实现有效竞争的市场结构中，通过实施管制政策所产生的效益较小（如 M 点）。伴随市场结构从过度垄断向有效竞争，以及过度竞争向有效竞争转变的过程中，管制效益的额度趋于下降。这一分析框架为管制强化与管制放松提供了理论基础。

表某一既定的市场绩效水平，距离原点越远代表的市场绩效水平越高。因此，市场绩效与规模效益和竞争效益的关系可表达为下式：

$$\text{MP} = f(x_{\text{SB}}, x_{\text{CB}}) \qquad (2.6)$$

最简单的情形可为

$$\text{MP} = x_{\text{SB}} \cdot x_{\text{CB}} \qquad (2.7)$$

6）假设 6：边际绩效（marginal market performance，MMP）定义为某种效益（管制效益或竞争效益）改变所带来的市场绩效的变化。对式（2.6）所表征的市场绩效函数关于某一变量求导，即可获得该变量的边际绩效函数。

显然，规模效益的边际绩效函数为

$$\text{MMP}_{\text{SB}} = \frac{\partial f(x_{\text{SB}}, x_{\text{CB}})}{\partial x_{\text{SB}}} \qquad (2.8)$$

竞争效益的边际绩效函数为

$$\text{MMP}_{\text{CB}} = \frac{\partial f(x_{\text{SB}}, x_{\text{CB}})}{\partial x_{\text{CB}}} \qquad (2.9)$$

由于实施某次管制所获得的管制效益是既定的（假设 3），类似消费决策中个人收入在短期内是固定的，这些新增的管制效益只能在两种效益之间分配。基于全微分的概念，可知对某个行业实施的某次管制所实现的市场绩效改进等同于两种效益额度与其边际绩效函数值乘积的和，计算公式为

$$\begin{aligned}\text{dMMP} &= \text{dSB} \cdot \text{MMP}_{\text{SB}} + \text{dCB} \cdot \text{MMP}_{\text{CB}} \\ &= \text{dSB} \cdot \frac{\partial f(x_{\text{SB}}, x_{\text{CB}})}{\partial x_{\text{SB}}} + \text{dCB} \cdot \frac{\partial f(x_{\text{SB}}, x_{\text{CB}})}{\partial x_{\text{CB}}}\end{aligned} \qquad (2.10)$$

网络型产业发展的阶段不同，对管制效益和竞争效益的偏好不同，并基于技术因素和需求因素的变化发生演变。因此，两种效益的边际绩效函数值并不固定。实际上，经过简单分析即可发现，在自然垄断性显著的初期，网络型产业偏好于规模效益（追求规模经济性），这意味着规模经济性的单位改变可以实现更显著的市场绩效提升。与此相反，伴随自然垄断性的弱化，网络型产业对竞争效益的偏好开始加强，开始追求自由竞争的价格机制以实现对资源的更高效配置。因此，这一阶段竞争效益的边际绩效值趋于上升。上述分析表明，在网络型产业发展的过程中，规模效益与竞争效益对市场绩效的边际贡献率呈现相反的路径：前者趋于下降，后者则趋于上升。但需要强调的是，这里的上升与下降只是相对的，有效竞争应当在这两种效益的某个契合点上实现。2.4.2 小节及 2.4.3 小节将对此问题展开分析。

7）规模效益与竞争效益之间的边际替代率。除上述六点假设条件外，还需要引入一个概念，即规模效益与竞争效益之间的边际替代率，即为了实现某一固定

的市场绩效水平，"马歇尔冲突"双方难以调和的程度[①]。假定管制者期待实现一个数值为 C 的市场绩效，管制效益在规模效益与竞争效益之间做出分配。

显然，

$$\text{MP} = f(x_{SB}, x_{CB}) = C \tag{2.11}$$

对式（2.11）求全微分，可得

$$\text{dMMP} = \text{dSB} \cdot \text{MMP}_{SB} + \text{dCB} \cdot \text{MMP}_{CB} = 0 \tag{2.12}$$

对式（2.12）移项，并做简单整理，可得

$$\frac{\text{dCB}}{\text{dSB}} = -\frac{\text{MMP}_{SB}}{\text{MMP}_{CB}} \tag{2.13}$$

式（2.13）是规模效益对竞争效益的边际替代率 $\text{MRS}_{SB,CB}$，即为了增加一单位的规模效益，需要替代的竞争效益的额度，也就是需要牺牲多少自由竞争的价格机制所带来的市场活力。与此类似，竞争效益对规模效益的边际替代率即为 $\text{MRS}_{CB,SB}$，表示为了实现竞争活力需要放弃多少额度的规模经济性。

显然，规模效益对竞争效益的边际替代率 $\text{MRS}_{SB,CB}$ 可用计算公式表示为

$$\text{MRS}_{SB,CB} = \frac{\text{dCB}}{\text{dSB}} = -\frac{\text{MMP}_{SB}}{\text{MMP}_{CB}} \tag{2.14}$$

实际上，边际替代率为一个正值，这里的负号表示一种替代关系。从本质上讲，这里的边际替代率就是图 2.4 中"马歇尔冲突"曲线的斜率。

2.4.2　管制效益既定条件下最优市场绩效的求解

基于上述假设，本书尝试对网络型产业在管制效益既定的情况下，如何实现市场绩效的最优做出分析。管制者所面临的问题即成为如下的最优规划问题：

$$\underset{SB,CB}{\text{Max}}\,\text{MP(SB,CB)}$$

$$\text{s.t.} P_{SB} \cdot \text{SB} + P_{CB} \cdot \text{CB} = \text{RB} \tag{2.15}$$

对式（2.15）所描述的规划求解，可基于拉格朗日乘数法展开。本书构建了以下拉格朗日函数：

$$L(\text{SB,CB},\lambda) = \text{MP(SB,CB)} + \lambda(\text{RB} - P_{SB} \cdot \text{SB} - P_{CB} \cdot \text{CB}) \tag{2.16}$$

对式（2.16）中的两个自变量规模效益 SB 和竞争效益 CB，以及乘数因子 λ 求导，可得

$$\frac{\partial L}{\partial \text{SB}} = \frac{\partial \text{MP}}{\partial \text{SB}} - \lambda P_{SB} = 0 \tag{2.17}$$

---

① 实际上，规模效益总是与竞争效益一起实现一定的市场绩效，因此，替代及无法被调和都是相对的。从本质上讲，两者还存在某种互补关系。

$$\frac{\partial L}{\partial CB} = \frac{\partial MP}{\partial CB} - \lambda P_{CB} = 0 \tag{2.18}$$

$$\frac{\partial L}{\partial \lambda} = RB - P_{SB} \cdot SB - P_{CB} \cdot CB = 0 \tag{2.19}$$

将式（2.17）和式（2.18）移项整理，并求解乘数因子 λ，可得

$$\lambda = \frac{\frac{\partial MP}{\partial SB}}{P_{SB}} = \frac{\frac{\partial MP}{\partial CB}}{P_{CB}} \tag{2.20}$$

式（2.20）意味着在管制效益既定，即规模效益和竞争效益总量固定的条件下，实现最优的市场绩效需要每一额度的管制效益带给两种变量的边际市场绩效贡献都相等（也就是说，每分钱花在两种产品上的边际效用都相等）。将式（2.20）进行简单整理，可有如下公式：

$$\frac{\frac{\partial MP}{\partial SB}}{\frac{\partial MP}{\partial CB}} = \frac{P_{SB}}{P_{CB}} \tag{2.21}$$

结合如下边际市场绩效的公式：

$$\frac{\partial MP}{\partial SB} = MMP_{SB} \tag{2.22}$$

$$\frac{\partial MP}{\partial CB} = MMP_{CB} \tag{2.23}$$

以及边际替代率的基本公式：

$$MRS_{SB,CB} = \frac{dCB}{dSB} = -\frac{MMP_{SB}}{MMP_{CB}} \tag{2.24}$$

并剔除式（2.24）中的负号，进行取绝对值处理，可以获得最优解实现时几个变量间的基本关系等式：

$$MRS_{SB,CB} = \frac{MMP_{SB}}{MMP_{CB}} = \frac{P_{SB}}{P_{CB}} \tag{2.25}$$

基于式（2.25）可以获得一个基本的推论：网络型产业在管制收益既定条件下实现最优的市场绩效，对两种效益的分配，即对规模经济性和竞争活力的选择需要基于"规模经济性的边际绩效与竞争活力的边际绩效之比等于两者价格之比"这一原则进行。

推论中所表达的这一原则在本质上就是微观分析中边际收益与边际成本相等原则。在这一原则基础上，管制者首先进行管制决策，从而决定在具体政策实施过程中更强调对何种效益的追求，实际上也就决定了行业管制的基本目标。由于

边际替代率实际上就是图 2.4 中"马歇尔冲突"曲线的斜率，两种效益的价格之比则为管制效益曲线的斜率，因此，基于式（2.25）所获得的最优解在图 2.4 中就是"马歇尔冲突"曲线与管制效益曲线的切点。如果可以获得关于规模效益与竞争效益的市场绩效函数的具体形式，则可以结合式（2.19）进一步求解出两个变量的具体结果。从理论上来讲，规模效益及竞争效益最优解的函数应该是管制效益和另外两种效益的价格三个变量的函数。实际上，这三个变量分别代表可以分配的额度及各自所面临的机会成本。

2.4.3　在一种简单的市场绩效函数形式上的应用

基于边际法则对"马歇尔冲突"中规模经济性与竞争活力所做的理论分析，为我们理解"马歇尔冲突"与管制政策制定提供了一个新的思路。但需要强调的是，由于理论假设的简化，上述分析可能存在一定的偏差。同时，管制效益等变量只是被简单地讨论过，如何基于市场环境识别出包括市场绩效在内的函数形式依旧是需要思考的问题。不过，考虑到规模效益与竞争活力较为明显的替代关系，本书可以基于一种简单的市场绩效函数形式对上述最优化问题重新求解，以获得更直观的理解。

令网络型产业的市场绩效函数为

$$\text{MP} = f(x_{\text{SB}}, x_{\text{CB}}) = x_{\text{SB}} \cdot x_{\text{CB}} \tag{2.26}$$

约束条件为

$$P_{\text{SB}} \cdot \text{SB} + P_{\text{CB}} \cdot \text{CB} = \text{RB} \tag{2.27}$$

同样，基于拉格朗日乘数法对这一问题求最优解，可得

$$\frac{\text{MMP}_{\text{SB}}}{\text{MMP}_{\text{CB}}} = \frac{\text{CB}}{\text{SB}} = \frac{P_{\text{SB}}}{P_{\text{CB}}} \tag{2.28}$$

由式（2.25）可得

$$P_{\text{SB}} \cdot \text{SB} = P_{\text{CB}} \cdot \text{CB} \tag{2.29}$$

结合式（2.27）和式（2.29），简单求解即可获得规模效益和竞争效益函数如下：

$$\text{SB}^* = \frac{\text{RB}}{2P_{\text{SB}}}, \text{CB}^* = \frac{\text{RB}}{2P_{\text{CB}}} \tag{2.30}$$

式（2.30）中的*表示最优解。对该式进行变形之后可以得到

$$\frac{P_{\text{SB}} \cdot \text{SB}^*}{\text{RB}} = \frac{P_{\text{CB}} \cdot \text{CB}^*}{\text{RB}} = \frac{1}{2} \tag{2.31}$$

式（2.31）意味着当市场绩效函数为式（2.26）的形式时，实现最优的市场绩效需要将管制效益平均分配给规模经济性与竞争活力，即两种资源配置的方式在网络型产业中各占 1/2。这些最优解在一定条件下可以理解为"马歇尔冲突"的融合点。

同样，本书也可以分析为了实现既定水平的市场绩效，在两种效益的价格即实现成本不变的条件下需要的最小管制效益，即需要进行管制改革的最小幅度。拉格朗日乘数法也可以给出这种条件下的最优解，也可以理解为另一种形式的"马歇尔冲突"融合点。但如同需求函数一样，网络型产业的市场绩效函数在本质上存在但现实中无法获得一个毫无偏差的具体函数形式。基于理论假设获得的简化的函数形式将为我们理解垄断、竞争与市场绩效的关系提供重要的思路。实际上，按照基于边际法则对"马歇尔冲突"与管制政策所做的分析，有效竞争的概念应该发生在"马歇尔冲突"的融合点，即在一定的产业发展阶段，垄断与竞争的结合实现了这一条件下的最优市场绩效。同样，本书发现有效竞争存在的基础并不是固定不变的，必然伴随产业发展的阶段表现出时变特征。在产业发展的初期，规模经济性与竞争活力相比更重要，但如果基于边际法则，则这种"多垄断与少竞争"的组合①可以实现这一阶段最优的市场绩效，也可以被认为是有效率的。

徐华（2006）对网络型产业的有效竞争及决定变量的讨论与本书基于数理模型的分析相似，他认为网络型产业有效竞争的三个决定变量是规模效益、竞争效益与管制效益，三者呈现动态变化的关系。规模效益与竞争效益构成"马歇尔冲突"，关系是对立的。管制效益与以上两者则存在显著的关联作用：一方面，通过行政许可等管制方式限制进入实现了规模效益；另一方面，通过引入竞争会削弱规模效益，扩大竞争效益。但管制对竞争效益的促进是条件性的，实际上如果只是单纯地放松管制，而忽略之后的互联互通等问题的解决，同样会出现外部性及普遍服务所带来的公共产品提供等市场失灵现象。因此，徐华（2006）将网络型产业的有效竞争归结为三个决定变量的适度组合，即适度垄断以确保规模经济、适度竞争以实现自由竞争的价格机制对资源的配置，同时，需要适度的管制以适应适度垄断与适度竞争。这与本书基于边际分析法获得的结论在本质上是一致的。

2.5 主要结论

在对网络型产业自然垄断性及"马歇尔冲突"基本特征分析的基础上，本书基于微观分析中的边际法则对网络型产业的"马歇尔冲突"的有效融合进行了数

---

① 与规模经济性相比，自由竞争的价格机制并未成为政策选择的重要考虑因素。

理分析，为重新理解网络型产业的自然垄断性、管制改革及政策方向选择提供了理论参考。研究结果表明：其一，网络型产业自然垄断性存在的理由和范围都有一个弱化过程；其二，网络型产业的"马歇尔冲突"中对规模经济的偏好在一定时期内将强于竞争活力，但伴随自然垄断性弱化的深入，竞争活力将被重新关注，网络型产业的组织优化问题将回归到有效竞争的实现问题上；其三，在管制效益既定条件下实现网络型产业最优的市场绩效，对两种效益的分配，即对规模经济性和竞争活力的选择基于规模经济性的边际绩效与竞争活力的边际绩效之比等于两者价格之比这个原则。

　　作为对规模经济性与自由竞争价格机制两者矛盾状态的描述，"马歇尔冲突"在网络型产业中经历了一个变革过程，即从早期侧重于规模经济到后来自然垄断性弱化之后对竞争的关注。但需要强调的是，相比其他产业，网络型产业在"马歇尔冲突"的冲突双方中更倾向于规模经济。网络型产业的管制改革实质上就是围绕实现"马歇尔冲突"融合这一条主线而展开的，如何有效地协调规模经济与竞争机制的对立，构建两者在网络型产业中的最优比例也一直是网络型产业市场化改革的根本命题。管制改革、引入竞争必然与市场结构的演化直接关联，考虑到网络型产业对规模经济的要求，管制政策的实施效果或者说市场绩效将受到市场结构的约束，这意味着或许存在市场结构的最优区间。管制政策效果与市场结构是否存在这种双向关系，以及是否可以获得最优市场结构区间是本书致力于回答的主要问题，也是后续章节的主要内容。

第 3 章

网络型产业的竞争机制引入、管制重建、市场结构演化与政策效应

3.1 引　言

20 世纪 70 年代之后，技术变革和需求增长极大地弱化了电信业的自然垄断性，在世界范围内掀起了一场关于电信业管制改革的浪潮。引入竞争机制、提高电信市场的资源配置效率成为改革的基本目标。在世界范围内，电信业竞争机制引入的改革始于美国。1969 年，美国电信业向洲际专用网市场引入竞争机制成为电信业构建竞争机制的最早尝试。此后的数十年中，世界各国纷纷效仿，较为成功地向本国电信市场引入了竞争机制，极大地提升了通信服务的普及率水平。在这一过程中，印度提供了关于竞争机制的反例。实际上，印度电信业过度看重市场竞争，竞争引入的时机欠缺，造成整个电信业的基础设施薄弱，出现了竞争混乱状况。因此，网络型产业的竞争引入必然是一个渐进的调整过程，伴随竞争机制引入的是管制重建过程。本章尝试对以下几个问题做出分析：网络型产业竞争机制引入的方法有哪些？西方国家竞争机制引入的成功经验对我国有何启示？如何认识竞争机制引入与管制重建？政策因素是否构成市场结构演变的动力因素？

本章其余各节安排如下：3.2 节介绍网络型产业竞争机制引入之前世界范围内主要的经营模式，并对竞争机制引入的基本途径和政策支持、主要国家和地区的历程及经验做出分析；3.3 节对网络型产业管制重建的基本逻辑、管制重建过程中两种类型的管制模式的地位做出分析；3.4 节基于我国移动通信业市场数据，对市场结构与政策因素的关系做出模型分析；3.5 节对本章进行总结。

3.2　网络型产业的竞争机制引入

3.2.1　网络型产业竞争机制引入之前的经营模式

以下以电信业为例说明竞争机制引入之前网络型产业主要的经营模式。在竞争机制引入之前，在世界范围内电信业的经营模式主要可以划分为以下两种：其一，北美模式，其基本特点是私有化、完全垄断、独立的监管机构、政企分立，并以美国、加拿大为代表；其二，欧洲模式，其基本特点是公有化、完全垄断、非独立的监管机构、政企不分①，主要以英国、法国为代表，在 1994 年中国联通成立之前，我国电信业的经营也属于此种模式。这两种模式的共同之处在于其基本的经营方式都是独家垄断，这实质上是由这一阶段电信业具备显著的自然垄断性决定的。

因此，除了美国等少数国家，早期世界范围内的电信业也采取了政企不分的经营模式，这种经营者与监管部门一体的情形严重地阻碍了竞争机制引入的实现。因此，打破政企不分也成为竞争机制改革首先需要解决的问题。电信业政企分开改革最早的国家是日本。1952 年，日本的电信业划分为两家电信业实体及专司监管之责的邮政省电气通信局。英国在 1984 年同样实现了政企分开，法国和德国则在 20 世纪 90 年代相继实现。

3.2.2　网络型产业竞争机制引入的基本途径

1. 拆分、重组

对纵向一体化的网络型产业进行重组，主要目的是分离出具备潜在竞争性的业务，但首要的问题是对这一行业的自然垄断边界与非垄断边界做出划分。对电信业的业务分离主要有两种可能的形式：其一，不同网络所有者可以自由接入本地环路（最后一公里）为消费者提供最终产品和服务，从而在网络运营商之间形成竞争；其二，允许竞争性进入者使用瓶颈设施，并向这些设施的所有者支付费用。这些基础设施往往由在位者拥有，并成为在位者掠夺新进入者及阻碍进入的重要力量。制定有效的接入定价的管制政策将有助于解决这一问题，但在现实中需要经历漫长的谈判过程，同时，定价政策也存在偏离基本成本的可能性。网络

---

① 极端情形下，电信运营商及其监管部门为同一机构，集经营者与监管者于一身。

型产业的纵向一体化与纵向分离如何评价？实际上，戴维·M.纽伯里（2002）认为，纵向一体化节约了交易费用，但实现平等接入需要高额的管制成本。纵向分离避免产生进入管制的低效率问题，但接入定价设计等也将产生其他成本。因此，从本质上讲，网络型产业引入竞争机制也是一个成本收益比较问题。在产业发展初期，纵向一体化的收益高于成本，而在产业发展的新阶段，纵向分离、引入竞争的收益高于成本，这意味着通过拆分、重组，引入竞争机制将成为政策的基本取向。

需要强调的是，并非所有业务领域都适合引入竞争机制。将竞争机制引入网络型产业的基础网络即被认为是不可行的，这一点可以从电信业基础网络的相关分析中得到说明：其一，基础网络需要管制提供了公有化的理由，即竞争机制引入存在打破公有化的可能性；其二，基础网络具备垄断性，需要一系列复杂的业务才能使其达到有效运行的基准，同时，对其的评价更为困难，因此，在私有化过程中对其的出售可能产生估计失误，这实际上增加了竞争机制引入的成本，使对其的私有化较为不可行；其三，基础网络属于基础设施，对维持政治稳定意义重大，这也构成其不适合引入私有竞争者的一个理由。目前，我国电信业基础网络环节同样未引入竞争机制。

2. 私有化

所有制是否构成竞争机制的约束因素，即公有制与竞争机制能否有效兼容？网络型产业运行的制度环境是否会对其竞争机制产生约束？也就是说，网络型产业竞争机制引入改革的道路是否局限于私有化？竞争与公有制兼容吗？在世界范围内，网络型产业改革主要有以下两种情形：其一，通过将产权转移到私人部门实现私有化，英国电信业改革的历程就是一个私有化的过程；其二，通过竞争机制引入提升效率，而不是进行私有化，以新西兰、挪威为例。显然，我国对电信业的改革属于第二种情形。总的来讲，所有制类型并未构成竞争机制引入的约束因素，基于不同所有制运行的电信业都成功构建了竞争性的市场机制。

实际上，近几十年，私有化（民营化）已成为西方发达国家网络型产业引入竞争的重要方式。徐华（2006）认为，民营化与竞争机制引入属于一个问题的两个方面，前者通过为市场创建真正的利益主体，后者通过打破垄断引入自由竞争的资源配置方式共同实现建立一个竞争性市场的目标。1984年，英国电信业竞争机制引入的重要方法就是私有化。私有化大幅改善了英国电信市场的竞争状况。此后，西方发达国家的电信业开始掀起一场私有化的浪潮。目前，多数国家实现了私有化改革的目标。从本质上讲，竞争机制的有效性与所有制结构特征存在一定的关联性，但并不必然构成严肃的依存关系。实际上，无论是私有制还是公有制，竞争机制都可以发挥其资源配置的高效，所有制结构特征只是影响了这种资源配置的具体实现方式。

3. 结构化改革

对网络型产业的效率提升和创新激励而言，竞争与管制更有效。如何选择适当的市场结构，从而限制明显低效的管制需求（戴维·M. 纽伯里，2002）成为必须解决的一个问题。网络型产业的竞争机制引入与结构化改革在本质上属于同一个问题。结构化改革主要有两种基本类型：其一，欧洲模式，主要通过向市场中引入新的竞争者实现，纵向一体化的在位企业保持不变，英国电信业改革、中国联通的成立都属于这一模式；其二，美国模式，实施产业重组，将竞争性业务进行分离，美国对 AT&T 的分拆及我国对中国电信的业务分拆属于这一模式。网络型产业的结构化改革如果成功，将对在位厂商产生竞争压力，但如果在位厂商依然保持一体化的制度安排，并占据主导性的市场地位，即使新进入者已表明市场是可竞争的，也需对在位厂商及进入条件进行管制。分拆或业务分离将管制限制在自然垄断领域，但如果分离的部分并未实现充分竞争，就难以产生足够的竞争收益分配给消费者，甚至对市场绩效的提升、竞争压力都没有管制政策强烈，竞争将无法实现，致力于实现有效竞争的改革将存在失败的风险（戴维·M. 纽伯里，2002）。结构化改革在本质上与拆分、重组、私有化一起构成网络型产业竞争机制引入的基本途径，拆分、重组、私有化的推进保障了结构化改革目标的实现。

4. 网络型产业的互联互通、网络的"分割性"与竞争机制引入

实现在位厂商与新进入者的互联互通是构建网络型产业竞争机制引入的关键。网络互联互通的目标是提升新进入者的竞争能力。通过降低互联费率、禁止在位厂商实施价格歧视等非对称管制政策，为新进入者拓展了生存空间，并改善了整个市场的竞争环境。这种竞争引入的方式会牺牲在位厂商的部分利益，加之新进入者倾向于进行"撇奶油"式的竞争策略，对整个行业普遍服务的实现也会产生负面作用。因此，互联互通中除了针对在位厂商的管制，对新进入者的管制也是很重要的。

与网络型产业互联互通相关的一个问题是网络的"分割性"，即网络是否存在被分割成若干网络的可能性，如果可以分割，则意味着每个网络都可以独自运营，这也是引入竞争者的一个理由。网络的"分割性"与网络型产业竞争引入的关系主要表现为以下两个方面。

1）网络在整体上的"不可分割性"。这是由于物理网络的有效运作需要内部协调性，产品和服务的有效供给将会因网络环节的不稳定性而受到显著干扰（胡志兵，唐守廉，2007）。这方面典型的例子是电信业的互联互通问题。由于利益驱使，人为或其他因素总会为网络间的互联互通制造障碍，这将极大地损害一个整

体网络本该具备的效率。如果这种"不可分割性"被打破，新进入者就无法成功地与在位者的网络实现互联互通，构建竞争机制的改革必将受到阻碍。

2）整体网络的"可分割性"与分属于不同的市场个体的可行性。网络的"不可分割性"实质上强调的是产业内部只能有一个整体网络，而非网络必须为单个企业所拥有。当产业内部的网络仅为一个整体网络时，网络型产业的生产是有效率的。这里的"一个整体网络"是指网络间可以实现互联互通，不存在因接入障碍而产生的多家网络。胡志兵和唐守廉（2007）从配置效率的角度分析了网络的"可分割性"。如果整体网络为单个企业拥有，垄断定价将带来福利损失，这需要引入新的竞争者，最终实现产品基于边际成本定价。产业统一于整体网络而非单个企业，这意味着新的企业可以共享这一网络，为引入竞争机制提供可能，但前提是互联互通的有效解决。网络具备结构特性和系统性，其内部的子系统表现出相对独立性，这意味着分属于不同企业个体的子网络具备有效的识别性。这就为网络型产业实施网络分割、引入竞争机制提供了理论基础。因此，网络型产业只自然垄断于一个网络实体，这个实体本身具备不可分割的基本特征，这意味着自然垄断与独家企业垄断并不等同，向该类产业引入竞争机制存在理论上的可行性，并可实现效率的改进（胡志兵，唐守廉，2007）。

以上对网络型产业网络"分割性"特征的分析表明，通过构建与在位厂商的网络互联互通的新网络是引入竞争机制的基本方法，但前提条件是网络型产业的自然垄断性弱化，新网络不存在重复建设的低效率问题。

3.2.3 网络型产业竞争机制引入的政策支持：结构政策、非对称管制政策

为提高竞争效益，网络型产业构建竞争机制引入的管制政策主要有结构政策与非对称管制政策，前者通过构建新的竞争者为市场引入竞争机制，后者则通过非对称管制政策[①]短期内为在位企业提供一个竞争者。以下将对这两种基本的管制政策及与引入竞争机制的关系做出基本的说明。

1. 结构政策

关于结构政策，即对在位厂商的拆分或新网络的构建，徐华（2006）认为，除了对在位企业的拆分形成新的进入者（如对中国电信的拆分所进行的"南北分治"改革），同样可以通过"多网"模式为市场带来有效的竞争力量。这里的"多网"是指新进入者不再租借在位厂商的关键设备，而是通过重新构建自身的网络来破解瓶颈问题。实际上，伴随技术因素带来的建设成本大幅下降及市场容量扩

---

① 这种非对称实际上往往是通过为新进入者提供有力的政策条件实现的。

张等需求因素的改善导致的投资回收期的缩短，构建新的网络成为一种可行的做法。但前提条件是：新网络的基准技术具备代际优势[①]，并且不存在因网络运营商的短视行为而出现的低效率重复建设；缺乏规模经济性，同时，盲目进入高利润的市场领域与在位厂商展开恶性竞争。

2. 非对称管制政策

在竞争机制引入的初期，由于在位厂商与新进入厂商之间市场地位的差异，市场竞争无法有效地展开，这一时期非对称管制政策成为网络型产业管制的传统做法。在电信业竞争机制构建的过程中，非对称管制政策一直伴随始终。由于新进入者尚未具备足够的竞争实力，难以与处于优势地位的垄断企业进行竞争，唯有采取非对称管制政策方可提升新进入者在改革初期的存活率。非对称管制政策涉及的领域极为广泛，包括业务种类[②]、资费政策、互联互通与接入定价等方面。通过非对称管制政策，新进入者可以凭借自己的价格优势吸引潜在用户，扩大在整个电信市场的用户份额，继而提升市场竞争力。在这一过程中，新进入者与在位厂商的市场地位将发生变化，两者之间的差距逐步缩小。当新进入者已经可以对在位厂商产生足够的竞争压力时，也就是说，电信业竞争机制引入的目标基本实现时，非对称管制政策应当逐步取消，从而为所有市场个体创造一个公平、合理的竞争环境，最终实现电信业结构优化和市场绩效提升的目标。

我国电信业改革的初期也制定了偏向于新进入者中国联通的非对称管制政策，包括允许中国联通在基准价格基础上进行一定比率的浮动，以及允许其进入固定通信市场等，使中国联通在与中国移动竞争的过程中获得某种非对称优势。但徐华（2006）强调非对称管制政策的实施需要考虑其成本及不确定性等问题。实际上，非对称管制政策为新进入者创造的某种优势是低效的，是管制政策而非市场竞争的结果，从某种意义上说，非对称管制政策利用一种市场失灵来克服另一种市场失灵[③]，因此并非网络型产业引入竞争机制的最优解。实际上，非对称政

---

① 以电信业为例，具备代际优势是指所用技术属于最新一代的通信网络技术标准。同时，新技术的采用将产生正的外部性，这种外部性包括两个方面：一方面，对网络用户而言，获得了因技术升级而带来的直观好处；另一方面，新进入者的技术优势对在位厂商产生了进行技术升级的压力，将从总体上提升整个电信业的技术层级。

② 业务种类的多寡将产生两点影响：其一，基于消费多样性的考虑，对消费者产生吸引力，改善市场需求条件；其二，多样化业务可以基于成本特点进行交叉补贴，有利于进行策略性行为，也可提升利润水平。多数情形下，新进入者都可以获得相比在位者更多类型的业务范围，甚至是利润空间更大的新业务。中国联通成立后即被允许经营固话业务，而中国移动早期则一直被局限于移动业务领域。

③ 前一种市场失灵是指扭曲市场价格等资源配置的方式，后一种市场失灵则是指垄断的低效率。

策存在时效性，只适合在引入竞争机制的初期使用。伴随新进入者市场竞争力的提升，应当考虑适时放弃非对称管制政策，从而为市场个体提供公平的竞争环境。从非对称管制到对称管制的转变，符合管制政策实施的基本逻辑，也有利于在长期内实现这一行业的结构优化和效率提升。

3.2.4 主要国家和地区电信业竞争机制引入的历程与经验

1. 美国

美国电信业竞争机制引入的主要思路是对在位厂商进行拆分、重组。1984 年，AT&T 解体，实现业务分离，包括按类型（本地与长途）和按区域实施分离（本地电话成立区域性的公司）。业务分离之后，美国电信市场结构出现了过度竞争。美国 1996 年颁布的《1996 年电信法案》（*Telecommunications Act of 1996*）允许不同业务的联合经营，本地和长途业务实现了分离之后的融合。《1996 年电信法案》的实施推动了美国的三网融合，并有效提升了美国电信企业的国际竞争力。

电信业最先引入竞争机制的国家是美国，其竞争机制的构建主要经历了以下四个阶段。

1）主要向专用网市场引入竞争机制。1969 年开始向专用网市场引入竞争机制，同时，保持 AT&T 对其他基础业务的垄断性，并限制专用网市场新进入者与基础业务的接入行为。

2）开始向长途电话市场引入竞争机制。1974 年开始发起关于 AT&T 的反托拉斯控诉。迫于压力，AT&T 开始在 1977 年放弃长途电话市场的部分垄断权，美国电信业的竞争机制开始渗透到长途电话业务。

3）向本地电话业务引入竞争机制。标志性事件是 1992 年 8 月从事有线电视业务的科克斯公司对地方电话公司的兼并。此前的美国法律禁止有线电视运营商兼营市内电话业务。实际上，这一事件之后，有线电视运营商与市内电话运营商开始被允许相互进入对方的业务领域。

4）美国电信业全面竞争的实现。《1996 年电信法案》不再对电信业务联合经营设置障碍。实际上，本地电话与长途电话、有线电视业务与电话业务等运营商都可以自由进入彼此的业务领域。鼓励私有资本和国际资本进入美国电信业，标志着美国电信业全面竞争时代的到来。从 1969 年开始向洲际专用网市场引入竞争机制到《1996 年电信法案》的颁布，美国电信业构建竞争机制历时 28 年。

2. 欧洲联盟

欧洲联盟电信业引入竞争机制的主要思路是向市场中引入新的竞争者,培育有效竞争。引入竞争机制的主要途径是发放新的许可证,使新进入者与在位厂商在电信市场中展开竞争。对处于垄断地位的在位厂商不进行拆分,主要通过管制政策约束在位厂商利用自身地位排挤竞争对手的行为,实现新进入者竞争实力的不断增长,逐步优化电信市场结构,促进有效竞争的实现。这一思路首要的问题是需要一个独立的监管机构,从而为抵制在位厂商对新进入者的排他性行为、保护新进入者的利益提供保障。

欧洲联盟电信业竞争机制引入的构建经历了以下两个阶段。

1)欧洲联盟成员方内部引入竞争机制。欧洲联盟国家在引入竞争机制之前,其电信业的经营模式表现出政企不分和缺乏独立监管机构这一特征。因此,欧洲联盟成员方内部竞争机制的构建是从打破政企不分开始的,改革的先行国家是英国[①]。1981 年,英国颁发了《英国电信法案》(*The British Telecommunications Act*),即新的《电信法》。英国基于新的《电信法》对原电信总局进行改组,组建国有的英国电信公司,并承袭原电信总局的基本业务。通过发放新的运营牌照,又成立了私人所有的电信企业 Mercury 公司,为英国电信业引入新的竞争者。1984 年,英国政府又对英国电信公司进行股票出售,私有化成为英国电信业竞争机制引入的重要思路。1984 年,成立了英国电信管理局,专司电信业监管职责。

1991 年之后,除了部分国际业务,英国电信公司与 Mercury 公司的垄断地位被打破,众多的市场个体开始参与到英国电信业的竞争中。在引入竞争机制改革的初期,为了避免 Mercury 公司被处于优势地位的英国电信公司扼杀在萌芽状态,英国政府采取了不对称价格管制政策,对英国电信公司实施价格上限管制,而 Mercury 公司则可基于自身成本信息和战略目标进行自由定价。德国和法国引入的竞争机制与英国类似,尽管在改革起始时间上落后于英国,但在 20 世纪 90 年代初基本上实现了国内电信业竞争机制的构建。

---

① 英国与欧洲的关系,如温斯顿・丘吉尔(Winston Churchill)所言:"我们和欧洲在一起,但从不属于欧洲。" 1973 年,英国加入欧洲联盟的前身欧洲经济共同体。2016 年 6 月 23 日,英国"脱欧公投"如期举行。结果显示,有 52%的英国人投票支持英国脱离欧洲联盟。尽管如此,本书关于欧洲联盟电信业改革的讨论集中于 20 世纪的后 20 年,这一时期英国尚属于欧洲联盟的一员。

2）实现整个欧洲联盟区域内部竞争机制的构建。由分割独立的经济体组成协调一致的统一体必须依赖基本的准则，欧洲联盟内部电信业引入竞争机制是通过强制性的政策安排来实现的，主要分为以下两个步骤来完成。第一步，规定从1996年开始欧洲联盟成员方之间的电信业务相互放开，允许具备相关资质的市场个体进入对方电信市场开展业务经营。有线电视市场也在这一年放开，并允许有线电视运营商进入电话业务领域。第二步，规定从1998年开始，整个欧洲联盟区域的电信市场向全球范围内的组织和个体开放。至此，欧洲联盟在其成员方内部及整个欧洲联盟区域都实现了对电信业竞争机制的构建，向电信业引入竞争机制的目标基本上实现了。

3. 日本

日本电信业改革与欧洲联盟的相似，都保持了在位厂商的经营权利。日本电信业引入竞争机制的主要思路是接入自由化。

1985年，日本电信市场实现了自由竞争。日本政府基于是否拥有基础设施，将电信运营商划分为两类：一是独立拥有自己的基础设施的厂商，这类厂商规模庞大；二是没有关键基础设施，产品和服务提供需要依赖第一类厂商的有效接入的厂商，这类厂商往往属于新进入者，其竞争力量薄弱。日本电信市场改革中也包括对垄断厂商的拆分、重组。1996年，日本电信业巨头日本电话电报公司在分割之后被重组为四个公司，这加剧了日本电信市场的竞争。

3.3　网络型产业的管制重建

3.3.1　网络型产业管制重建的基本逻辑：是强化还是放松

网络型产业具备显著的垄断特征，为克服其配置效率低下及外部性等市场失灵问题，需要加强政府干预，即强化管制。但部分监管部门的短视行为及与管制对象的合谋等现象产生了管制失灵，为克服管制失灵则需要弱化管制。从因市场失灵而强化管制到因管制失灵而放松管制，网络型产业的管制政策表现出时变性。从世界范围来看，网络型产业的管制政策大致经历了如下演变过程：早期为克服市场失灵而进行管制，后因管制失灵[1]而放松管制，并延续至今。但需要说明的是，放松管制的根本原因并不是管制失灵。实际上，放松管制只是解决管制失灵的一种措施。从本质上讲，技术因素及需求因素对自然垄断性的弱化才是放松管制的根本原因。尽管在世界多数国家和地区，放松管制属于管制政策延续至今的基本方向，但部分经济体也因过度放松而出现竞争混乱现象，并在发展低潮[2]出现后又开始管制重建。需要强调的是，致力于弥补市场缺陷、增进社会福利，从而实现网络型产业普遍服务的管制重建过程，既不是简单的"因市场失灵而强化管制的过程"，也不是"因管制失灵而放松管制的过程"。网络型产业的管制重建同样具备时变性，表现为在"解制"与"管制"之间的一个动态选择过程（张玉，2010），最有效的管制应当是基于产业组织特征而进行的适度管制。基于第 2 章的分析，本书获得了管制实施中选择规模效益与竞争效益的基本准则，可以作为管制重建中政策选择的一个评价标准。

3.3.2　网络型产业管制重建的模式选择：是经济性管制还是社会性管制

一般来讲，经济性管制的制约性更强，这种制约往往针对具体行业，并具备强制性特征，但在管制实践中，这种制约性的制度设计实际上并未克服管制高成本与生产低效率等问题。与经济性管制相比，社会性管制主张管制重心从微观市场领域转移出来，更强调对外部性及信息不对称等社会问题的干预。由于管制领域已经突破了微观市场，政府与企业之间的利益关系趋于模糊，这意味着社会性管制有利于降低企业与政府之间寻租设租的可能性。在网络型产业发展的不同阶段，经济性管制与社会性管制表现出不同的适用性：在产业发展的早期阶段，经济性管制更有效，社会性管制作为补充；在产业发展的后期阶段，社会性管制可以作为主要的管制模式。需要强调的是，经济性管制与社会性管制之间并不存在替代关系，这里所讨论的"主要"或"补充"主要基于这两种模式在特定产业阶

---

[1] 管制失灵的本质是政府失灵，其失灵的原因可以从 1986 年诺贝尔经济学奖获得者詹姆斯·布坎南（James Buchanan）的相关研究中得到说明。这位师从富兰克·奈特（Frank Knight）的公共选择学派的奠基人主要从如下三个方面证明了政策制定者的自利性。其一，成本考量的差异。由于政策实施需要的投入来自纳税人而非制定者本人，其对成本的考量变得不敏感，难以基于最优化进行决策。其二，政策实施的收益差异。政策制定者并非基于公共利益最大化考虑制定政策，而是基于个人权力和影响力的最大化。其三，利益集团对政策制定者进行俘虏。最终，致力于改变市场失灵的管制本身也被扭曲，而成为一种需要被管制的新的失灵现象。

[2] 例如，印度电信业因过度自由化所带来的发展问题，由于盲目强调市场竞争的重要性，电信业在发展的初期无法获得必要的规模经济效益，基础设施极为落后，电信服务成本居高不下。

段发挥的作用。社会性管制的约束性较弱，在产业发展的早期阶段这一管制模式实施的难度较大。因此，网络型产业管制重建的过程既表现为放松管制与强化管制之间的选择，又表现为每个阶段对两种类型的管制模式的动态选择。伴随自然垄断性弱化，网络型产业在世界范围内经历了一场引入竞争的市场化改革，管制结构特征也从加强管制转化为放松管制，以及因放松过度而出现的管制重建。但考虑到在世界范围内放松管制依然是主流选择，印度电信业发展的困境也仅此一例，因此，本书对管制重建的讨论并不具备现实的普遍性，但可以提供对网络型产业管制政策构建、修正和优先的理论参考。

对管制模式的选择而言，网络型产业的管制重建应当更强调社会性管制的作用，并尝试构建"弱经济性管制与强社会性管制"的新型管制体系。协商性管制与联合性管制可以作为管制模式的具体选择。协商性管制是指在管制政策的制定与设计过程中更强调管制者与被管制者之间的协调，这种管制模式突出了被管制者即企业的主动性，通过引导其积极参与管制政策的具体制定，提升企业生产效率，从而改善社会福利水平，产生激励。联合性管制则是将"多元主体自治"引入管制实践中，管制主体突破了政府这一局限，允许行业协会、企业联合会等行业组织对其会员企业的市场行为进行约束。相比政府，行业组织在管制实施中具备显著优势，这种优势包括如下几个方面。其一，信息优势。行业组织获取企业信息的成本较低，并且信息的真实性更高。其二，自律性。作为行业组织的成员，单一企业违反政策的市场行为将对整个行业组织产生负面影响，通过行业组织的内部惩罚可以对企业行为产生正面激励。这种行业组织可以作为政府机构的一种补充，将在管制实施中起到独特的作用。

3.3.3 网络型产业的管制重建与"马歇尔冲突"

由于政策特征及市场结构变化，网络型产业管制重建的过程实际上与该行业的"马歇尔冲突"表现出关联性。产业发展的初期，在"马歇尔冲突"的对立双方中，政策制定者更偏好规模效益，其政策特征更强调对进入许可的限制，而伴随技术因素和需求因素带来的自然垄断性弱化，网络型产业开始关注竞争效益，克服市场失灵成为政策落脚点。因此，相比产业发展初期对规模效益的关注，这一时期为弥补市场缺陷进行的管制重建突出了"竞争"特征。由于政府管制决策的非公共利益特征，包括自利性、短视、管制俘虏等，管制失灵开始出现，并作为新的失灵形式[①]被置于政策制定的考虑范畴。为弱化管制失灵的负面影响，网络

---

① 相对于市场失灵而言。

型产业开始经历放松管制的阶段。这一时期的管制重建突破了"马歇尔冲突"的对立双方，更强调对"管制效率"的追求，行业发展也更加依赖市场"这只看不见的手"所带来的引导作用。如果政策基础薄弱，行业发展处于较早阶段，放松管制同样会对行业发展产生不利影响。为克服这种竞争混乱带来的发展问题，需要进行管制重建，并带来"管制的回归"，即更强调管制的作用，基于管制对市场个体的约束，重新推动行业的成长。

需要说明的是，网络型产业管制重建过程的政策表现出时变特征，但这种时变的基本准则实质上都是市场绩效的最大化，即基于产业发展的阶段，实施最有效的管制政策，在网络型产业结构优化的过程中实现政策目标。徐华（2006）认为，这一管制政策的更迭在某种意义上说明网络型产业的"马歇尔冲突"这个问题并未真正得到解决，但并不是对"马歇尔冲突"本身的否定，只是由于"马歇尔冲突"并未完全概括网络型产业的特点，忽略了管制效益这一因素对实现网络型产业有效竞争的重要意义。实际上，网络型产业的管制重建总是在规模经济效益、竞争活力及管制有效性之间进行选择的，这种选择的根本目的是实现社会福利水平的最大化，对某个行业而言，即市场绩效的最大化。

3.4 网络型产业的市场结构演化与政策效应

3.4.1 我国电信业市场化变革的历程

我国电信业市场化变革的基本历程可以从图 3.1 中获得清晰的说明。无线通信的历史可以追溯到 1897 年 G. 马可尼（G. Marconi）所进行的无线通信实验[①]。由于频谱资源的稀缺性，在世界范围内，无线通信早期主要被用于军事和紧急事务，作为一种普遍的公共服务最早开始于 1983 年。这一年，模拟蜂窝移动网络开始在美国投入商用。1987 年，我国第一代通信网络在广东建成，并借助当时举行的全国运动会向全国推广，移动通信服务成为可能的选择，当年末采用这些服务的用户数仅有约 700 户，普及率水平不足百万分之一。为了提升移动通信业的发展水平，1987 年之后我国采取了多项改革措施。本书主要分为以下四个阶段对这些改革进行简单的评述。

---

① 在这一年，马可尼实现了无线信号的跨区域传输［大于 1 英里（1 英里=1 609.344 米）］。

流程	年份
世界首个1G网络投入商用	1983年
我国成立移动通信处	1986年
我国开通首个1G网络	1987年
GSM系统在欧洲问世	1991年
我国在嘉兴开始GSM系统的早期实验工作	1992年
我国向公众开放2G业务	1993年

中国吉通　中国联通1　移动通信局成立　邮电政企分开　首个省级2G网络 —— 1994年

信息产业部（现为工信部）成立 —— 1998年

中国电信业务分营 —— 1999年

中国网通1

S 中国电信1　中国卫通　国信寻呼　中国移动1　中国铁通 —— 2002年

中国网通2　N 中国电信2　中国联通2

GSM业务　CDMA业务 —— 2008年

中国联通　中国电信　中国移动

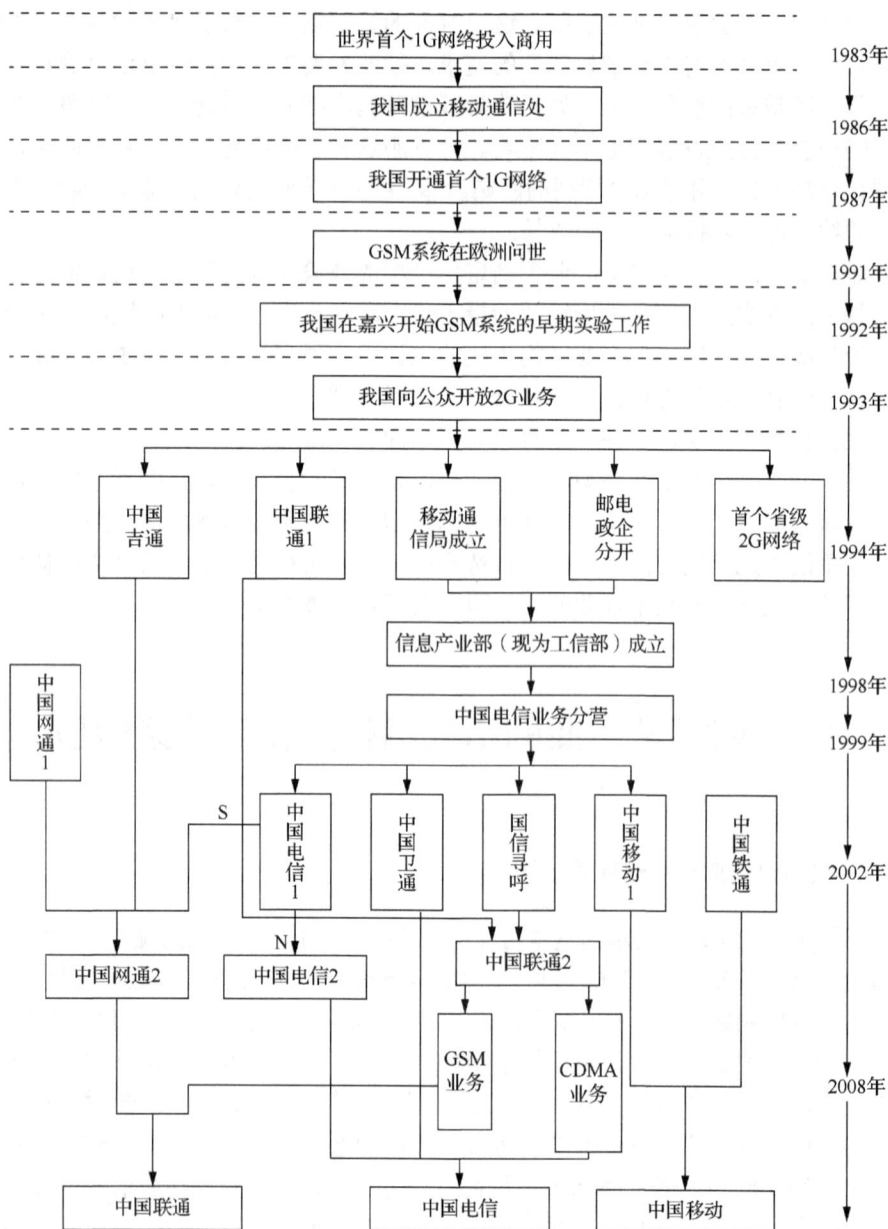

S（sourth）——南部；N（north）——北部。

图 3.1　中国电信业改革历程

1. 第一个阶段：邮电分营、政企分开与中国联通的成立

1897 年，马可尼在超过 1 英里的距离内传输无线信号，标志着无线通信的开始。在此后近百年的时间里，世界一直处于前蜂窝通信时期，直到 1983 年首个模拟蜂窝移动网络投入商用，人类才开始真正进入移动通信时代。移动通信也逐渐由军事和紧急服务演变为个人业务，伴随着移动通信技术的迅速发展，移动业务的技术条件和市场条件变得成熟。在这种形势下，我国于 1986 年在邮电部成立移动通信处，专司移动通信事业的发展。1987 年 11 月 18 日，在第六届全国运动会召开前夕，我国在广州开通了首个 1G 网络，采用英国标准 TACS（total access communications system，全入网通信系统技术）进行模拟蜂窝通信，广州成为我国移动通信事业发展的第一站。

此后，国内各个省份相继开通了移动网络，当时全国有两个基于不同标准的网络——爱立信的 A 网和摩托罗拉的 B 网，并分别以各自独立的标准运营。如何建立共同标准，实现 A 网和 B 网的兼容成为当时我国移动通信系统的重要问题，因为两个网络的分割状态使实现全国漫游变得非常困难。随着用户规模的扩大，我国移动系统开始暴露出更多的问题，除缘于 A 网和 B 网的不兼容性带来的漫游问题外，我国移动网络的覆盖范围和稳定性都非常有限，也无法进行网络掉话的及时统计。更重要的是，没有实时计费系统，漫游资费结算主要通过磁带交换方式完成，这一周期长达 3 个月。

另外，自我国发展 1G 移动网络伊始，就已经考虑第二代数字蜂窝网络的建设。面对如此纷繁复杂的局面，以及对未来移动通信业发展的乐观预期，我国在移动通信处的基础上，于 1994 年 3 月成立了移动通信局。移动通信局的成立在我国移动通信业发展历程中具有重要意义：一方面，其成立于我国邮电管理体制的重大变革时期，邮电分营的实现，使邮政业务和电信业务分别由邮政总局和电信总局实施监管；另一方面，这意味着我国移动业务开始成为电信的主要业务。移动通信局成立之初，肩负着改变我国移动网络系统落后局面的历史使命：其一，解决网络漫游和互联互通工作；其二，建立我国模拟蜂窝移动网络的运营支撑系统；其三，前瞻性地开展数字蜂窝网络的实验。1995 年 1 月，我国实现了 A 网和 B 网的各自联网，1996 年实现了标准统一和全国联网，跨省漫游和互联互通终于成为可能。我国移动通信市场经历了漫长的低速发展时期，移动通信局的成立打开了我国移动通信业发展的新起点。

在移动通信局成立之前，我国实际上已经开始了 GSM 的实验。1991 年，GSM 在欧洲问世，标志着数字蜂窝时代的到来。第二代蜂窝移动网络标准除了欧洲标准 GSM，还有美国标准 ADC（后来的 CDMA）、日本标准 JDC（后来的 PDC）。

后两种标准与泛欧标准 GSM 相比，不仅不落后，反而有 GSM 无法比拟的优点，如美国标准具有软越区转接（2.5G 特征）等特征。然而，新技术的扩散很多时候并不依赖技术本身，更重要的是扩散的时机：GSM 投入商用早于其他两个标准，在欧洲拥有广泛的用户基础，而美国标准和日本标准的覆盖区域过小，使泛欧标准受到更多的关注。另外，在我国早期采用何种数字蜂窝网络的谈判中，美国标准的标价过高，在技术先进、成熟度高、成本低廉的原则下，我国选择 GSM 标准作为第二代移动通信系统。

1992 年，浙江嘉兴获准建设 GSM，并于同年 5 月 17 日完成第一阶段的实验任务，包括网络调试和相关测验等。1993 年 9 月，嘉兴 GSM 网络向公众开放业务，开启了我国 2G 通信的时代。此后，全国开始兴建 GSM 网络，广东作为改革的前沿阵地，最先建成首个省级 GSM 网络。GSM 标准是我国 2G 移动通信的重要标准，我国基于此标准建设的通信网络后来成为世界上最大的 GSM 网络，受到了国际电信联盟的嘉奖。

从 1987 年开始到 1994 年中国联通成立，我国的移动业务一直由邮电部电信总局独家经营，这种垄断的市场结构是自然垄断性的必然结果，在移动通信业发展的早期阶段起到了关键作用。随着 20 世纪 90 年代技术条件的改变和需求的扩张，自然垄断性弱化给世界各国带来了移动通信业引入竞争的改革浪潮。1992 年，我国的改革开放进入新的时期，发展市场经济成为主要问题，这为中国联通的成立奠定了良好的政策背景。

1992 年 5 月，机械电子部、能源部、总参谋通信部、铁道部等部门共同在京西宾馆召开了一次中国通信业发展的研讨会，会议的主题有两个：一是邮电分营；二是电信不能独家经营，要打破垄断。这次会议为中国联通的成立提供了组织基础和思想基础。其实，当时组建中国联通最重要的条件在于除电信总局经营的国家公用电信网外，全国尚有许多专用通信网，如电力部、铁道部的通信网络，这些网络在满足本部门的通信需求后，富余部分显然造成极大的浪费，尤其考虑到当时我国旺盛的通信需求与严重的供给不足的矛盾，这种浪费的背后是一个国家公用通信业发展的落后。这些富余的通信网络构成中国联通成立的现实条件。1992 年 8 月，关于如何利用专网资源，促进社会发展的报告上交中央，迅速得到中央领导的批示。此后，关于中国联通的筹建工作展开，并做出了可行性报告。1993 年末，国务院下发关于筹备建设中国联通的"178 号文件"，即《国务院关于同意组建中国联合通信有限公司的批复》（国函〔1993〕178 号）。1994 年 7 月 19 日，中国联通挂牌成立，我国移动通信市场双寡头时代到来。

中国联通筹建初期受到当时邮电部的强烈反对,邮电部在多种场合阐述其反对的理由。这些理由概括起来集中在六个方面:其一,通信具有全程网络、联合作业、高度统一的特征,具有自然垄断性;其二,电信业既是社会公用设施,又是国家的神经系统,事关国计民生、国家安全与主权,非同一般的竞争行业;其三,由国家统一掌握、统一规划、统一建设,资源可以得到充分利用,可避免低水平的重复建设;其四,世界各国在其电话网建成之前,都是由国家或国有企业垄断经营的;其五,统一经营也有利于公用网标准的制定,从而使通信质量得到保证;其六,统一经营本身并不排除垄断企业内部的竞争。唯一的让步是在加强法制建设和行业管理的情况下,逐步放开部分非基本通信业务(主要是无线寻呼)。这些理由从本质上讲都是自然垄断性的衍生物,是对垄断的庇护和对竞争的恐惧。

1994 年,联通涉足移动市场之后,电信部门大幅度下调了入网费和通信资费,市场效率得到改进,但由于中国联通面对的竞争对手过于强大,移动市场当时仅仅出现了竞争的因素,距离有效竞争的实现还需要漫长的等待。1998 年 3 月,专司监管职责的信息产业部成立之前,电信总局或后来独立出来的企业法人中国电信都集监管者与经营者于一身,在中国联通为互联互通问题将中国电信上诉至电信总局时,结果可想而知。因而,尽管中国联通在 1994 年已经进入移动市场,但在这种不合理的体制结构和中国电信各种竞争策略的压制之下,至 1998 年,其资产仅为中国电信的 1/260,当年营业额只有中国电信的 1/112。中国联通自成立之日 5 年来的缓慢发展,从某种意义上讲,正是中国电信业政企不分的一种成本度量。

总的来讲,与多数国家一样,在竞争机制引入之前,我国电信业采取独家垄断、政企不分、邮电合营的经营模式。为了更好地发展移动通信事业并进行有效的管理,我国于 1994 年 3 月成立了专司移动业务的移动通信局,划归电信总局管理。移动通信局成立于我国电信业的变革时期,适逢邮电分营的实现,开启了我国移动通信业发展的新阶段。1994 年是我国移动通信业发展历程中的关键一年,除了移动通信局的成立,尚且存在两件具有重要意义的事件发生。其一,中国联通的成立。这是我国电信业借鉴欧洲模式向市场中引入竞争力量的首次尝试。在位厂商原电信总局的移动业务依然保持垄断性,但其网络必须允许新进入者中国联通的自由接入。尽管如此,中国联通还是因在位厂商的策略性行为而在成立的初期发展缓慢。特别是由于原电信总局集监管与经营者于一身,中国联通的权益控诉在 1998 年信息产业部成立之前一直处于尴尬地位。其二,第二代通信网络的建成。1994 年,广东建成首个省级 2G 移动网络,我国移动通信开始进入数字通信时代。1998 年 3 月,我国成立信息产业部,政企不分的局面开始在中央层面结束,而省级机构的相应改革则在 1999 年底实现。信息产业部成立后即开始了以业务分营为特征的第二个阶段的改革。

2. 第二个阶段：业务分营

信息产业部的成立，标志着我国电信业政企分开在中央层面上的真正实现，虽然省级机构直至 1999 年底才实现相应的改革，但是独立的监管机构意味着一个更加公平的竞争环境，或者意味着监管者与经营者集于一身时监管失灵的结束，是我国移动通信业加速发展的真正开始。信息产业部成立之后即着手进行电信改革。1999 年 2 月，国务院通过中国电信业重组方案，将电信总局经营的电信业务剥离为固话业务、移动业务、卫星通信业务和寻呼业务四类，并分别成立中国电信、中国移动和中国卫通（三家公司均在 2000 年挂牌成立）。寻呼业务由国信寻呼集团公司（后在 1999 年 5 月 20 日成建制划归中国联通）独立经营。业务分割之后，电信总局解体，完成了其历史使命。1999 年 4 月，中国网通成立，经营数据业务。2000 年 12 月，铁道通信信息有限公司成立，允许对外经营原有电信业务。此外，还有 1994 年 1 月成立的中国吉通，其成立至今仅限经营数据业务，市场份额也只有 2%。

第一轮重组改革之后，我国电信市场形成"七雄争霸"局面，表现出"三大四小"的格局特征："三大"即中国电信、中国移动和中国联通，"四小"即中国铁通、中国网通、中国卫通和中国吉通。从 2000 年各运营商的市场份额（表 3.1）中可以明显看出，在基础电信业务市场，除移动业务外，中国电信业依然属于典型的垄断市场，服务水平低下和业务资费高涨依旧存在，距离有效竞争还很遥远。不过，此番重组改革之后，中国电信业一直以高于 GDP（gross domestic product，国内生产总值）的增长速度快速发展，这其实得益于不断加剧的市场竞争。尽管新进入企业均非常弱小，难以对中国电信构成直接威胁，但其所代表的自由竞争的价格机制，成为我国电信业走向真正的市场竞争的重要力量。

表 3.1　2000 年业务分营完成后中国电信业各运营商市场份额

电信业务	运营商					
	中国电信	中国移动	中国联通	中国吉通	中国网通	中国铁通
本地电话	99.7	—	0.3	—	—	—
长途电话	97	—	3	—	—	—
移动电话	—	77	23	—	—	—
IP 电话	65	—	20	10	5	—
无线寻呼	—		54	—	—	—
互联网	97.8	—	—	2.2	—	—

资料来源：牛文涛，2009. 中国移动电话扩散趋势及动力因素研究[D]. 成都：西南财经大学：26.

注：①"—"表示无数据；②2000 年，中国卫通成立时主要经营卫星通信业务，本表未统计卫星通信市场数据，故表中未包含中国卫通。

业务分营之后，中国移动通信市场发生了重大的变化。中国移动承袭原中国电信的移动网络资源，并相继收购各个省级移动通信公司，于 2004 年 7 月 1 日成为首个在国内 31 个省份经营电信业务的上市中国电信企业，并借助移动通信在我国的需求扩张迅速成长为新的寡头。中国联通在移动市场的用户份额与 1999 年相比增加了近 10 个百分点，但与中国移动相比还处于严重的劣势地位。为了改变或减弱这种不对称的寡头竞争，中国联通获得了一系列的扶持政策：①将国信寻呼有限公司整体并入中国联通，成为中国联通上市的重要推动力量，在中国联通 85 亿元的净资产中，国信寻呼占 59 亿元；②将 CDMA 建设运营权独家授予中国联通，CDMA 代表更先进的技术标准，具备 2.5G 的特征；③将原来在北京、上海、广州、西安运行的长城 CDMA 网络整体并入中国联通[①]；④将铁路通信业务的资产注入中国联通；⑤中国联通获选为 IP（internet protocal，互联网协议）电话首批三家试点通信公司之一；⑥允许中国联通以低于中国移动 10%～20% 的价格提供移动通信服务。

自此，中国联通获得了全业务经营权，成为国内唯一一家全业务运营商，然而由于其仅在天津、成都等城市获得了固定电话经营牌照，难以与中国电信抗衡。中国联通一直致力于移动市场，由于中国移动的网络优势，中国联通的发展一直处于被遏制状态。此外，上述对于中国联通的优惠政策，以及全业务经营权的获得，实际上并不是市场竞争的结果，而是政府给予的，从某种意义上说，这是中国电信业行政垄断的体现。因而，重组改革给我国电信业带来了竞争的气息，但距离有效竞争的实现还非常遥远，新的改革亟待开始。

1999 年 2 月，国务院开始对中国电信业进行重组改革，并将整体业务依据类型划分为四种，包括固定电话、移动业务、卫星通信和寻呼类业务，基于业务分营的考虑，分别成立中国电信、中国移动、中国卫通三家公司专营前三种基本业务。中国移动承袭了原中国电信的移动网络资源，并迅速实现在全国范围内的扩张，作为专注于移动通信服务的运营商占据了绝对优势的市场份额。实际上，在中国移动通信市场，中国联通的市场份额尚不足 10%，而在整个电信市场，七家运营企业的基本格局成为我国电信业发展历程中市场个体数目最多的一个阶段，这一时期的市场竞争气息相比改革之前有了大幅改观。

---

① 1996 年，邮电部与总参通信部在北京、上海、广州、西安四个城市联合建设 800MHz CDMA 实验网，称为中国电信长城网，1997 年试商用结束，正式投入商用运营。2001 年，长城网及在网 60 多万用户移交给中国联通。

3. 第三个阶段:"南北分治"

2001 年, 经过 1998 年和 2000 年的两轮改革后, 当时的中国电信在固定电话市场依然占有 98.9%的市场份额, 其当年营业收入是固定电话市场第二大运营商中国联通的 4.77 倍, 更不用说其他的新进入企业。同年 11 月, 我国在提出申请 15 年之后终于加入 WTO(World Trade Organization, 世界贸易组织), 并承诺 5 年之后开放相关行业, 这意味着我国电信企业很快就要面对国际电信巨头极为残酷的竞争。未来竞争的压力及我国电信市场(尤其是固定电话市场)竞争的不足, 成为中国电信进行区域分拆重组以形成对称竞争格局的理由。2001 年 12 月 11 日, 信息产业部对外宣布经国务院批准对中国电信进行南北拆分。根据由国家计划委员会和国务院体制改革办公室(现两个机构合并为国家发展和改革委员会)联合提交的中国电信横切方案, 中国电信经营区域被划分为南、北两个部分, 华北地区(北京、天津、河北、山西、内蒙古)、东北地区(辽宁、吉林、黑龙江)和河南、山东共 10 个省(自治区、直辖市)的电信公司归属中国电信北方部分, 长江以南和西北地区共 21 个省、市归属中国电信南方部分。中国电信北方部分与中国网通、中国吉通重组为中国网通, 拥有原中国电信 30%的全国干线网络和北方区域内的本地电话网。中国电信南方部分拥有原中国电信 70%的干线网络和所辖区域内全部本地网, 并继续享有中国电信的商誉和无形资产, 成立中国电信。这场"南北分治"在 2002 年 5 月结束, 双方均获准在全境经营固话业务, 实际上, 由于可以想象的原因, 双方仅在各自承袭的南方和北方范围内控制了市场。

"南北分治"之后, 我国基础运营商数目由七家减少为六家, 电信市场开始形成基本对称的竞争格局, 任何一家运营商的市场份额均不超过 50%, 以主营业务收入计算的 2002 年的市场份额清楚地揭示了这一变化。中国移动以 1 509 亿元占据了 36.66%的份额, 改组之后的中国电信市场控制力迅速下降, 以 33.1%的市场份额居于第二位, 而中国网通和中国联通分别占 16.4%和 12.4%, 处于市场中劣势地位的中国铁通和中国卫通, 其份额微乎其微, 两家企业之和也不足 1.5%。据此计算的 HHI 指数为 2 859, 比之 2001 年的相应指标 4 069 有了大幅下降, 这意味着我国电信业市场结构中的竞争因素增强。然而, 这些从 HHI 指数中反映出来的市场集中度的变化并不能真正地测度市场竞争环境本身, 更多的只是电信市场存量分拆之后的一种直接结果, 这种暂时的市场竞争的加剧, 早已伴随着中国移动自 2003 年之后的不断壮大消失了。"南北分治"在消灭了一个寡头之后, 却为中国电信业创造了一个新的更大的寡头。2003 年, 中国移动的市场份额为 37.4%。经过几年的发展, 至 2007 年末, 中国移动已占据整个电信市场收入份额的 47.0%。

我们无法否定"南北分治"对我国电信业发展的巨大作用，其沿袭美国模式通过分拆引入竞争机制的尝试，为我国电信业实现有效竞争提供了重要的思路，特别是实现了移动通信业由弱到强的巨大转变，见证了我国移动电话用户的扩张过程和一个世界级的移动网络运营商的诞生。分拆之后的中国电信和中国网通不但没有被削弱，反而在各自的市场范围里加强了市场控制力，甚至导致新寡头中国移动的出现，这些均违背了改革的初衷。然而，这些意外并不是这场改革的必然产物，改革只是为其出现提供了可能，更重要的原因应当是需求条件和技术因素。

自"南北分治"之后，移动通信业在世界范围内发生了巨大的变化，移动通信技术更加成熟，移动通信资费的不断下调及其便捷性，使移动业务成为电信业务中的主要业务，也成为增长最快的业务和最主要的利润来源。中国电信等固定电话运营商只能面对移动用户对其固定电话用户的替代和分流。2003 年 10 月，我国移动用户超过固话用户更加剧了这一过程。采用改变存量市场的方法对中国电信进行分拆的策划者无法前瞻性地预见国际电信技术的发展，也不能觉察到新的传输方式和手段对运营市场的巨大颠覆作用，一场致力于竞争的改革最终背离了竞争：在整个基础电信市场表现出"一大三小"的局面，"一大"即中国移动，"三小"即中国电信、中国网通、中国联通，在移动通信运营市场，中国移动与中国联通基本以 7：3 的比例分享市场，并且中国移动的用户市场份额从 2003 年的65.8%持续升至 2007 年末的 70.3%。由于其他电信企业没有移动业务的经营权，仅凭不断衰退的固话业务与中国移动竞争将产生如下结局：移动业务不断替代固话业务，市场趋于饱和制约业务发展，中国移动蚕食其他运营商来发展自己，伴随着中国移动的不断壮大和其他运营企业的弱小，我国电信业将日趋垄断，并最终走向发展的困境。为了实现我国电信业最优的市场绩效和追逐市场竞争，经过长久的争论，第三轮重组改革于 2008 年开始实施。

4. 第四个阶段：全业务经营

2008 年 5 月 24 日，工业和信息化部、国家发展和改革委员会、财政部联合发布《关于深化电信体制改革的通告》，我国开始第三轮电信业重组改革，希望通过建立公平和对称的竞争平台，将我国电信业做大做强，实现其从无序竞争到有效竞争的转化。2008 年 6 月 2 日，中国联通向中国网通提出以协议安排方式对两家公司实施合并，每股中国网通股份换取 1.508 股中国联通股份，每股中国网通美国存托股份换取 3.016 股中国联通美国存托股份。同时，中国电信以总价 1 100 亿元收购中国联通 CDMA 网络。2008 年 7 月 29 日，中国电信集团宣布未来 3 年投资 800 亿元发展 CDMA 网络，并提出在 3 年内把 CDMA 用户数由当时的约 4 300 万增至 1 亿。2008 年 8 月 18 日，工业和信息化部发布《关于同意中国移动通信集团公司开展试商用工作的批复》，同意中国移动在全国建立 TD[①]网络并开展试商用。2008 年 10 月 1 日，中国电信开始与中国联通进行 C 网[②]交割，并于 60 天内完成。2008 年 10 月 15 日，中国联通与中国网通两家公司的红筹公司已宣布正式合并，新联通公司正式成立，并公布了新的公司标识。2008 年 12 月 22 日，中国电信发布移动业务品牌天翼，189 号段在部分省、市投入商用，全面转型为全业务运营商。

2008 年 12 月 31 日，国务院常务会议通过决议，同意启动 3G 牌照发放工作。同时，工业和信息化部召开专题会议，决定按照国务院的部署和要求，依照法定程序和企业申请的程序，稳妥做好 TD-SCDMA 和 WCDMA、CDMA2000 三张牌照的发放工作。2009 年 1 月 6 日，中国联通宣布与中国网通的合并全面完成，原中国联通和原中国网通正式合并，至此联通和网通在集团层面完成合并，电信重组进入尾声，也为发放 3G 牌照奠定了基础。

经过这场改革之后，中国联通的 CDMA 网络设施售予中国电信，并与中国卫通一起组成新的中国电信。中国联通继续保留其 GSM 网络设施，与中国网通合并，组建新的中国联合网络通信公司。中国移动接收中国铁通集团的相关业务，成立新的中国移动。中国网通两地退市，中国联通正式挂牌，标志着此次产业重组完成，为 3G 牌照的发放奠定了基础。2009 年 1 月 7 日，工业和信息化部发放 3G 牌照，中国移动获得 TD-SCDMA 牌照，中国联通和中国电信分别获得 WCDMA 和 CDMA2000 牌照，标志着我国正式进入 3G 时代[③]。

这次改革的重点包括三个方面。其一，全业务经营。新成立的三家运营商都可以经营移动、固定电话和数据业务。其二，向三家运营商发放 3G 业务许可证。中国移动、中国电信与中国联通分别获得 TD-SCDMA 牌照、WCDMA 和 CDMA2000 牌照，分别代表中国的技术标准、泛欧标准及美国标准。我国移动通信业开始进入多媒体通信时代，公众可以获得更便捷、高效的通信服务。其三，通过业务重

---

① TD 网络指基于 3G 标准 TD-SCDMA 的网络，中国移动后来获得 TD-SCDMA 运营牌照，肩负起壮大民族标准的重任。

② C 网即 CDMA 网络。

③ 在世界范围内，3G 服务最早于 2001 年投入商用，3G 即多媒体移动通信。由于 2G 市场尚有巨大的需求空间，是否需要及何时引入 3G 服务一直存在很大的争议，世界各国也不乏因 3G 牌照的过早发放而对移动市场造成巨大负面冲击的先例。其实过早或过晚地引入一项服务都会产生巨大的成本，因而我国对 3G 牌照的发放持非常谨慎的态度。

组构建全业务经营模式。经过此番重组之后，我国电信业开始进入"三足鼎立"阶段，三家运营商均可经营固定通信、移动通信与网络服务等业务。我国电信业经过此番改革之后迎来了一个新的开始，尤为重要的是，为移动通信业的壮大提供了契机。国外的研究表明，新业务许可采取同时发放比序列发放更加有效，这里的有效包括两个方面：其一，同时发放意味着不存在先行者优势，运营商易于获得同等的竞争条件，一般情况下，将带来对称的竞争结局；其二，有利于实现更优的市场绩效，如更低的资费、更多的用户、更好的收益。全业务经营赋予三家运营商公平的竞争机会，为中国电信和中国联通对抗中国移动提供了可能。新进入企业总是期待通过新业务的经营获得市场地位，中国联通成立时即获准经营2G 业务，与邮电部门的模拟蜂窝移动网络竞争，技术上的先进性与市场控制力的失败的矛盾，主要是由特殊的体制结构造成的。今非昔比，改革的背景和竞争环境的变化及体制结构的合理化，都将赋予每个电信运营商成长的新起点，赋予我国移动通信业竞争格局的新特点。因此，全业务经营模式有利于克服因业务优势而出现的客户分流，并为处于弱势地位的运营商改变市场地位提供新机会。改革之后，三家运营商获得了在全业务层面公平竞争的机会，但这次改革是否可以对我国电信业的市场结构起到显著的重塑作用，则需要基于对改革周期结束后的市场结构变化情况做出评价。市场化改革与市场结构演变的关系可以从图 3.2 中得到说明。

此外，我国香港和台湾也通过引入竞争的改革有效地推动了电信市场的发展。香港的主要思路是，首先基于一定顺序在同一业务内部发放新的运营牌照，引入竞争者；然后将电信市场放开，实现自由竞争。香港电信业引入竞争的改革从 1995 年向其固话市场引入新的竞争者开始。1996 年，香港移动通信市场也基于这一改革思路新增六个运营商，并在固话市场和移动市场都允许携号转网。2000 年开始，香港逐步推进电信市场的自由化，并在 2003 年实现电信业的全面放开，香港电信业的市场竞争呈现白热化状态，市场内部的拆分、重组屡屡出现。台湾引入竞争改革的主要思路是基于业务类型逐步推动电信市场民营化。1989 年，民营化首先在部分增值业务中实现。此后，台湾电信市场伴随相关电信法的实施加速放开。移动电话、固定电话市场分别在 1997 年和 2001 年开始接受民营资本进入。民营化加剧了台湾电信市场的竞争，有效地推动了电信服务在台湾的发展。

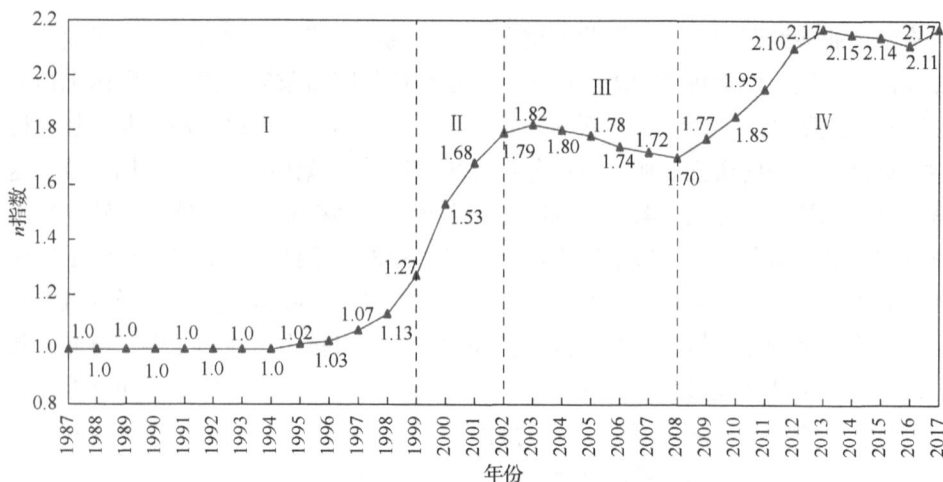

图 3.2　1987～2017 年我国移动通信市场化改革的四个阶段与市场结构的演化趋势[①]

3.4.2　1987～2017 年中国移动通信市场结构演进分析

　　市场结构在长期会发生变迁，而在短期具有稳定性，这些特征使其足以解释产业发展过程中的许多非均衡现象，诸如长期的超额利润、价格高于边际成本与潜在进入者缺乏意愿进入的矛盾。产业组织理论的根本命题"马歇尔冲突"在本质上就是对市场结构，准确地说是对最优的市场结构实现途径的思考，而市场结构在哈佛学派 SCP［structure（市场结构）、conduct（市场行为）、performance（市场绩效）］分析中的重要性及芝加哥学派对其的非议在此无须重提。正是对市场结构问题的不断研究推动着产业组织理论这门学科的发展和成熟。从本质上讲，移动电话用户数的变化属于移动通信业市场绩效的一个重要方面，作者基于市场结构对移动电话扩散的理解，在某种程度上是对市场结构与市场绩效关系的一种表达。显然，这两者之间的关系，在哈佛学派的 SCP 范式中，或者在芝加哥学派对其的争论中早已确定：一种互动的关系，只是互动的过程或许需要依赖运营商的市场行为进行传达。因此，对我国移动通信业市场结构的分析有利于理解在移动电话扩散过程中这一因素的重要性。然而，由于移动通信业的特殊性，面对该行业市场结构的变迁，我们需要持谨慎态度。在世界范围内，移动通信业基本上经历了一个相同而特殊的市场结构演变过程：早期采取独家垄断，经历了漫长的时期之后开始引入竞争（通过分拆在位企业或引入新的进入者），至此移动通信业回归到产业发

---

　　① 图中的Ⅰ、Ⅱ、Ⅲ、Ⅳ分别表示改革的四个阶段。n 指数为作者基于运营商移动电话用户市场份额计算所得。

展的基本命题——实现有效竞争，寻求最优的市场绩效。市场中企业的数目与市场控制力之间的矛盾程度决定了市场结构的基本特征，这意味着市场集中度解释了市场结构的主要方面，同样，产品的差异化程度及行业的进退壁垒或其他微妙的因素（诸如非市场的因素、行政许可）也影响着市场结构的性质。因而，对市场结构的研究主要基于对上述因素的分析。

我国移动通信业自 1987 年起步，经过 30 多年的发展，实现了从弱到强的巨大转变。与世界各国移动通信业市场结构的演变一样，我国移动通信市场也经历了从独家垄断到引入竞争的变化过程。1987 年，我国在广东开通首个移动网络，开始为公众提供移动通信服务。1994 年，中国联通进入移动市场之前，邮电部（后为电信总局）一直独家垄断移动业务的经营权。中国联通的成立标志着移动通信业双寡头垄断时代的到来，同时，移动资费下调，移动业务种类增多，移动运营商基本经营指标上升，开启了我国移动电话扩散的加速过程。此后，邮电分营、政企分开，对电信总局业务分营，以及对中国电信实行南北区域分治，直至 2008 年第三轮重组改革，我国电信业进入全业务经营时期，结束了移动通信市场 13 年[①]的双寡头垄断，中国移动、中国电信和中国联通开始"三分天下"。移动通信市场竞争不断加剧的过程，是我国移动通信业不断壮大的过程，以及民族移动运营商走向世界的过程，更是我国移动电话普及的发展之旅。本书依据市场集中度、产品差别化及进入壁垒三个指标测量我国移动通信市场 1987～2017 年的演进过程，并分析移动电话扩散与市场结构演变的关联性，而具体的数量关系在 3.4.3 小节中进行模型研究。

1. 市场集中度

市场集中度是市场结构的重要测度指标，用来反映市场中买者、卖者的相对规模及其分布状况。因而，基于市场主体的不同显然有买方集中度和卖方集中度之别。不过，一般来讲，往往采用卖方集中度作为衡量市场结构的指标，原因在于卖方集中度与市场结构的垄断势力成正比。此外，与买方数据的分散带来的统计上的复杂性相比，卖方的数据更容易获得。通过企业的规模指标与市场规模的比较分析市场的集中程度，是卖方集中度的通行做法。依据构造集中指数的函数差异，一般分为绝对集中度、相对集中度（concentration ration，CR）及 HHI，三种指数的数据收集难度与其对市场结构反映的有效性一样依次递增。因此，指标的选择需要兼顾数据的易得性及指标的有效性。对我国移动通信业市场结构的研

---

① 尽管中国联通成立于 1994 年 7 月 19 日，但直至 1995 年才对中国移动运营市场造成冲击，统计年鉴或《中国通信业发展统计公报》（1997 年之前是《中国邮电事业发展统计公报》）对中国联通的统计数据也始于 1995 年。因而，1995 年，我国移动运营市场独家垄断的格局在真正意义上结束，自此算起，至 2007 年，13 年间我国移动运营市场一直由邮电部（后为电信总局，1999 年后为中国移动）和中国联通两家运营商垄断。

究，采用绝对集中度及 HHI 两个指标。

（1）CR_n

CR_n 一般指市场中规模最大的前 n 位企业有关规模指标占整个市场规模的比例，这里的规模包括销售额、资产额、职工人数等。在电信产业分析中，主要采用主营业务收入和用户规模进行测算，其计算公式为

$$CR_n = \frac{\sum_{i=1}^{n} \text{scale}_i}{\sum_{i=1}^{N} \text{scale}_i} \qquad (3.1)$$

式中，scale_i 表示第 i 个企业的规模；n 表示所选取的市场个体的数量，其取值主要考虑行业的特点及研究的需要；N 表示所有市场个体的具体数量。

对我国移动通信市场的分析，若取 $n=1$，规模指标采用移动用户数，则据此计算的 CR_1 值具备明确的含义。若此值趋于 0，则市场趋于完全竞争；若此值趋于 1，则代表市场呈现完全垄断特征；若此值为 0~1，则意味着市场结构处于垄断和竞争的过渡状态。我国移动通信市场的 CR_1 指数（依据用户份额计算）（图 3.3）从 1987 年的 100%下降到 2017 年的 62.42%虽然仍表现为高度的寡头垄断，但考虑到移动通信业的特殊性（自然垄断性在不断弱化，但市场中不可能有过多的企业参与运营，最合适的选择一般认为是 3~4 家运营商），一定程度上的垄断更有利于产业的发展，或者说我国现在的移动运营市场格局依然在推动着移动电话的扩散，并且基于有效竞争的最优市场绩效的实现并不依赖于盲目扩张竞争的程度。

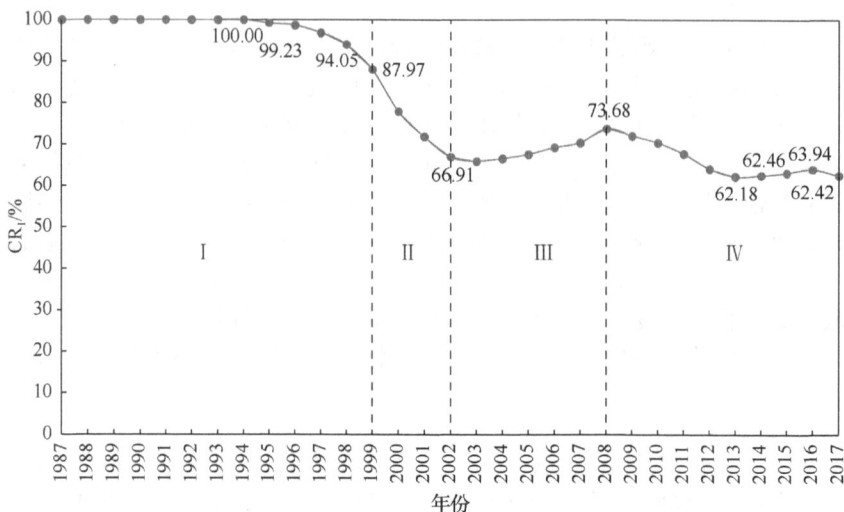

图 3.3　1987~2017 年我国移动通信市场的 CR_1 指数（依据用户份额计算）

　　CR_1 指数的演变一定程度上还原了 30 多年来市场化改革对我国移动通信业市场格局的颠覆作用,其本身表现出的阶段性特征与改革阶段完全吻合:1987~1999 年为第一个阶段,移动业务由邮电部(后由电信总局)独家经营,首位企业拥有 100%的市场控制力,我国移动通信业经历了一个缓慢的发展过程。这种低效的市场格局随着中国联通 1995 年真正进入移动运营市场开始改变,首位企业对市场的控制力从 1995 年的 99.23%降至 2003 年的 65.85%(最低点),最大幅度的下降发生在 1999~2000 年,从 87.97%下降为 77.83%,10.14 个百分点的下降与第一轮重组改革对电信总局业务分营、中国移动的成立及中国联通的扶持政策有关。1999~2002 年为第二个阶段,见证了我国移动通信业打破垄断与不断引入竞争机制的过程。第三个阶段始于中国电信"南北分治"完成之后。

　　对中国电信"南北分治"改革的反思催生了第三轮重组改革,这是我国移动通信业为实现有效竞争的新的尝试,此外,3G 业务也为每个运营商提供了更加公平的竞争平台,可以想象我国移动通信业最优市场绩效的实现或将不远。CR_1 指数在 1987~2017 年的 31 年间总体上表现出下降的特征,尽管经历了短暂的上升,但竞争机制的引入对移动通信业发展的好处无法否定,移动电话用户从 1987 年的 700 户连年加速增加到 2017 年的 142 132 万户就是最好的证据。因而,我国移动通信业改革整体上有利于移动电话的扩散。

　　(2)HHI 指数

　　HHI 指数最早由 A. O. 赫希曼(A. O. Hirschman)提出,后来逐渐成为市场集中度的重要测度指标。HHI 指数兼具绝对集中度指标与相对集中度指标的优势,同时合理地规避了两者的缺憾。HHI 指数的计算公式为

$$HHI = \sum_{i=1}^{N} \left(\frac{scale_i}{Scale} \right)^2 = \sum_{i=1}^{n} share_i^2 \qquad (3.2)$$

式中,n 表示市场中企业的数目;$scale_i$ 表示 i 企业的规模;Scale 表示整个市场的规模;$share_i^2$ 表示企业 i 市场份额的平方。

　　HHI 指数通用的形式是不考虑百分号的影响,此时,独家垄断的 HHI 值等于 10 000,而在一个具有无数企业的完全竞争市场,HHI 值趋于 0。一般来讲,HHI 值为 0~1 000 时,表示竞争性市场;HHI 值为 1 000~1 800 时,市场属于适度竞争;HHI 值大于 1 800 时,市场被理解为高度集中的市场,此时需要政府的干预。如果考虑百分号的影响,独家垄断与完全竞争的市场 HHI 值分别为 1 和 0,此时 HHI 值的倒数有特殊的含义,表示市场中真正的企业数目。如果 HHI 取值为 0.5,则市场中其实真正有两个企业在竞争。国外学者对此进行了广泛的研究,一般认为,HHI 取值(0.25,0.3),市场中有 3~4 家企业竞争[①]是电信业最优的市场格局。

---

　　① 这里的企业数目是真正参与竞争的企业数目,考虑了企业规模的因素。例如,我国 1999 年移动通信市场的 HHI 值为 0.8,则市场中实际只有 1.25 家企业竞争,这是指 1999 年我国移动通信市场,中国联通拥有的市场影响力是中国移动的 1/4。

然而，HHI 指数所具备的诸多优势与其在实际的产业研究中应用的普遍性不成比例，原因在于市场中完备的企业份额信息往往无法获知。此外，以市场份额的平方作为企业市场控制力的一种度量，倾向于高估大规模企业的影响力，低估小企业的影响力，这意味着对市场结构的衡量会存在偏差。然而，这种偏差相比 HHI 指数的优点而言已经微乎其微。

依据我国移动运营商的移动用户份额（图 3.4）计算我国 1987～2017 年移动通信市场的 HHI 指数（见附表 1），n 在 1987～1994 的 8 年间取值为 1，在 1995～2007 的 13 年间取值为 2，在 2008 年取值为 3。n 的取值显然与我国移动通信市场格局变迁紧密相关，1～3 的变化代表了我国移动通信市场从独家垄断到三寡头竞争的演变过程，据此计算的 HHI 指数（未考虑百分号）（图 3.5）与绝对竞争度指标一样表现出明显的趋势和阶段性特征。1987～1994 年，中国电信（其前身为邮电部，后为电信总局）享有移动业务的独家经营权，占据了市场份额的 100%，HHI 指数为 10 000，代表完全垄断的市场格局，这是我国移动市场格局的第一阶段。

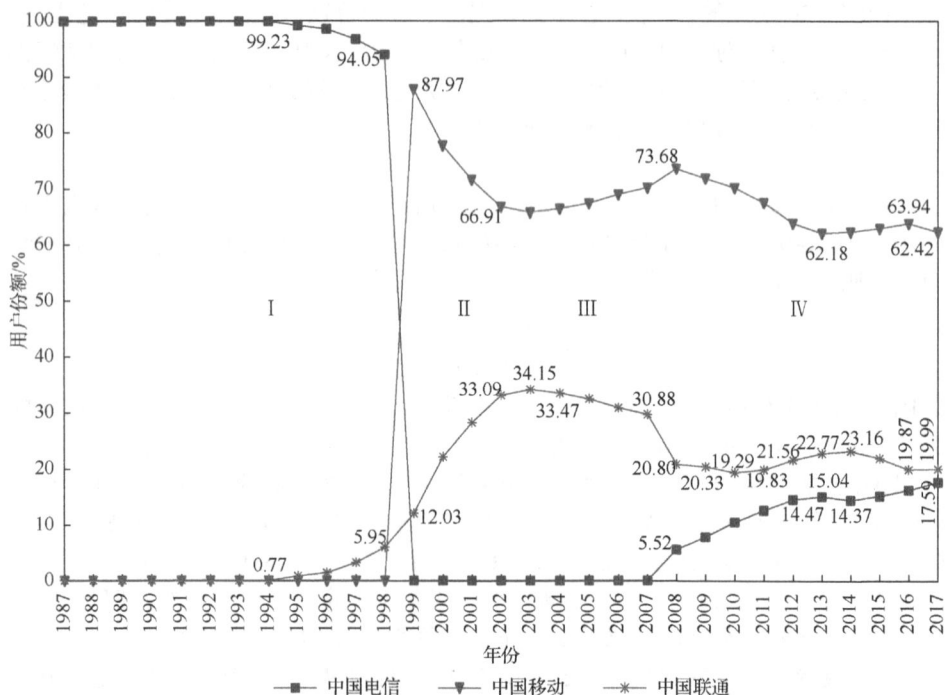

图 3.4　1987～2017 年我国移动运营商的移动用户份额变化①

---

① 在移动业务剥离由中国移动经营之前，我国移动业务一直由中国电信的前身邮电部、电信总局经营，为了分析需要，将其简化为中国电信，这并不影响结论。中国电信 1987～1994 年用户市场份额为 100%，1999～2007 年用户市场份额为 0%，未在图中标注。

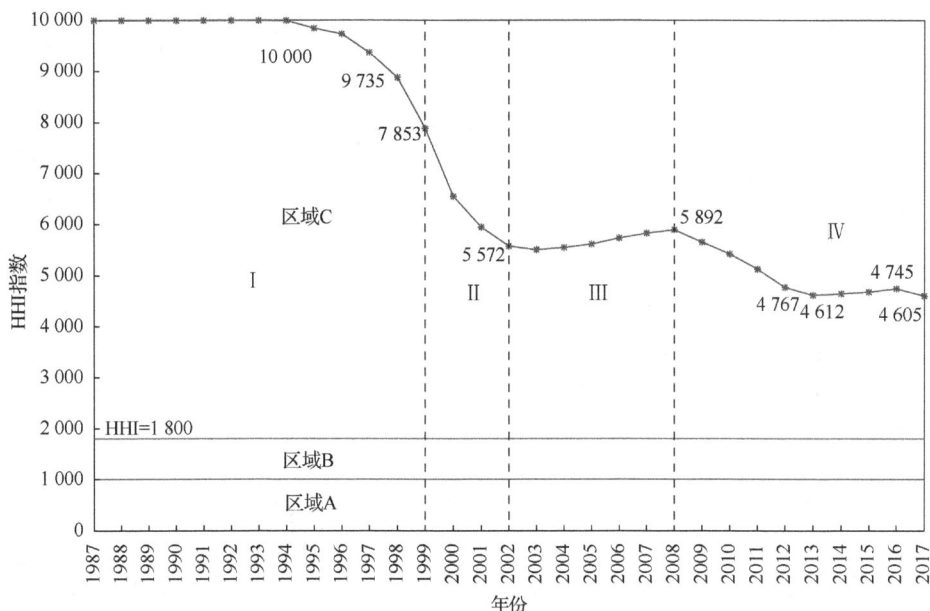

图 3.5　1987～2017 年我国移动通信市场 HHI 指数[①]（依据用户份额）

　　1995 年，中国联通开始提供 GSM 移动业务，我国移动市场的独家垄断成为历史。1995 年，中国电信占据了国内市场 99.23% 的份额，而中国联通只以微弱的 0.77% 的市场份额冲击中国电信的垄断地位，竭尽全力为我国移动通信市场带来一些竞争的气息。当年，我国移动通信市场 HHI 指数高达 9 846.90，依据另一种形式的 HHI 指数[②]（图 3.6），即 H 指数，在 1995 年为 0.98，其倒数取值为 1.02，这表示中国联通只相当于 0.02 个中国电信，其为中国移动市场带来的竞争气息在 1995 年看来极其微弱。此后，直至 2002 年，中国联通的用户份额一直处于上升阶段，从只有 0.77% 的份额发展到 2002 年 34.15% 的份额，而中国电信（1999年后为中国移动）的市场份额经历了一个下降过程。HHI 指数从 1995 年的 9 846.89 下降至 2003 年的 5 502.42，这意味着中国联通成立、业务分营的改革基本上成功了。n 值在此期间不断上升，从 1995 年的 1.02 上升至 2003 年的 1.82，这意味着中国联通在 2003 年的移动通信市场中以用户份额测度相当于 0.82 个中国移动，这是移动通信市场竞争加剧的极好证据。

---

　　① 作者将 HHI 市场结构的分类标准与 HHI 指数的时间趋势曲线结合，划分为三个区域进行分析：区域 A 属于竞争性市场，区域 B 属于适度集中市场，区域 C 属于高度集中市场。

　　② 为了分析需要，我们称考虑百分号的 HHI 指数为 H 指数，其倒数为 n 指数，表示市场中真正的企业数目。

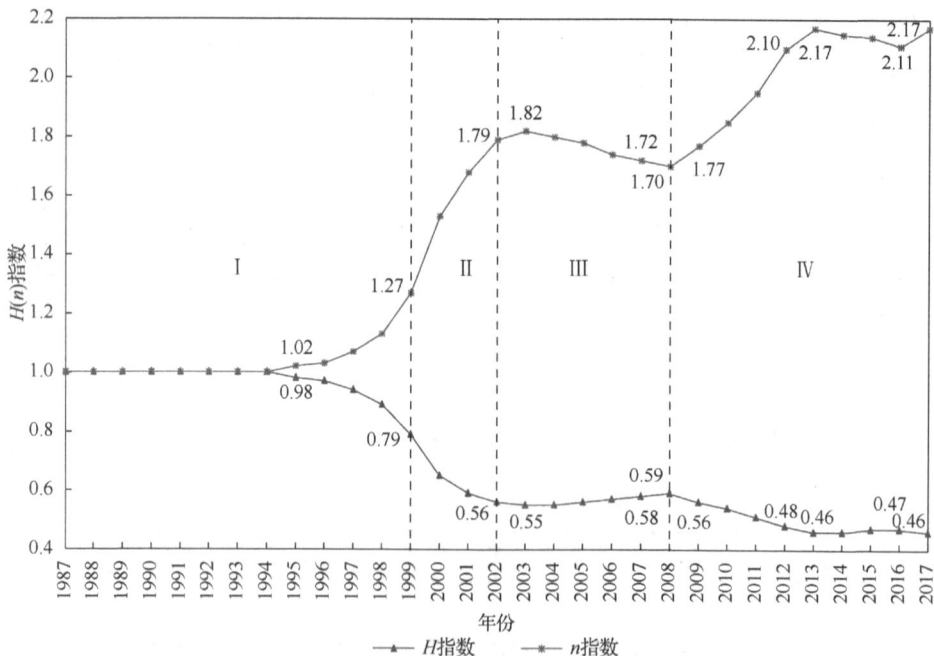

图 3.6　1987~2017 年我国移动通信市场 H 指数与 n 指数① （依据用户份额）

　　然而，此后的中国移动通信市场受到中国电信"南北分治"改革的重大影响，对中国电信的削弱也改变了整个电信市场的格局。从 2004 年开始，中国移动无论是在整个电信市场，还是在移动通信市场内部，均开始了扩张之路，本书在此处仅考虑移动通信市场格局的变化。其实，2003 年是具有重大意义的一年，这一年，移动电话用户超过固定电话用户，我国成为世界上移动电话用户超过固定电话用户的国家之一，标志着我国移动通信事业取得了成就。然而，从这一年起，中国移动的市场控制力开始不断扩张，其用户市场份额从 2003 年的 65.85% 上升至 2007 年的 70.31%。受此影响的中国联通的市场份额则不断缩小，2007 年仅占到 29.69%，基本上回到了 2001 年的水平。此间的 HHI 指数表现出上升特征，从 2004 年的 5 546.18 上升至 2007 年的 5 825.05，市场份额进一步向中国移动集中。2004 年的 n 值为 1.8，到 2007 年下降至 1.72，这意味着中国联通市场控制力缓慢下降。移动通信市场向优势企业的集中显然不符合当初信息产业部对中国电信"南北分治"的初衷，作为对这场改革的反思，2008 年，我国开始了第三轮重组改革。2008 年的市场格局依然受到"南北分治"的影响，加之将中国联通的 CDMA 业务

---

① 图中 H 精确到小数点后两位，以使据此计算的 n 更准确。

售予中国电信，短期看是对中国联通在移动市场控制力的一种削弱，事实也正是如此。2008 年，中国电信和中国联通各占用户份额的 5.52%和 20.80%，两者之和尚不足中国联通 2007 年的份额。与此不同，伴随全业务经营时代的深入推进，无论是在电信市场，还是在移动通信市场内部，市场格局都将经历一个不断优化的过程（图 3.6），2009～2017 年的 H 指数和 n 指数的演化过程即对此给予了说明。

2. 产品差别化

产品差别化的程度反映了市场中同类产品之间替代性的强弱，一般以需求的交叉价格弹性予以测度，通过改变市场集中和进入壁垒的作用形式，产品差别化成为市场结构的一个重要的决定因素。产品差别化的对立面是产品同质化，在现实中，完全同质的市场并不存在，而产品差别化则是对实际市场更真实的描述。产品的差异主要有两种，即纵向差异与横向差异，前者可排序，无个体差异；后者在本质上是一种主观偏好的不同，存在个体差异。

对我国移动通信市场产品差别化的分析[①]，需要依赖移动通信产品的特殊性，不仅仅是移动通信产品，所有的电信产品都有一个明显的特征：产品生产和消费过程的统一。这个过程的完成需要三个因素：终端设备（移动电话）、移动网络和其他服务。三类供应商的合作使移动通信成为可能。这里需要说明的是，本书对移动通信市场的研究主要是对移动网络运营市场的研究，因而，移动通信业产品的差别化主要存在于 MNO（mobile network operator，移动网络运营商）之间，这种差异来源于三个方面：其一，运营网络的质量，包括覆盖面、容量和通信质量，从本质上讲这是一种技术差异；其二，MNO 凭借广告策略创造的差异，这是通过改变用户的认知产生的偏好差异；其三，业务差异，或者称为服务的差异，这种差异才是更持久、更一般的产品差异形式。这三种差异形式在我国移动通信市场的不同发展阶段表现出不同的特征，在产业发展的早期，移动服务单一，仅限于语音通信，广告策略对消费决策影响很小，主要的产品差异由技术所致。中国联通在发展初期，移动网络通信质量及 GSM 网络覆盖面都非常有限，在这种情况下，入网中国移动更为理性，并且在网络经济性推动下，中国移动的用户规模会自然扩张。不过，这种差异性竞争很快伴随着中国联通的移动网络覆盖到全国范围及 CDMA 网络的建成而结束，网络的通信质量对用户入网选择的影响已非常次要，通过广告策略改变用户认知成为重要的途径，中国移动宣扬自己通信专家的

---

① 产品差别化只能用来分析中国联通进入移动市场后的市场结构变化，而完全垄断阶段的市场特征，在 3.4.2 小节中通过市场集中度已经呈现了一个清晰的描述。

定位（在 2008 年之前的年报上，中国移动都以"中国国内唯一一家专注于移动通信的电信运营商"作为自己的宣传符号），而中国联通也有不菲的广告投入，并以良好的新进入运营商的形象获得了普遍的认可。技术差异和广告策略在产品差异的塑造中退居次要的地位之后，真正对产品差异产生重要作用的因素是服务的差异，这种服务的差异，一方面是服务种类的差异，如从语音向数字再向多媒体服务演变；另一方面是 MNO 与其他的 SP（service provider，服务供应商）合作提供的服务组合的差异，中国移动的"动感地带"或中国联通的"联通新势力"都属于通过服务来营造品牌差异，改变用户的入网选择。这三种差异形式对我国移动通信市场产品差异化特征的影响并不是孤立的，而是相互影响的过程。总的来讲，我国移动通信市场的产品差别化经历了从强到弱的转变过程，非价格竞争成为更普遍的竞争模式（将产品差别化理解为非价格竞争是一个普遍的错误，后者只是前者的一个方面），这也是不曾停歇过的改革步伐对我国移动通信业市场竞争所留下的印记。

3. 进入壁垒

进入壁垒又称进入障碍，是指从长期来看，新进入企业需要承担而在位企业无须承担的成本[1]。这意味着进入壁垒有两个显著的特征。一是长期性，短期阻碍企业进入的因素并不是真正的壁垒，诸如资本、劳动、土地等均在短期构成企业的进入成本，但从长期来看，一个完善的投融资市场将使其不复存在。因而，此处真正的壁垒不是资本本身，而是获得资本的途径。换句话说，或许制度才是真正的壁垒。二是不对称性，赋予在位企业相比新进入企业一个不对称的竞争地位。从这个层面理解，显然市场集中度及产品差别化皆是关于在位企业之间的竞争，而进入壁垒则是对在位企业与潜在进入企业间一种潜在竞争的描述，这种潜在竞争构成市场结构变迁的未来力量。进入壁垒的强弱依据不同的市场结构有序变化，完全竞争市场不存在进入壁垒[2]，完全垄断市场的进入壁垒最强，现实中更普遍的寡头市场及垄断竞争市场的进入壁垒则介于两者之间。

进入壁垒一般分为两种，即经济性壁垒与非经济性壁垒，前者包括绝对成本优势、规模经济优势、产品差异化、技术专利等，后者包括政策法律制度、在位企业阻止进入的策略性行为等。非经济性壁垒显然要比经济性壁垒更持久、更难

---

① 乔治·J. 施蒂格勒（1989）、肯尼斯·W. 克拉克森和罗杰·勒鲁瓦·米勒（1989）等皆持这种观点。
② W. J. 鲍莫尔（W. J. Baumol）的可竞争市场理论，其实就是在完全竞争市场的梦想破灭之后，寻求完全竞争市场的一个特征：无进退障碍。

克服。移动通信市场的进入壁垒具有通信市场的共同性，主要包括规模经济优势、转换成本、阻止企业进入的策略性行为、许可证制度。

规模经济优势构成移动通信业进入壁垒的一个基本方面，庞大的基础网络需要的巨额投入及这种成本的沉没化，都在影响着潜在进入者的进入决策。在逐渐完善的投融资制度及持续高涨的产业利润影响下，其实规模经济在进入壁垒的构成中已经居于次要地位。与规模经济从企业的供给成本分析不同，转换成本的分析基于消费者的需求惯性。转换成本属于通信市场特别是移动通信市场的一个典型特征，这种成本的产生本质上是因为通信服务的实现依赖一个网络，网络中用户的通信需要基于移动号码等属于自己的身份信息。这里的转换成本包括两个方面：其一，移动号码的变更；其二，接入网络的变更。无论哪种变更都会带来巨大的不便，增加用户的成本。这种成本使用户改变号码或网络的可能性很小，或者说具有很明显的产品忠诚度，其结果是新进入企业的目标用户群可能主要限制在潜在的采用者。转换成本的壁垒主要影响的是企业的需求容量，在移动电话扩散趋于饱和的市场，这种成本可能会使企业放弃进入的决定。阻止企业进入的策略性行为也是我国移动通信市场一个普遍的壁垒，在 1994 年中国联通成立至 1998 年信息产业部成立期间，仅"互联互通"问题就足以使我们理解这种阻止进入行为何其强烈，其对新进入企业在发展初期的阻碍从中国联通的发展历程中即可明了。

尽管上述三种壁垒构成移动通信市场进入壁垒的重要方面，但真正符合进入壁垒范畴的当属产生于频谱资源有限性的许可证制度。人类近百年来对移动通信技术的研究都是在致力于提高这种有限的频谱资源的利用效率，以扩大网络容量，使同样的网络可以承载更多的用户。追随世界移动通信发展的历程，从 1983 年的 1G 商用到 1991 年的 2G 时期，再到 2001 年开始的 3G 时代，每次飞跃（上代技术被次代技术替代）都代表着更高效的频谱利用效率、同样的网络可以匹配更多的用户，这种供给条件的改善在通信需求扩张的背景下成为移动通信业改革的现实基础。尽管如此，无论是市场容量还是频谱资源的利用效率都是有限的，两者共同决定移动通信业的自然垄断性的弱化是有限的，因而在市场上往往只有有限的几家运营商有幸获得稀缺的频谱资源（换句话说，就是获得经营牌照），这是世界各国通行的做法，此种制度壁垒构成移动通信业最坚实的壁垒。当然，许可证制度的存在除了频谱资源的有限性，还有电信业本身在党政军通信中的重要性。

由于具体数据信息的获得非常困难，或者即使可以获得也存在巨大的偏误，本书按照 J. S. 贝恩（J. S. Bain）的方法用描述性指标对我国移动通信市场的进入壁垒进行测量（表 3.2），并依据改革阶段将其分成五个区间，其中 1987～1994 年为独家垄断时期，1995～1998 年为中国联通进入移动市场后的双寡头垄断时期，1999～2001 年为第一轮重组改革时期，2002～2007 年为第二轮重组改革时期，2008～2017 年为第三轮重组改革时期。显然，从 1987 年至今，历经改革的中国移动通信市场的进入壁垒整体趋于下降，这意味着一个更具竞争性的市场开始形成。

表 3.2　1987～2017 年中国移动通信业进入壁垒

变革时期	1987～1994 年	1995～1998 年	1999～2001 年	2002～2007 年	2008～2017 年
规模经济优势	5	3	3	3	2
转换成本	5	4	3	2	1
许可证制度	5	4	3	3	2
阻止企业进入的策略性行为	0	5	4	3	2

注：在 J. S.贝恩对各个产业进入壁垒的分析中，此种分析方法仅限于经济性进入壁垒，并未包括许可证制度这样的非经济性进入壁垒，原因在于后者过于抽象，对其的测量本身充满了猜测色彩。不过，由于我国的许可证制度的变化非常明显，作者将其一并进行分析。数字表示进入壁垒的强度，从 0 到 5 依次递增。

基于市场集中度、产品差别化和进入壁垒三个指标对我国移动通信市场结构的分析，均表明邮电分营、政企分开及三轮重组改革对市场结构优化具有巨大作用。不过，考虑到产品差别化和进入壁垒无法获得具体的测量数据，对我国移动通信市场的分析主要考虑市场集中度，产品差别化和进入壁垒两个指标作为市场结构的补充分析。在 3.4.3 小节对我国移动电话扩散市场结构因素的模型分析中，市场结构变迁的数据主要基于 HHI 指数及其变形 H 指数、n 指数。总的来讲，我国移动通信市场结构的优化过程与我国移动电话扩散的加速过程及移动通信业的发展过程基本吻合。从 1987 年我国向公众开放移动业务以来，改革中的中国移动通信业用 22 年的时间实现了从弱到强的转变。从发展初期依赖技术标准引进和通信设备的进口到如今在产业发展过程中发展起来的 TD-SCDMA 标准被国际电信联盟批准为世界三大主流 3G 标准之一，民族通信设备供应商中兴、华为早已开始在世界范围内提供自己的通信设备。在不断的改革和对改革的反思中，我国移动通信业日益强大，几乎每个行业的发展都因其便利带来的高效而大受裨益。我国移动通信运营企业拥有世界其他运营商无法比拟的优势：一个巨大的市场容量。移动电话扩散受到诸多因素的影响[①]，移动通信业改革构成移动电话扩散的市场背

———————
① 详细分析见第 5 章。

景，在一个不断变化的市场中研究我国移动电话的扩散过程正是本书的主旨。

3.4.3 网络型产业的市场结构演化与管制政策：基于中国电信业的市场数据

1. 模型设定及说明

本书尝试通过将政策变量引入关于市场结构指数的模型中实现对市场结构演化与管制政策关系的初步分析。考虑管制政策与市场结构可能存在双向关系，本书首先将市场结构作为因变量考察政策因素对市场结构演化的基本作用，而市场结构对管制政策的实施效果的分析则将在第 5 章和第 6 章中进行介绍。由于我国自 1987 年至今共进行了四个阶段的改革，这些依次推进的改革是否会给我国电信业市场结构的演变留下阶段性特征？基于此点考虑，本书将 1987~1999 年这个阶段作为基期，依次将 1999~2002 年、2002~2007 年及 2008 年至今作为三个对比周期。虚拟变量具体的设定方式见式（3.3）至式（3.5）：

$$D_{1t} = \begin{cases} 1, & t为1999年以后 \\ 0, & t为1999年及以前 \end{cases} \tag{3.3}$$

$$D_{2t} = \begin{cases} 1, & t为2002年以后 \\ 0, & t为2002年及以前 \end{cases} \tag{3.4}$$

$$D_{3t} = \begin{cases} 1, & t为2008年以后 \\ 0, & t为2008年及以前 \end{cases} \tag{3.5}$$

考虑到需求因素构成市场结构演变的重要动力，本书将移动电话普及率作为定量变量引入模型中。移动电话普及率与人口基数的乘积实际上是对移动通信市场规模的良好测度。本书选择这一变量作为对需求因素的描述。市场结构变量采取 HHI 指数的倒数 n 指数，用于直观表现市场竞争的程度。模型设定见式（3.6）：

$$n_t = \beta_0 + \beta_1 \text{Pene}_t + \gamma_1 D_{1t} + \gamma_2 D_{2t} + \gamma_3 D_{3t} + u_t \tag{3.6}$$

式中，n_t 表示市场结构指数；Pene_t 表示移动电话普及率；u_t 表示因分析方便未考虑的其他因素；β_0、β_1、γ_1、γ_2、γ_3 表示待估参数。

致力于验证数据观测长度如何约束参数估计的结果，特别是仅基于改革初期数据进行的参数估计是否有效，本书将虚拟变量 D_{3t} 划分为如下两类：

$$D_{3t}^1 = \begin{cases} 1, & t为2008年以后至2010年 \\ 0, & t为2008年及以前 \end{cases} \tag{3.7}$$

$$D_{3t}^2 = \begin{cases} 1, & t为2008年以后至2017年 \\ 0, & t为2008年及以前 \end{cases} \tag{3.8}$$

同时，参数估计和结果讨论也将分别基于两个（1987～2010 年及 1987～2017 年）数据集展开。

2. 数据来源及说明

本书的数据频度为年。市场结构 n 指数为作者基于移动通信市场运营商的移动电话用户数及市场份额计算而得。1994 年，中国联通成立，但其用户规模等相关统计数据最早见于 1995 年，包括运营商统计年报及国际电信联盟网站数据库。因此，如果基于数据的可获得性，可以认定我国移动通信市场 1987～1994 年处于完全垄断的市场环境中，自 1995 年开始进入双寡头时代。故此前的 n 指数为 1，表达了完全垄断的市场结构特征。1995 年之后，我国移动通信市场的 n 指数从 1 增加至 2017 年的 2.17，但同样伴随阶段性下降，其阶段性特征正是我国移动通信业市场化改革带来的。$Pene_t$1987～2016 年的数据来源于历年中国统计年鉴，2017 年的数据来源于《2017 年通信业统计公报》。三个虚拟变量为作者基于改革阶段构建所得，1999 年我国进行了业务分营改革，2002 年对中国电信进行了区域分治，而 2008 年我国开启了全业务经营，并发放了 3G 牌照。通过这三个改革节点年份，我国移动通信市场化改革划分为四个阶段，基于参数估计结果，可以分割出阶段性改革对市场结构演化的具体作用。

3. 参数估计结果与分析：基于 1987～2010 年数据集

考虑到所构建的模型属于时间序列模型，需要对市场结构 n 指数和移动电话普及率 $Pene_t$ 两个时间序列数据进行平稳性检验。基于 1987～2010 年的检验结果见表 3.3，两个时间序列数据均为二阶单整，阶数一致，存在获得协整结果的可能性。

表 3.3　变量平稳性检验结果：基于 1987～2010 年数据集

变量	虚拟假设	ADF 统计量	检验临界值	P 值	单整阶数
$Pene_t$	D($Pene_t$, 2) has a unit root	−2.965 92	−1.958 09	0.005 0	2
n_t	D(n_t, 2) has a unit root	−4.263 66	−1.958 09	0.000 2	2

注：检验式为 None，不包含趋势和截距项。检验临界值均为 5%显著性水平，滞后期选择基于 SIC, MAXLAG=5。ADF 为 augmented Dickey-Fuller test，即增广迪基–福勒检验。

利用 1987～2010 年的相关数据，基于 OLS（ordinary least square，普通最小二乘法）方法，对式（3.6）所表征的线性时间序列模型进行估计，其估计结果见表 3.4，为分析方便，将此种方法估计的模型称为模型 1。本书所使用的统计软件为 Eviews 7.0。本书对基于 OLS 方法的估计结果进行了检验，结果表明不存在序列相关，却存在异方差。虽然异方差并不影响参数估计的无偏性，却因为其缩小参数估计的标准误导致统计检验的可信度降低，模型参数估计失去了有效性。本书尝试基于 Newey-West 方法进行调整，调整之后的估计结果见表 3.4，标注为模型 2，以与 OLS 方法估计结果做出区分。Newey-West 方法调整后的模型同样不存在序列相关。为检验时间序列模型是否协整，本书将参数估计的残差命名为一个新的序列，并基于 ADF 方法进行单位根检验。ADF 统计量小于 5%置信水平的临界值，拒绝原假设，表明该残差序列不存在单位根，表现为一个平稳序列。因此，本书构建的基础模型可以表达一个均衡的变量关系，所获得的参数估计结果可以进行经济学分析。

表 3.4　市场结构演化与管制改革模型的参数估计结果及检验：基于数据集 1987～2010 年

参数估计			模型检验		
变量	模型 1	模型 2	检验方法	模型 1	模型 2
C	1.019 658	1.019 658	序列相关检验（Breusch-Godfrey Serial Correlation LM Test）		
	(0.024 052) **	(0.015 604) **	F-statistic	0.659 404	0.659 404
Pene$_t$	0.003 451	0.003 451	P（F-statistic）	0.529 9	0.529 9
	0.003 359	0.004 167	Obs*R-squared	1.727 808	1.727 808
D_1	0.448 771	0.448 771	P（Chi-Square）	0.421 5	0.421 5
	(0.058 475) **	(0.103 893) **	异方差检验（Breusch-Pagan-Godfrey）		
D_2	0.209 23	0.209 23	F-statistic	5.779 927	—
	(0.091 836) **	(0.094 559) **	P（F-statistic）	0.003 2	—
D_3	−0.072 25	−0.072 25	Obs*R-squared	13.173 71	—
	0.111 456	0.114 116	P（Chi-Square）	0.010 5	—
R_a^2	0.958 695	0.958 695	协整检验（残差检验方法）		
DW	1.711 24	1.711 24	ADF 统计量	—	−4.024 913
			检验标准值	—	−1.956 406
			P 值	—	0.000 3

注：①括号中为标准误；②"—"表示选择性未进入估计；③协整检验标准值的显著性水平为 5%。
**5%显著。

　　本书尝试基于表 3.4 中模型 2 的参数估计结果对市场结构演变与管制政策的关系做出分析。估计结果给出了一个值为 1.019 7（保留到小数点后四位）的截距项，包括市场结构的初始水平及改革基期的作用。需求因素并不显著，但此处分析的主要目的并不在此，本书不再讨论该因素与市场结构的关系。虚拟变量 D_{1t} 和 D_{2t} 均在 5%的置信水平下显著，但用于表征 2008 年之后改革的虚拟变量不显著，并且符号为负，与预期不符。因此，基于模型 2 的估计结果，市场结构变量与自变量的具体数量关系为

$$\hat{n}_t = 1.019\,7 + 0.003\,5\beta_1\,\mathrm{Pene}_t + 0.448\,8D_{1t} + 0.209\,2D_{2t} - 0.072\,3D_{3t} \qquad (3.9)$$

基于式（3.9）对市场结构演变与我国移动通信市场的管制改革的关系做出分析，并围绕改革的四个阶段展开。

1987～1999 年是我国移动通信市场化改革的初期，也是政策比较的基期。通过对三个虚拟变量赋值 $D_{1t}=0$，$D_{2t}=0$，$D_{3t}=0$，可以获得这一阶段的改革与市场结构的数量关系为

$$\hat{n}_t = 1.019\,7 + 0.003\,5\beta_1\,\mathrm{Pene}_t \qquad (3.10)$$

同样，通过赋值 $D_{1t}=1$，$D_{2t}=0$，$D_{3t}=0$，可以获得 1999～2002 年改革与市场结构的关系为

$$\hat{n}_t = (1.019\,7 + 0.448\,8) + 0.003\,5\beta_1\,\mathrm{Pene}_t \qquad (3.11)$$

式（3.11）与式（3.10）的差异表现在截距项上，0.448 8 的位移实际上是由于第二个阶段的改革实现的。通过赋值 $D_{1t}=0$、$D_{2t}=1$、$D_{3t}=0$ 及 $D_{1t}=0$、$D_{2t}=0$、$D_{3t}=1$，可以分别获得第三个时期、第四个时期的改革与市场变革的关系为

$$\hat{n}_t = (1.019\,7 + 0.209\,2) + 0.003\,5\beta_1\,\mathrm{Pene}_t \qquad (3.12)$$

$$\hat{n}_t = (1.019\,7 - 0.072\,3) + 0.003\,5\beta_1\,\mathrm{Pene}_t \qquad (3.13)$$

但需要强调的是，式（3.11）～式（3.13）都用于说明与改革的初期相比，某一时期的改革带来的市场结构的横向变化。实际上，通过改变三个虚拟变量的赋值，可以实现不同时期之间的相互比较。市场结构变量与改革四个阶段的关系可以表达为

$$\hat{n}_t = \begin{cases} 1.019\,7 + 0.003\,5\beta_1\,\mathrm{Pene}_t, \ t \leqslant 1999 \\ (1.019\,7 + 0.448\,8) + 0.003\,5\beta_1\,\mathrm{Pene}_t, \ 1999 < t \leqslant 2002 \\ (1.019\,7 + 0.448\,8 + 0.209\,2) + 0.003\,5\beta_1\,\mathrm{Pene}_t, \ 2002 < t \leqslant 2008 \\ (1.019\,7 + 0.448\,8 + 0.209\,2 - 0.072\,3) + 0.003\,5\beta_1\,\mathrm{Pene}_t, \ t > 2008 \end{cases} \qquad (3.14)$$

式（3.14）表明，管制改革与市场结构表现出正相关关系，政策因素成为市场结构演化的动力来源。在整个改革周期中，第二个阶段的改革产生的影响最大。2008 年开始的全业务经营改革对市场结构的作用与基础预期不符。本书尝试从以下两个方面对其原因做出分析。其一，观察年份的局限。致力于实现对比分析的目的，这一节的实证分析工作的数据收集限于 2010 年，恰是改革的初始年份，运

营商将更多的精力置于网络建设、内部整合等问题上，竞争并未真正地充分展开。其二，改革效果的滞后性。尽管这次重组改革为三家运营商公平竞争提供了一次全新的机会，但由于改革效果的滞后性及运营商市场地位的惯性传递，重组改革之后，我国电信业市场竞争格局在短期内保持了改革前的一些基本特征（王惠玲，2010）。在最初几年内，中国移动一家独大和市场结构失衡的情况难以改变。这也是市场结构在改革之后逆向发展的原因之一。因而，从短期来看，第四次重组改革并未改变我国电信业市场结构失衡的状态，但从长期来看，此次改革为我国电信业市场结构的重塑及我国整个电信业的发展奠定了重要的基础。但改革并非走向终点，实际上考虑到未来电信业的新的特征，以及此次改革实际效果或许没有想象中的有力，新的改革需要适时推进。总的来讲，致力于引入竞争的市场化改革成为我国移动通信市场结构趋于优化的重要力量。

4. 全业务经营改革与市场结构演化：基于 1987～2017 年相关数据的比较分析

基于 1987～2010 年数据集的参数估计结果表明：在观察周期 2008～2010 年内，始于 2008 年的全业务经营改革并未对我国电信业市场结构产生显著影响，这与我们关于这一变量的预期不符，其可能的原因在于改革效果的滞后性。因此，存在一个关键命题：伴随观察周期的延伸，全业务经营改革是否构成电信业市场结构演化的重要力量？本书尝试利用 1987～2017 年的数据集，基于式（3.6）所表征的线性时间序列模型对此命题进行回答。致力于避免伪回归，同样对时间数据序列市场结构指数 n_t 和移动电话普及率 Pene_t 进行平稳性检验，其结果汇总于表 3.5。

表 3.5　变量平稳性检验结果：基于 1987～2017 年数据集

变量	虚拟假设	ADF 统计量	检验临界值	P 值	单整阶数	备注
Pene_t	$D(\text{Pene}_t,2)$ has a unit root	−4.237 401	−1.953 858	0.000 1	2	
n_t	$D(n_t)$ has a unit root	−1.770 320	−1.952 910	0.073 0	1	基于 1987～2017 年数据集
$n_t(-1)$	$D(n_t(-1))$ has a unit root	−1.975 997	−1.953 381	0.047 7	1	
n_t	$D(n_t,2)$ has a unit root	−4.263 66	−1.958 09	0.000 2	2	基于 1987～2010 年数据集
$n_t(-1)$	$D(n_t(-1),2)$ has a unit root	−3.263 972	−1.959 071	0.002 5	2	

注：检验式为 None，不包含趋势和截距项。检验临界值均为 5%显著性水平，滞后期选择基于 SIC，MAXLAG=5。

表 3.5 的检验结果表明，数据序列 Pene_t 属于 2 阶单整，而数据序列 n_t 则属于 1 阶单整。通过对前者进行 1 阶差分，引入式（3.6）。同时，考虑市场结构演化的累积特征，引入市场结构指数 n_t 的滞后项 $n_t(-1)$。所构建时间序列模型如下：

$$n_t = \beta_0 + \beta_1 D(\text{Pene}_t) + \beta_2 n_t(-1) + \gamma_1 D_{1t} + \gamma_2 D_{2t} + \gamma_3 D_{3t} + u_t \qquad (3.15)$$

式中，$D(\text{Pene}_t) = \text{Pene}_t - \text{Pene}_{t-1}$。

分别利用 1987～2017 年和 1987～2010 年的数据集,基于 OLS 方法和 Eviews 7.0 的工作平台,对式（3.15）进行参数估计和检验,以对移动通信业市场结构演化与引入竞争的改革,特别是全业务经营改革的内在关系进行再讨论。相关参数估计结果汇总于表 3.6。模型 1 利用 1987～2010 年的数据集进行了参数估计,移动电话普及率变量 $Pene_t$ 和虚拟变量 D_{3t} 均不显著,不存在序列相关,但存在异方差,并通过了协整检验。剔除不显著的移动电话普及率变量 $Pene_t$,重新利用 1987～2010 年的数据集对市场结构指数 n_t 的滞后项 $n_t(-1)$,以及三个虚拟变量 D_{1t}、D_{2t}、D_{3t} 之间的内在关系进行参数估计,即式（3.16）,并命名为模型 2。

$$n_t = \beta_0 + \beta_1 n_t(-1) + \gamma_1 D_{1t} + \gamma_2 D_{2t} + \gamma_3 D_{3t} + u_t \qquad (3.16)$$

式中,虚拟变量 D_{3t} 的参数估计值约为 0.03,但依旧不显著。模型 2 不存在序列相关,存在异方差,通过了协整检验,这表明所构建模型相关变量之间在长期存在一种稳定关系。

表 3.6　市场结构演化与管制改革模型的参数估计结果及模型检验比较分析

参数估计			
变量	模型 1	模型 2	模型 3
C	0.038 698	0.088 064	0.119 404
	(0.146 094)	(0.137 766)	(0.075 546)
$Pene_t$	−0.001 885	—	—
	(0.001 866)	—	—
$n_t(-1)$	0.974 103	0.924 577	0.893 575
	(0.144 166)**	(0.135 660)**	(0.073 347)**
D_1	0.192 165	0.194 073	0.203 346
	(0.049 492)**	(0.049 485)**	(0.038 185)**
D_2	−0.125 227	−0.142 098	−0.127 888
	(0.071 308)*	(0.069 367)*	(0.047 765)**
D_3	0.088 799	0.033 775	0.059 37
	(0.062 740)	(0.031 189)	(0.028 710)**
R_a^2	0.985 981	0.985 965	0.988 674
DW	2.296 956	2.041 652	1.638 268
模型检验			
检验方式	模型 1	模型 2	模型 3
序列相关检验	F-statistic	1.034 140	1.380 972	0.846 634
	P（F-statistic）	0.379 5	0.279 7	0.441 8
	Obs*R-squared	2.787 067	3.385 828	2.057 162
	P（Chi-Square）	0.248 2	0.184	0.357 5

模型检验				
检验方式		模型 1	模型 2	模型 3
异方差检验	F-statistic	3.738 342	2.669 446	1.846 635
	P（F-statistic）	0.018 2	0.065 8	0.151 4
	Obs*R-squared	12.045 08	8.563 738	6.842 232
	P（Chi-Square）	0.034 2	0.073	0.144 5
协整检验 （残差检验方法）	ADF 统计量	−5.439 246	−4.708 968	−4.407 545
	检验标准值	−1.957 204	−1.957 204	−1.952 910
	P 值	0.000 0	0.000 1	0.000 1

注：①括号中为标准误；②"—"表示选择性未进入估计；③协整检验标准值的显著性水平为 5%；④模型 1 和模型 2 基于 1987～2010 年数据集，模型 3 基于 1987～2017 年数据集。

*10%显著。

**5%显著。

作为比较分析，利用 1987～2017 年的数据集对式（3.16）进行参数估计，并命名为模型 3，市场结构指数 n_t 的滞后项 $n_t(-1)$，以及三个虚拟变量 D_{1t}、D_{2t}、D_{3t} 的参数估计值均极为显著，不存在序列相关和异方差，并通过了协整检验，这表明所观察变量之间在长期存在一种稳定关系。基于三个模型的参数估计及模型检验结果，可获得如下基础结论：伴随观察周期的延伸即 1987～2017 年，全业务经营改革变量 D_{3t} 参数估计值相比观察周期 1987～2010 年，其显著性和参数估计值本身均趋于增长，由观察周期较短和改革政策效果的滞后性所引致的参数估计结果失效趋于弱化。模型 3 的参数估计结果也为我国 2008 年开始的全业务经营改革之于电信业市场结构演化的重要推动作用提供了理论说明。基于模型 3 的参数估计结果，市场结构变量与其影响因素的关系式为

$$\hat{n}_t = 0.119\,4 + 0.893\,6n_t(-1) + 0.203\,3D_{1t} - 0.127\,9D_{2t} + 0.059\,4D_{3t} \quad (3.17)$$

通过对三个虚拟变量赋值 $D_{1t} = 0$、$D_{2t} = 0$、$D_{3t} = 0$，可以获得 1987～1999 年邮电分营、政企分开与中国联通的成立等改革与市场结构的数量关系式为

$$\hat{n}_t = 0.119\,4 + 0.893\,6n_t(-1) \quad (3.18)$$

同样，通过赋值 $D_{1t} = 1$、$D_{2t} = 0$、$D_{3t} = 0$，可以获得 1999～2002 年所进行的业务分营改革与市场结构的关系式为

$$\hat{n}_t = (0.119\,4 + 0.203\,3) + 0.893\,6n_t(-1) \quad (3.19)$$

通过赋值 $D_{1t} = 0$、$D_{2t} = 1$、$D_{3t} = 0$ 及 $D_{1t} = 0$、$D_{2t} = 0$、$D_{3t} = 1$，可以分别获得 2002～2007 年所进行的"南北分治"改革、2008 年至今所进行的全业务经营改革与市场结构演化的关系式为

$$\hat{n_t} = (0.119\,4 - 0.127\,9) + 0.893\,6n_t(-1) \qquad (3.20)$$

$$\hat{n_t} = (0.119\,4 + 0.059\,4) + 0.893\,6n_t(-1) \qquad (3.21)$$

利用模型 3 的参数估计结果，可将我国市场结构变量与电信业市场化改革四个阶段的关系表达为

$$\hat{n_t} = \begin{cases} 0.119\,4 + 0.893\,6n_t(-1), & t \leqslant 1999 \\ (0.119\,4 + 0.203\,3) + 0.893\,6n_t(-1), & 1999 < t \leqslant 2002 \\ (0.119\,4 + 0.203\,3 - 0.127\,9) + 0.893\,6n_t(-1), & 2002 < t \leqslant 2008 \\ (0.119\,4 + 0.203\,3 - 0.127\,0 + 0.059\,4) + 0.893\,6n_t(-1), & t > 2008 \end{cases} \qquad (3.22)$$

5. 节点年份的效应：一个补充分析

1994 年是我国移动通信业市场化改革历程中的重要节点年，这一年，中国联通成立，同时首个省级 2G 网络在广东建成。中国联通作为新进入者与初始在位者展开竞争，而 2G 网络的建成意味着技术变革将为市场结构演变提供新机遇。因此，本书尝试通过方差分析方法对这一节点年与市场结构演变的关系做出描述，作为整个市场结构演变研究的一个补充。

定义一个新的虚拟变量 D_4：

$$D_{4t} = \begin{cases} 1, & t\text{为1994年以后} \\ 0, & t\text{为1994年及以前} \end{cases} \qquad (3.23)$$

构建因变量 n 指数与虚拟变量 D_4 的模型关系。模型设定如下：

$$n_t = \beta_0 + \gamma_1 D_{4t} + u_t \qquad (3.24)$$

式中，n_t 表示市场结构变量；待估参数 β_0 表示未进行 1994 年的改革时，市场结构的基本情形；参数 γ_1 表示 1994 年在我国移动通信业市场结构演变中的作用；u_t 表示未考虑的其他因素。

需要说明的是，作为一种方差分析方法，这些因素只是选择性忽略，以实现本书在此处对改革节点年效应的分析目标。

作为仅包含定性因素、单变量的时间序列模型，本书不再进行有关变量数据的 ADF 检验。通过简单估计，获得如下结果：

$$\hat{n_t} = 1 + 0.516\,5D_{4t} \qquad (3.25)$$

截距项和斜率项均在 5% 置信水平上显著，虚拟变量与因变量市场结构之间存在显著的正相关关系。基于式（3.25），通过对虚拟变量 D_4 进行赋值，即可实现对改革节点年效应的分析。当 $D_4 = 0$ 时，表示我国 1994 年未进行相关改革时，我国移动通信业的市场结构 n_t 指数为 1，市场结构将呈现完全垄断特征。当 $D_4 = 1$ 时，

我国移动通信业的市场结构 n_t 指数为 1.516 5，1994 年的改革带来了约为 0.5 的市场结构变动，市场结构趋于竞争。尽管 1994 年中国联通成立，但市场数据则在 1995 年才开始获得。因此，为了验证改革是否存在滞后效应，我们重新定义 D_4，并命名为 D_5：

$$D_{5t} = \begin{cases} 1, & t\text{为1995年以后} \\ 0, & t\text{为1995年及以前} \end{cases} \tag{3.26}$$

模型设定与式（3.24）一致，如下：

$$n_t = \beta_0 + \gamma_1 D_{5t} + u_t \tag{3.27}$$

对其进行估计可得

$$\hat{n_t} = 1 + 0.548\,8 D_{5t} \tag{3.28}$$

同样，截距项和斜率项均在 5%置信水平上显著，斜率项显著不为 0，可以认为虚拟变量所表征的改革与其对立情形（未进行改革）具备显著差异。式（3.28）表明，当 $D_5 = 1$ 时，我国移动通信业市场结构的 n_t 指数为 1.548 8，比基于式（3.24）所进行的估计高了 0.03 左右。因此，如果仅对 1994 年和 1995 年两个年份进行比较，后者的节点效应更显著。市场化改革构成市场结构演变的重要动力，而关键的改革年份则构成市场结构演变的加速剂。本书基于方差分析方法所进行的研究即表明了这一点。

3.5　主　要　结　论

本章以我国电信业的市场化改革为例，尝试对网络型产业管制重建的过程、竞争引入的方法进行说明，并基于我国移动通信业市场结构数据对市场结构与政策因素的关系做出分析。在网络型产业竞争机制引入之前，世界范围内主要的经营模式可以划分为美国模式和欧洲模式。竞争引入的方法主要包括拆分、重组、私有化和结构化改革，同样，竞争引入与互联互通、网络的"分割性"特征密切关联。自 20 世纪 70 年代开始，世界范围内掀起了一场引入竞争的改革浪潮，目前多数国家已经完成竞争机制的构建。网络型产业的管制政策表现出时变性，即从为克服市场失灵而进行管制到因管制失灵而放松管制，再到因竞争混乱带来产业的发展低潮而进行管制重建。实际上，网络型产业的管制重建过程表现为对"解制"与"管制"的动态选择过程。

　　本章基于中国电信业的相关市场数据对市场结构与政策因素内在关系的模型分析表明，四个阶段的改革成为我国移动通信市场结构优化的重要力量。尽管第四个阶段的改革获得了"负数"的估计结果，但这是数据观察年份的局限及改革效果的滞后性带来的。本章的分析构成有关管制政策与市场结构双向关系研究的第一个层面，即管制政策的实施如何推动市场结构的演变。市场结构对政府管制政策效果是否产生影响，以及是否存在一个最优的市场结构区间则是本书研究的第二个层面，这也是第 4 章和第 5 章的主要内容。第二个层面的研究主要通过分析一种价格管制政策即网内网外定价政策与市场结构的关系，以及市场结构与新产品扩散[①]的具体关系来实现。

　　[①] 由于新产品扩散的结果构成市场绩效的重要方面，市场结构与新产品扩散的研究在本质上是关于市场结构、管制政策与市场绩效的研究。

第4章

网络型产业的互联互通、网内网外定价与最优市场结构

4.1 引　言

20世纪80年代以来,网络型产业的研究一直是产业组织理论的热点问题。以电信、电力为代表的网络型产业在国民经济中占有较大比例,同时,在推动技术进步、引领创新、提升相关行业的运行效率方面起到了重要作用。由于技术进步、供给条件的改善及需求规模的扩张,传统意义上具备自然垄断性的网络型产业开始尝试引入竞争,以打破垄断的市场结构。近30年来,在世界范围内掀起了一场关于网络型产业的管制改革浪潮,并以电信业为典型。分拆在位厂商或向市场中引入新的竞争者是电信业市场化改革的惯常做法,1994年中国联通的成立及2002年中国电信的"南北分治"是对这两种改革模式的实践。市场化改革向电信市场引入了新的网络运营商,但由于通信产品基本上是同质的,不同网络之间的竞争实际上以价格竞争最为常见。对网络内部用户之间的通信征收基础价格,而对不同网络用户之间的通信实施价格歧视,收取高于基础价格的行为被称为网内网外差别定价。这一竞争策略在发达国家电信运营商之间的竞争中极为常见。但网内网外差别定价是否属于不正当竞争,以及这一定价行为将对电信业市场绩效产生怎样的影响并未达成共识。

2004年11月25日,信息产业部、国家发展和改革委员会发布了《关于通信网内网外差别定价问题的通知》,禁止运营商实施网内网外差别定价,以保护处于弱势地位的中国联通的利益。2012年3月20日,浙江联通推出"随意打"资费套餐,实质为网内网外差别定价,在行业内部、监管机构及消费者市场中掀起轩然

大波。由于管制政策的滞后效应，以及监管部门对市场信息的搜集不及市场中的个体，中国联通作为 2004 年政策的受益者和保护对象，却在 8 年之后违背政策规定，实施差别定价，是否因为在今天的市场环境中网内网外差别定价可以为追随者提供改善市场地位的机会？浙江联通违反 2004 年规定的行为，作为市场个体的自发行为，是否存在管制滞后？市场个体的市场信息更充分，是否说明浙江联通的行为是被市场认可并有利于市场发展的？网内网外定价问题亟待深入讨论。

过去关于网内网外定价问题的研究主要集中于市场个体网内网外定价行为对市场竞争的影响，即是否属于不正当竞争行为（Laffont et al.，1998，2008；马思宇，肖洪涛，2005；Gerpott，2008），以及对市场绩效的影响（王西玲，2005；Gabrielsen，Vagstad，2008；谭孝权，2010；Laffont et al.，1998），也包括对网内网外定价政策与市场结构或市场竞争状况的关系所进行的理论研究（马思宇，肖洪涛，2005；王春晖，2006；程先锋，2005）。但对网内网外定价政策适用性与市场结构关系的实证研究较为缺乏。本书尝试在一个新的框架内分析这一问题，并基于扩散分析的视角，以移动通信业为例，研究网络型产业的网内网外定价模式与市场结构的关系。本书致力于回答以下几个问题：其一，网内网外定价政策是否存在市场结构临界值？市场结构是否会对政策有效性带来影响？其二，如何评价我国 2004 年末实施的网内网外同价政策及浙江联通"随意打"的市场行为？其三，是否反映出市场个体对我国电信业改革思路的质疑？是否存在管制滞后？

通过将市场结构及市场结构与网内网外定价政策变量的交互项引入 Gompertz 模型，并利用我国移动通信业的相关市场数据，本书研究了市场结构这一条件变量对网内网外定价政策有效性的影响。这种有效性是指网内网外定价政策对市场绩效的影响，而移动电话的扩散是移动通信业市场绩效的重要方面。因此，本书对市场绩效影响的研究实际上是通过分析目标变量对移动电话扩散的影响来实现的。本书的研究表明网络型产业网内网外定价政策对市场绩效的影响与市场结构的具体特征有关，网内网外定价政策存在市场结构的临界值，即存在适用区间。市场个体的网内网外定价行为内生地由市场结构决定。在对这一问题的研究上，本书有以下几点可能的贡献：其一，验证了市场个体网内网外定价行为的内生性；其二，使用扩散分析方法研究网内网外定价政策与市场结构的关系，为这一问题的研究提供了新的思路；其三，测算了网内网外定价政策市场结构临界值及其区间，为监管部门实施政策变革提供了参考。

本章其余各节安排如下：4.2 节对网络型产业的互联互通的可能性、必要性与强化市场竞争的关系做出说明，并分析几种类型的网间价格竞争模式；4.3 节对一种理论化的市场结构条件（市场中存在 N 个厂商）下厂商的网内网外定价策略进行数理分析，以对市场个体实施价格竞争获得初步认识；4.4 节对市场个体实施网内网外差别定价的动机或策略性目标进行理论说明，并给出其内生性假定；4.5 节对本书基础模型的参数含义、控制变量引入模型的方法及具体变量的经济意义做出说明，并对各个变量的数据来源、统计特征做出描述性分析，以获得参数符号的直观预期，为参数估计提供支持；4.6 节介绍参数估计方法及目标模型的评价逻辑，在实证结果的基础上，分析网内网外同价政策的市场结构临界值、适用区间，并对我国 2004 年网内网外同价政策进行评价；4.7 节对本章进行总结。

4.2　网络型产业的互联互通与网间价格竞争

　　由于巨大的沉没成本、全程联网的特点及对规模经济的要求，以电信、电力为代表的网络型产业传统上被归属为自然垄断产业，特别是在诸如移动电话这种新服务被推向市场的初始阶段，获准进入市场的企业个体的最小有效规模几乎等同于现有的市场规模。最小有效规模的这一特征对市场中参与竞争的个体数目产生了严格约束，并使在规模经济性及自由竞争之间，对前者的考虑居于主导地位。实际上，在 20 世纪 80 年代网络型产业引入竞争的改革浪潮出现之前，独家运营商的市场结构模式成为主要的政策安排。此后，伴随技术条件的改善[①]及需求规模的扩张，整体市场规模在供需两个层面得到倍增，这意味着这一市场运营商的最小有效规模开始变小，与过去相比，现有市场可以容纳更多的市场个体。这实际上就是自然垄断性的弱化。市场条件的这一变化使引入新的竞争者或通过分拆原有在位厂商来强化市场竞争成为可能。

　　由于网络型产业需要依赖具体的物理网络来实现产品和服务的供给，考虑到新进入者重新构建运营网络[②]规模不经济,新进入者往往通过连接到在位厂商的网络中来实现运营，尤其是在进入市场的初期阶段。这种互联互通对新进入者而言

---

① 以移动通信业为例，频谱资源利用率的提高将允许更多通信信号的传播，这意味着市场供给条件的改善。
② 这里的运营网络，诸如电信业的通信网络、电力行业的电力传输网络，其构建需要经历较长的周期，成本投入同样巨大，并且严重沉没化。

是其参与市场竞争的必要条件，但其与处于优势地位的在位者在本质上属于竞争关系，期待通过这种"互联"实现市场竞争关系向竞合或者双赢关系的转变，对在位者的激励作用可以忽略甚至是负激励。在新进入者走向市场的早期，各个市场个体之间的互联互通不会自发实现，唯有监管部门的严格政策约束才能推动不同网络间的互联互通①。

伴随新进入者的用户规模扩大，在位厂商通过允许新进入者连接到其网络中，除了可以获得基于监管部门规定的固定互联费用，还可以由于不同网络间通信需求的增加而获得正的外部性。但不同网络间在本质上属于竞争关系，因此，除了在政策允许的范围内实施各种阻碍互联的策略性行为，在位厂商倾向于通过掠夺性定价、网内网外差别定价等网间价格竞争行为对潜在的用户群体的入网决策进行干扰。如果较低的价格可以获得更多的消费者剩余，这些潜在用户群体就会改变自己的网络偏好。但实际上，由于在位厂商控制着瓶颈资源②，以及拥有更大规模的用户群体，潜在用户群体选择新进入者的可能性较小，除非其采取针对性的有效价格竞争。在所有的网络价格竞争中，网内网外差别定价较普遍，其对市场结构和市场绩效的影响也获得了较为广泛的争论。

这一定价模式有对称与不对称两种类型，前者意味着不同运营商对来自不同网络间的通话实施无歧视的价格折扣，后者则是对同一网络内部通话实施低价格甚至成本价格，而对于来自其他网络的通话则收取一定比例的价格歧视费用，即网内通话远远低于网间通话，将引导在网用户逐步倾向于网内通话，潜在用户群体选择存在价格优势的网络运营商。因此，网内网外差别定价对致力于向市场中引入竞争的管制改革可能产生影响，特别是当这一价格竞争对在位厂商更有利时，改善市场结构的努力将会面临失败。但在互联互通实现之后，监管部门应当实施何种网内网外定价政策，是允许差别定价还是禁止这一价格歧视行为，以及定价政策的实施效果是否受到市场结构的约束，最优的市场结构区间是否存在，将在4.3～4.6节中做出解答。

---

① 在位者和新进入者之间网络互联互通的竞争及在位者凭借市场优势对新进入者竞争行为的策略性扼制可以从1994年中国联通成立后，与当时通信业的在位者，中国电信的前身邮电总局之间的各种较量中得到清晰的说明，尤其是后者集监管者与运营商于一身的情形，更加剧了新进入者参与市场竞争及对竞争对手进行政策控诉时的无奈。中国移动则是1998年信息产业部成立之后对中国电信业实施业务分营改革后于1999年成立的。

② 瓶颈资源意味着如果无法与其相连，则产品供给将难以实现。

4.3　市场中存在 N 个厂商的网内网外定价

在一个网络型产业中，市场中存在 N 个厂商，由于管制政策等因素，第 $N+1$ 个厂商被市场排斥。每个厂商均拥有独立的网络，并基于管制政策和网络外部性考虑实现了互联互通，即市场中存在 N 个互联互通的运营网络。做如下假设，以提供理论分析的便利。

1）市场中的 N 个厂商都提供同质化的产品，并且单位产品的成本相同，均为 c。第 i 个厂商的成本函数满足线性关系为 $c(q_i) = cq_i, c \geqslant 0$，其中，$q_i$ 表示市场中第 i 个厂商的均衡供应量，并分别以 α_i 和 β_i 的比例提供网内服务和网间服务，显然有 $\alpha_i + \beta_i = 1$。以第 i 个厂商为例，网内服务是指发生在网络 i 内部的消费行为（如通信），网间服务则是指第 i 个厂商的用户与市场中剩余的 $N-1$ 个网络用户之间的跨网通信行为。

2）实行单向收费制，所发生的费用由主叫方支付。网内网外差别定价以基础定价加成的形式实现，以市场中任意两个厂商 i 和 j 为例做出说明。厂商 i 和 j 的基础产品价格分别为 p_i 和 p_j，并且满足 $p_i \geqslant c, i = 1, 2, \cdots, N$。如果服务发生在厂商 i 的两个用户之间，交易价格即为 p_i。同样，如果服务发生在厂商 j 的两个用户之间，交易价格即为 p_j。这两种情形属于网内通信，不存在网内网外差别定价问题。但如果厂商 i 的用户呼叫厂商 j 的用户，这一通信过程则需要跨网完成，厂商 i 实施网内网外差别定价，记为 $p_i + v_i$。同理，厂商 j 的网内网外差别定价为 $p_j + v_j$。其中，$v_i \geqslant 0$，$v_j \geqslant 0$，表示网间差别定价的加成部分。当 $v_i = 0$，$i = 1, 2, \cdots, N$ 时，不同网络间的通信价格均为基础产品价格，则属于网内网外同价情形。

3）市场中共有 M 个消费者，基于个体偏好选择 N 个厂商的 N 个网络，消费决策主要考虑所选网络的市场份额即规模大小以获得网络外部性，以及价格因素对其消费成本的影响。若厂商 i 的市场份额为 s_i，则显然有 $\sum_{i=1}^{N} s_i = 1$。基于用户总数及厂商 i 的市场份额可获得其用户规模为 Ms_i，并且 $\sum_{i=1}^{N} Ms_i = M$。假定市场规模及厂商的用户规模在考察周期内稳定，不存在用户的网络间转移及潜在用户采用服务等情形。

4）市场中第 i 个厂商的用户平均产品消费量（如户均通话分钟数）为 $\overline{q_i}$，并且 $\overline{q_i} > 0$，否则将被市场淘汰。由于网络经济性及用户锁定等情形，处于优势地位的网络运营商将获得较高的 $\overline{q_i}$ 值，故认定其与市场份额之间满足正向函数关系。另外，一般认为处于优势地位的供应商为了扩大市场份额，降低价格的能力和动机强于弱势运营商。由于基础产品价格过高将影响消费量，因此 $\overline{q_i}$ 值与其负相关。

基于上述基本假设，$\overline{q_i}$ 将满足如下函数关系：

$$\overline{q_i} = \overline{q_i}(s_i, p_i) \tag{4.1}$$

且有

$$\frac{\partial \overline{q_i}}{\partial s_i} \geq 0, \frac{\partial \overline{q_i}}{\partial p_i} \leq 0 \tag{4.2}$$

在假设的基础上，我们获得第 i 个厂商的利润函数如下：

$$
\begin{aligned}
\pi_i &= TR_i - cq_i \\
&= p_i M s_i \overline{q_i} \alpha_i + (p_i + v_i) M s_i \overline{q_i} \beta_i - c M s_i \overline{q_i} \\
&= M s_i \overline{q_i} [p_i \alpha_i + (p_i + v_i) \beta_i - c] \\
&= M s_i \overline{q_i}(s_i, p_i)(p_i + \beta_i v_i - c)
\end{aligned} \tag{4.3}
$$

式中，$p_i M s_i \overline{q_i} \alpha_i$ 表示厂商 i 的网内通信获得的收益；$(p_i + v_i) M s_i \overline{q_i} \beta_i$ 表示 i 网用户与其他 $N-1$ 个网络内用户之间通信获得的收益；$c M s_i \overline{q_i}$ 表示 i 厂商的运营成本。

将上述利润函数关于市场份额 s_i 求导，可得

$$\frac{\partial \pi_i}{\partial s_i} = M \overline{q_i}(s_i, p_i)(p_i + \beta_i v_i - c) + M s_i(p_i + \beta_i v_i - c)\frac{\partial \overline{q_i}(s_i, p_i)}{\partial s_i}$$

$$= \left[\overline{q_i}(s_i, p_i) + \frac{s_i \partial \overline{q_i}(s_i, p_i)}{\partial s_i}\right] M(p_i + \beta_i v_i - c) \tag{4.4}$$

由于厂商 i 的 $\overline{q_i}(s_i, p_i)$ 值理论上为正值，其关于市场份额 s_i 递增，可知 $\left[\overline{q_i}(s_i, p_i) + \frac{s_i \partial \overline{q_i}(s_i, p_i)}{\partial s_i}\right]$ 项为正值。因此，当网内价格 $p_i \geq c - \beta_i v_i$ 时，厂商 i 的利润关于市场份额递增，而在网内网外同价的政策条件下，网络间不存在成本加成，即 $v_i = 0$，则上述利润函数简化为

$$
\begin{aligned}
\pi_i &= M s_i \overline{q_i}(p_i - c) \\
&= M s_i \overline{q_i}(s_i, p_i)(p_i - c)
\end{aligned} \tag{4.5}
$$

将式（4.5）关于市场份额 s_i 求导，可得

$$\frac{\partial \pi_i}{\partial s_i} = M \overline{q_i}(s_i, p_i)(p_i - c) + \frac{M s_i (p_i - c) \partial \overline{q_i}(s_i, p_i)}{\partial s_i}$$

$$= \left[\overline{q_i}(s_i, p_i) + \frac{s_i \partial \overline{q_i}(s_i, p_i)}{\partial s_i} \right] M(p_i - c) \qquad (4.6)$$

因此，在网内网外同价政策下，当网内基础价格 $p_i \geq c$ 时，利润关于市场份额递增。通过比较网内网外定价两种情形可以发现，在网内网外差别定价情形下，基础价格存在 $\beta_i v_i$ 的下调。实际上，$\beta_i v_i$ 是网间通话率与单位通信量差别定价加成部分的乘积项，用于测度厂商 i 实施网内网外差别定价网间通信的单位收益。厂商 i 将 $\beta_i v_i$ 额度的收益从单位价格中剔除，用于对网内通信进行补贴，为网内用户选择网络内部通信提供了激励。当 $v_i = v$，$i = 1,2,\cdots,N$ 时，即市场中 N 个厂商都实施同样的价格加成行为，市场份额较大的厂商将获得更大的市场收益。

4.4　市场个体实施网内网外差别定价的激励

关于市场个体实施网内网外差别定价的动机在 4.1 节中的相关文献中尽管有所提及，但未对其进行系统理论分析。本书基于网络型产业组织理论，尝试分析市场个体即企业实施网内网外差别定价的动机，并提出本书的理论假定。总体来讲，市场个体实施网内网外差别定价的动机或策略性目标主要有以下四种。

1. 成本考量

成本考量即运营商基于网内网外的成本差异进行差别定价。由于网内通话的成本主要包括起呼成本与落地成本，但网间通话的成本除这两项外，还包括监管部门制定的互联互通费用及结算成本。不同网络间的起呼成本与落地成本基本相同，因而网间通话的成本差异集中于互联互通及结算成本。我国监管部门对这一成本进行了测算，《公用电信网间互联结算及中继费用分摊办法》规定，移动运营商之间以每分钟 0.06 元进行结算，但市场中运营商实施网内网外差别定价通常以角为单位，远远高于政府的测算结果。因此，网内网外差别定价以成本为考量的说法不成立。实际上，马思宇和肖洪涛（2005）从这个角度对网内网外差别定价进行了解释。

2. 通话需求弹性差异

通话需求弹性差异即运营商基于用户需求弹性不同实施价格歧视，这一市场行为有利于降低总体价格，并增加社会福利。利用网间通信的收益补贴网内通信的损失，类似运营商利用移动通信业务补贴固定通信业务。但基于网内网外需求弹性差异，实施价格歧视是否可以增加社会福利，现有研究并未达成共识。Laffont等（1998）则支持网内网外差别定价可以增加社会福利这一说法。基于成本考量及弹性需求弹性差异，进行网内网外差别定价这两种动机是市场中两类运营商都可以实施的。

3. 优势运营商排挤竞争对手的行为

通过网内网外价格歧视，处于优势地位的运营商可以达到排挤竞争对手的目的。由于网络外部性的存在，网内网外差别定价实施后，市场中的用户倾向于选择优势运营商，势必将推动市场结构趋于垄断。因此，优势运营商实施网内网外价格歧视在某种程度上是一种反竞争行为。Gerpott（2008）等的研究说明了这一点。在2004年相关政策出台之前，中国移动长期使用这一策略排挤中国联通。

4. 劣势运营商实现长期动态效率最大化的途径

尽管处于劣势地位的运营商（如中国联通）实施网内网外差别定价，其网内通信价格偏离（产品价格几乎为0，因而严重低于短期成本）短期成本，但其并非属于反竞争市场行为。短期内劣势运营商的市场行为往往容易被误认为是恶性竞争。恶性竞争是指产品价格长期低于平均成本，实际上，尽管中国联通的利润率是低于中国移动的，但并未出现亏损。处于劣势地位的中国联通实施网内网外差别定价，用在网用户补贴边际用户（marginal subscribers），吸引用户入网，从而扩大业务量，提升长期利润率。2012年3月20日，浙江联通"随意打"行为在本质上属于这一策略性行为。

市场结构会对市场个体的行为产生重要影响。实际上，在不同的市场结构条件下，运营商选择网内网外差别定价的动机不同。在此提出本书关于网络型产业网内网外定价的理论假定：网内网外差别定价是内生的，市场结构不同，运营商实施差别定价的动机不同。

网内网外差别定价是内生的，是指运营商实施差别定价的市场行为内生地由市场结构决定。在网内网外差别定价实施过程中，市场结构成为一个条件变量。本书尝试从网内网外差别定价的内生性出发，通过将市场结构变量、市场结构与网内网外定价政策变量的交互项引入模型，来实现对市场结构这一条件变量对网内网外定价政策变量有效性影响的研究。由于产品的普及率或者说渗透率是市场绩效的重要方面，这里的有效性使用移动电话的扩散效果进行说明。需要强调的是，内生性假定无法从本书的模型中得到数理说明，本书将尝试基于实证结果，通过分析政策周期前后中国移动和中国联通的市场行为特征，在这个层面上实现对内生性假定的验证。从本质上讲，本书尝试基于市场结构这一条件变量研究网内网外差别定价政策与网络型产业市场绩效的关系及其基本特征。以下将利用我国移动通信业相关市场数据对上述问题做出研究。

4.5　模型与数据

4.5.1　模型设定与变量说明

移动电话的扩散或普及被认为是电信业市场绩效的重要体现。将移动通信业市场变量及经济、社会变量引入扩散模型中，并对移动电话的扩散展开因素分析将在某种意义上为我们理解移动通信业的改革与发展提供一种新的思路。本书尝试在扩散分析的框架内，研究网络型产业的网内网外定价与市场结构的问题。本书选择时变 Gompertz 模型作为基础模型，计算公式为

$$Y(t) = Se^{-e^{-a_t-b_t \times t}} \tag{4.7}$$

式中，$Y(t)$ 表示累积采用率 t 期所达到的水平，或称为渗透率、普及率；t 表示新产品扩散时间，一般而言，在新产品扩散过程中对其起始年份可将 t 取值为 1。例如，我国 1987 年开始提供移动通信服务，这一年为我国移动电话扩散的开始年份，对应 t 值为 1。模型中的三个参数 S、a_t、b_t 分别表示饱和状态的扩散水平（或称市场容量、市场规模的上限等）、扩散的起点水平（在 $t=0$ 时期所实现的扩散水平）和对扩散速度的一种测量变量。模型中的参数拥有一个下标 t，用于表达参数的时变性，即伴随扩散时间的更迭参数趋于变化，这与新产品扩散市场环境的变化相符合。新产品扩散研究表明，扩散曲线的拐点及扩散过程饱和水平实现的时间往往是由扩散速度的基础水平及变动趋势决定的。相对于较为稳定的位置变量 a_t（初始水平）而言，对扩散速度进行测度的参数 b_t 在某种意义上更富于时变性。由于作为扩散速度的测度指标，参数 b_t 与扩散速度表现出正相关关系，所有影响扩散速度的因素都可以被引入参数 b_t 中，以实现对扩散速度的基本分析。同时，考虑到 Gompertz 模型的函数特征，被解释变量关于参数 b_t 递增，因此所有关于这一参数的变量估计结果都将以同样的方式传递给被解释变量。

本书通过将目标控制变量引入参数 b_t 的函数中来实现研究目的。对参数 b_t 设定如下：

$$b_t = \beta_F + \beta_n n_t + \beta_{\text{Onenet}} \text{Onenet}_t + \beta_{\text{Pricecap}} \text{Pricecap}_t + \beta_\varphi n_t * \text{Onenet}_t + u_t \quad (4.8)$$

式中，β_F 表示用来对新产品扩散过程中的自发效应进行测度，表征的是假定其他因素不变，或者剔除技术因素、供给因素和需求因素的影响时新产品扩散所拥有的固定效应，这一参数值决定了扩散过程的自发速度（*表示乘号，用于引入交互项）。

由于存在规模巨大的潜在用户群体，以及与发达国家相比，我国提供移动通信服务的时间滞后，也包括发达国家和地区的示范作用，该参数符号预期（表 4.1）为正，即可以获得大于 0 的参数估计值。

表 4.1　参数符号预期

参数	α_F	β_F	β_n	β_{Onenet}	β_{Pricecap}	β_φ
符号	> 0	> 0	> 0	> 0	?0	?0

注："?" 表示参数符号预期不明确。

n_t 表示市场结构变量，是直接采用百分比计算的 HHI 指数的倒数，实质上为有效的厂商数量（effective number of firms），即市场中参与竞争的有效厂商数目当量，用于直观地说明竞争因素在移动电话扩散过程中的作用，计算公式为 $n_t = \left(\sum_{i=1}^{M} s_{it}^2 \right)^{-1}$。

其中，$i = 1, 2, \cdots, M$，表示移动电话运营商的数目；s_{it} 表示基于用户份额（百分比形式）计算出的第 i 个移动运营商在时间 t 的市场占有率。由于通信技术的进步对运营商供给条件的改善及市场需求条件的扩张，在世界范围内，移动通信业经历了从独家垄断到放松管制并引入竞争的过程。市场结构的测度指标 n_t 在我国同样经历了一个递增过程。已有研究表明，市场中竞争因素的增强推动了移动电话的扩散，并为其他管制政策的实施奠定了基础。我们预期 n_t 将获得一个正参数估计值。

Onenet_t 表示网内网外同价政策变量，是一个虚拟变量。市场存在多家运营商，这意味着消费者面临多个通信网络的选择。在移动通信业发展较为成熟和自由的发达国家，市场竞争较为激烈，网内网外差别定价是移动运营商经常使用的竞争策略。但在东欧地区，移动通信市场的竞争并不均衡，主管部门实际上对网内网外差别定价实施较为严格的监管。因而，网内网外定价模式的选择与移动通信业的竞争环境，即市场结构特征或许存在联系。现有研究往往认为，网内网外差别定价对处于优势地位的运营商有利，而采取网内网外同价政策则为新进入者提供了扩大市场份额、缩小与在位者之间的差距的机会，也有利于为整个行业塑造一个更有效的市场环境。2002 年，我国电信业实施"南北分治"之后，市场优势在移动通信市场内部继续向中国移动集中。2004 年末，网内网外同价政策的实施约束了中国移动的垄断趋势，整体上改善了我国移动电话扩散的市场环境。本书预期 $Onenet_t$ 将获得一个大于 0，即正的估计值。

$Pricecap_t$ 表示虚拟型解释变量，也可以称为 0−1 变量。基于这些管制政策是否实施可以进行不同的赋值，主要存在如下情形：当开始采用这些价格管制政策时，自开始年份之后的所有年份均取值为 1，而开始年份之前的取值则为 0。通过将这个虚拟变量引入扩散模型中，价格上限管制与新产品扩散的关系将得到一个基本的说明。在理论层面，价格上限管制通过约束企业的定价行为，在某种程度上有助于降低消费者的通信成本。因此，这一价格管制政策带来的成本节约有可能构成消费者采用移动电话的重要激励，这意味着价格上限管制与新产品扩散之间可能存在正相关关系。但价格上限管制约束了企业的自主定价权，某种意义上是反竞争的。实际上，在一些关于移动电话扩散的研究文献中，这一参数值为负值。我们对其参数 $\beta_{pricecap}$ 预测为不确定。

$n_t * Onenet_t$ 表示 n_t 与 $Onenet_t$ 的交互项，用于识别市场结构特征对网内网外定价政策有效性的影响。通过对模型中包含市场结构变量、网内网外同价政策变量及交互项的分析，可以获得有关市场结构与网内网外同价政策关系的描述性信息。同时，为了弱化主变量 n_t 及 $Onenet_t$ 与交互项 $n_t * Onenet_t$ 之间的多重共线性对参数估计结果的干扰，需要对交互项的两个变量进行中心化处理。中心化处理后，交互项则变为 $\left(n_t - \overline{n_t}\right) * \left(Onenet_t - \overline{Onenet_t}\right)$，其中 $\overline{n_t}$ 和 $\overline{Onenet_t}$ 分别表示两类变量在观察周期内的均值。本书将对两类交互项分别进行估计，以识别中心化处理在交互效应分析中的重要意义。

由于时变 Gompertz 模型是关于三个参数 S、a_t、b_t 的一个递增函数，故因变量 Y 与参数 b_t 函数中的控制变量之间属于同向关系。本书基于简化处理的关于参数 b_t 的线性函数分析移动电话的扩散、市场结构变量及网内网外同价政策三者间的关系式为

令

$$Y(t) = f(n_t, Onenet_t)$$
$$= \beta_n n_t + \beta_{Onenet} Onenet_t + \beta_{Pricecap} Pricecap_t + \beta_\varphi n_t * Onenet_t$$
$$= \beta_n n_t + (\beta_{Onenet} + \beta_\varphi n_t) Onenet_t + \beta_{Pricecap} Pricecap_t \qquad (4.9)$$

如果忽略价格上限管制，则上式简化为

$$Y(t) = f(n_t, Onenet_t) = \beta_n n_t + (\beta_{Onenet} + \beta_\varphi n_t) Onenet_t \qquad (4.10)$$

由于 1987~2017 年，$n_t \in [1, 2.17]$，以及 $\beta_n > 0$，若 $\beta_{Onenet} > 0$，$\beta_\varphi < 0$，因此有如下结论：

当 $\left|\beta_{\text{Onenet}}\right| > \left|\beta_{\varphi}\right|$ 时，可得

$$\lim_{n_t \to 1}(\beta_{\text{Onenet}} + \beta_{\varphi} n_t) = \beta_{\text{Onenet}} + \beta_{\varphi} > 0 \tag{4.11}$$

$$\lim_{n_t \to \infty}(\beta_{\text{Onenet}} + \beta_{\varphi} n_t) = \beta_{\text{Onenet}} + \beta_{\varphi}(+\infty) \ll 0 \tag{4.12}$$

当 $\left|\beta_{\text{Onenet}}\right| < \left|\beta_{\varphi}\right|$ 时，可得

$$\lim_{n_t \to 1}(\beta_{\text{Onenet}} + \beta_{\varphi} n_t) = \beta_{\text{Onenet}} + \beta_{\varphi} < 0 \tag{4.13}$$

$$\lim_{n_t \to \infty}(\beta_{\text{Onenet}} + \beta_{\varphi} n_t) = \beta_{\text{Onenet}} + \beta_{\varphi}(+\infty) \ll 0 \tag{4.14}$$

同样，若 $\beta_{\text{Onenet}} < 0, \beta_{\varphi} > 0$，则有如下结论：

当 $\left|\beta_{\text{Onenet}}\right| > \left|\beta_{\varphi}\right|$ 时，可得

$$\lim_{n_t \to 1}(\beta_{\text{Onenet}} + \beta_{\varphi} n_t) = \beta_{\text{Onenet}} + \beta_{\varphi} < 0 \tag{4.15}$$

$$\lim_{n_t \to \infty}(\beta_{\text{Onenet}} + \beta_{\varphi} n_t) = \beta_{\text{Onenet}} + \beta_{\varphi}(+\infty) \gg 0 \tag{4.16}$$

当 $\left|\beta_{\text{Onenet}}\right| < \left|\beta_{\varphi}\right|$ 时，可得

$$\lim_{n_t \to 1}(\beta_{\text{Onenet}} + \beta_{\varphi} n_t) = \beta_{\text{Onenet}} + \beta_{\varphi} > 0 \tag{4.17}$$

$$\lim_{n_t \to \infty}(\beta_{\text{Onenet}} + \beta_{\varphi} n_t) = \beta_{\text{Onenet}} + \beta_{\varphi}(+\infty) \gg 0 \tag{4.18}$$

在市场结构演变时，网内网外定价政策变量的参数符号将发生相应的变化，式（4.11）、式（4.12）和式（4.17）、式（4.18）对此进行了简单的说明[①]。基于上述分析，我们可以获得基本结论：如果相比交互项变量 $n_t * \text{Onenet}_t$，网内网外同价政策变量 Onenet_t 在移动电话扩散中发挥着更显著的推动作用，则在市场结构变量 n_t 趋于 1，即趋于垄断的市场环境中，网内网外同价政策较为适用；而在 n_t 趋于无穷大正值，即市场环境趋于竞争的条件下，网内网外差别定价政策较为适用，在这一情形下，网内网外同价政策的实施将不利于移动电话的扩散，其相关讨论详见 4.6 节模型 3a 的相关结果。如果相比交互项变量 $n_t * \text{Onenet}_t$，网内网外同价政策变量 Onenet_t 在移动电话扩散中发挥着更显著的抑制作用，则在市场结构变量 n_t 趋于 1，即趋于垄断的市场环境中，网内网外同价政策不再适用，需要实施网内网外差别定价政策；而在 n_t 趋于无穷大正值，即市场环境趋于竞争的条件下，网内网外同价定价政策则较为适用。在这一情形下，网内网外差别定价政策的实施将不利于移动电话的扩散，其相关讨论则由 4.6 节模型 3b 进行描述。因此，网内网外定价政策与移动电话扩散的内在关系受到移动通信市场结构特征的约束，并存在自身的演化规律。

---

① 式（4.14）尽管在严格意义上不存在，但其对参数符号为负值的基本判断同样成立。

u_t 表示基于某种考虑而未引入模型的变量，这种处理并不会对本书的基本结论产生影响。

考虑到位置变量 a_t 具备较弱的时变性，为简化起见，本书将其视作固定值，模型设定和估计都仅考虑扩散初始水平所具备的自发效应。这种处理同样不会对本书的结论产生显著影响。

基于上述分析，本书中的时变 Gompertz 模型的估计式为

$$Y(t) = Se^{-e^{-a_t - b_t \times t}} \tag{4.19}$$

$$a_t = \alpha_F + e_t \tag{4.20}$$

$$b_t = \beta_F + \beta_n n_t + \beta_{\text{Onenet}} \text{Onenet}_t + \beta_{\text{Pricecap}} \text{Pricecap}_t + \beta_\varphi n_t * \text{Onenet}_t + u_t \tag{4.21}$$

经过中心化处理后，式（4.21）则变为

$$b_t = \beta_F + \beta_n n_t + \beta_{\text{Onenet}} \text{Onenet}_t + \beta_{\text{Pricecap}} \text{Pricecap}_t$$
$$+ \beta_\varphi (n_t - \overline{n_t}) * (\text{Onenet}_t - \overline{\text{Onenet}_t}) + u_t \tag{4.22}$$

同样，基于式（4.9），忽略价格上限管制政策变量 Pricecap_t 的影响，本书对中心化处理后的交互项与移动电话扩散之间的关系展开简化分析：

令

$$Y(t) = f(n_t, \text{Onenet}_t)$$
$$= \beta_n n_t + \beta_{\text{Onenet}} \text{Onenet}_t + \beta_\varphi \left(n_t - \overline{n_t} \right) * \left(\text{Onenet}_t - \overline{\text{Onenet}_t} \right) \tag{4.23}$$

对因变量 $Y(t)$ 分别关于市场结构变量 n_t 和网内网外同价政策变量 Onenet_t 进行求导，可得两个主变量的偏效应系数，如下：

$$\frac{\partial Y(t)}{\partial n_t} = \beta_n + \beta_\varphi * \left(\text{Onenet}_t - \overline{\text{Onenet}_t} \right) \tag{4.24}$$

$$\frac{\partial Y(t)}{\partial \text{Onenet}_t} = \beta_{\text{Onenet}} + \beta_\varphi \left(n_t - \overline{n_t} \right) \tag{4.25}$$

式（4.24）和式（4.25）表明，市场结构变量 n_t 和网内网外同价政策变量 Onenet_t 对移动电话扩散速度和电信业市场绩效的影响，既与主变量参数估计值的符号方向、绝对值大小相关，也受到市场结构变量 n_t 和网内网外定价政策变量 Onenet_t 及其自身平均水平偏离幅度的约束。

实际上，基于变量描述统计结果（表 4.2），市场结构变量 n_t 和网内网外定价政策变量 Onenet_t 的均值分别为 $\overline{n_t} = 1.53$ 和 $\overline{\text{Onenet}_t} = 0.42$，则式（4.24）和式（4.25）可转换为

$$\frac{\partial Y(t)}{\partial n_t} = \beta_n + \beta_\varphi * (\text{Onenet}_t - 0.42) \tag{4.26}$$

$$\frac{\partial Y(t)}{\partial \text{Onenet}_t} = \beta_{\text{Onenet}} + \beta_\varphi (n_t - 1.53) \tag{4.27}$$

表 4.2　变量描述统计结果

Statistics	$Y(t)$	n	Onenet	$n*$Onenet	Pricecap
Mean	32.101 21	1.531 935	0.419 355	0.817 742	0.387 097
Median	16.14	1.7	0	0	0
Maximum	102.5	2.17	1	2.17	1
Minimum	0.000 1	1	0	0	0
Std. Dev.	36.767 51	0.454 184	0.501 61	0.985 808	0.495 138
Skewness	0.731 365	−0.025 768	0.326 86	0.373 388	0.463 586
Kurtosis	1.975 676	1.414 614	1.106 838	1.199 398	1.214 912
Jarque-Bera	4.118 892	3.249 967	5.181 41	4.908 129	5.226 325
Probability	0.127 525	0.196 915	0.074 967	0.085 944	0.073 302
Sum Sq.Dev.	40 555.5	6.188 484	7.548 387	29.154 54	7.354 839
Observations	31	31	31	31	31

通过参数估计获得待估参数的具体数值，代入式（4.26）和式（4.27），将可以获得因变量基于市场结构变量 n_t 和网内网外定价政策变量 Onenet$_t$ 的偏效应系数，并可用于测算网内网外定价政策选择的市场结构临界值，以为价格管制与市场结构演化的关系提供新的分析视角。

4.5.2　数据来源与描述性分析

本章的数据频度为年，观察周期为 1987～2017 年。移动电话扩散累积采用率水平[$Y(t)$]数据主要来源于历年《中国统计年鉴》，部分数据基于《中国通信业发展统计公报》进行了调整，并做出了相互印证。为实现本书的研究目的，市场结构变量采用的是 HHI 的倒数，即 n_t 指数，用于识别市场中有效厂商数目对移动电话扩散的影响。基于厂商的用户份额（图 4.1），本书测算了 1987～2017 年我国移动通信业的 n_t 指数，网络运营商的变革及市场份额的具体变动主要基于作者对历年《中国通信业发展统计公报》和各运营商历年年报进行整理和分析所得（图 4.2）。在 n_t 指数的计算过程中，作者进行了适当简化。伴随市场化改革的推进，我国移动通信业务的经营主体持续更迭，在中国移动成立经营移动业务之前，移动业务实际上一直由当时的监管机构即后来的电信总局经营。为了分析便利，本书将 1987～1999 年这一周期中的移动业务经营者认定为中国移动。需要特别说明的是，这种简化并不会对本书的基本结论产生影响，其原因在于本书所致力于分析的主要内容是关于市场结构的，并不刻意关注经营主体的归属产生的影响。

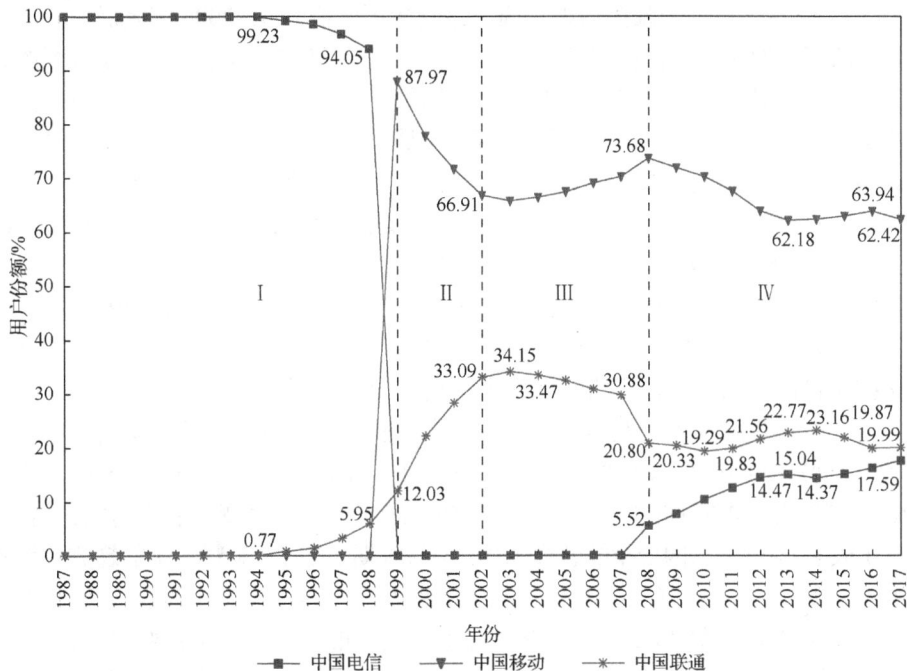

图 4.1　1987～2017 年我国移动运营商移动用户份额变化[①]

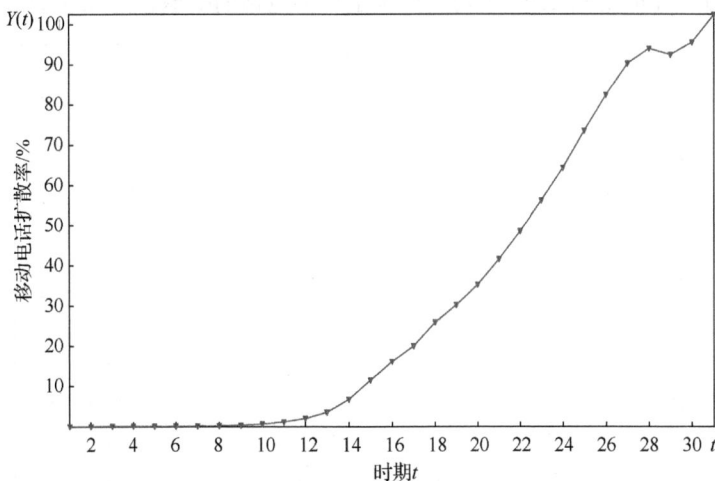

图 4.2　1987～2017 年移动电话在中国的扩散与时期 t 的趋势关系

[①] 中国电信的用户市场份额在 1987～1993 年为 100%，在 1999～2007 年则为 0%，未在图中标注。

虚拟变量Pricecap$_t$以我国移动资费调整为准，2005年10月，我国开始实行价格上限管制，运营商在价格上限内进行定价。本书选择2006年作为政策起点年份，1987～2005年这一政策尚未实施，该变量可取值为0；2006年之后，价格上限管制政策开始实施，可将该变量赋值为1。通过这种方式构建这一价格管制的虚拟变量为测度该政策与新产品扩散的关系提供了基础。2004年11月25日，信息产业部、国家发展和改革委员会发布了《关于通信网内网外差别定价问题的通知》，2004年12月1日起，我国开始实施网内网外同价政策。考虑到政策实施的滞后效应，本书将2005年作为网内网外同价政策实施的开始年份，故2005年后，政策变量Onenet$_t$取值为1，而1987～2004年取值为0，用于测度网内网外同价政策对我国移动电话扩散的影响。交互项n_t*Onenet$_t$即为n_t和Onenet$_t$的乘积。基于数据集我们发现，这一交互项实质上就是2005年之后的市场结构变量n_t指数，用于将这些年份的数据抽离，分析其在整个数据点中的作用。

为更好地理解样本的基本统计特征，本书提供了模型中的所有变量，包括被解释变量$Y(t)$（响应变量）及市场结构（n）、网内网外同价政策（Onenet）、价格上限管制政策（Pricecap）、交互项（$n*$Onenet）四个解释变量的描述统计指标，汇总于表4.2。此外，因变量被解释变量$Y(t)$与时期t及四个解释变量的趋势关系图见图4.2～图4.6。可以看出，我国移动电话经历了一个成功的扩散过程，两个虚拟变量与移动电话扩散的关系无法从图形中获得清晰的刻画。我们发现市场结构变量与移动电话的扩散呈现整体递增的趋势，从早期递增、扩散，到中期下降，再到后期递增，而交互项则在2005年初期抑制了移动电话的扩散，并在后期缓慢递增。

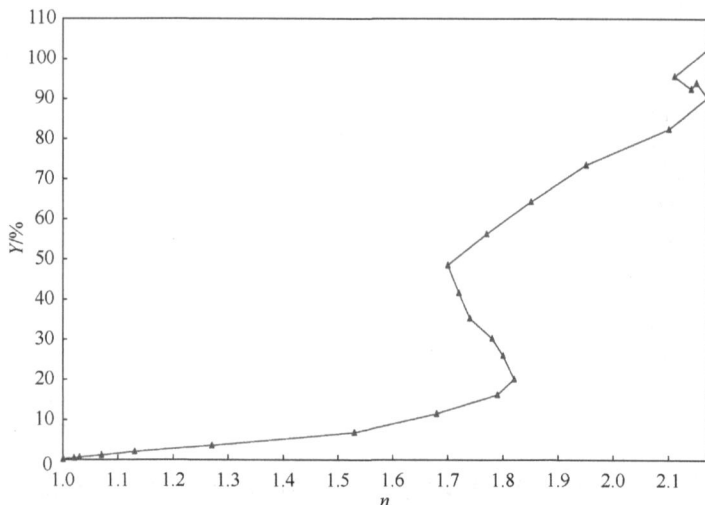

图4.3　1987～2017年移动电话在中国的扩散与移动通信业市场结构的趋势关系

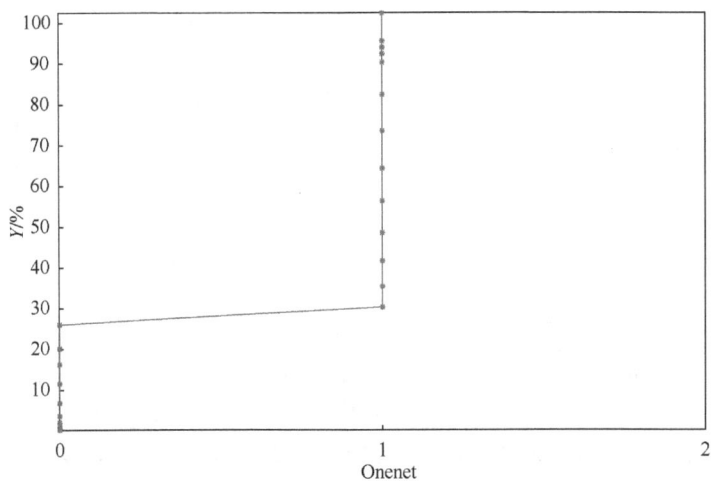

图 4.4　1987～2017 年移动电话在中国的扩散与网内网外同价政策的趋势关系

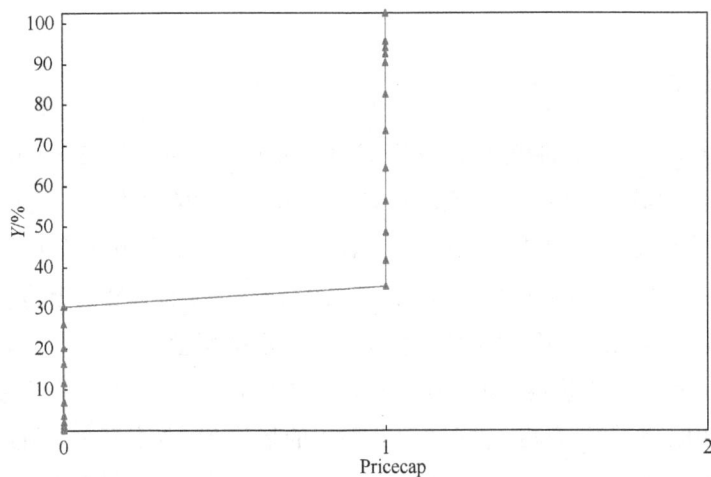

图 4.5　1987～2017 年移动电话在中国的扩散与价格上限管制政策的趋势关系

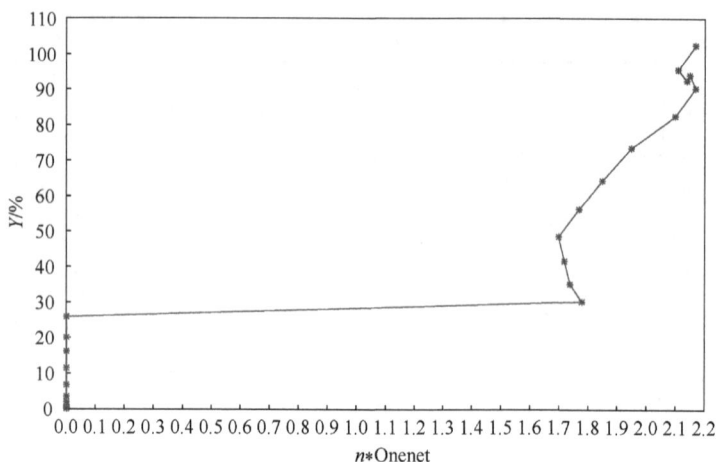

图 4.6　1987～2017 年移动电话在中国的扩散与交互项的趋势关系

4.6　来自中国电信业的证据

4.6.1　参数估计方法

本书通过将模型中的参数赋予初始值（表 4.3），并基于 NLS（nonlinear least square，非线性最小二乘）方法实现对 Gompertz 模型的参数估计。考虑到模型设定对参数估计的影响，本书采取逐步引入的方法，基于是否包含交互项将模型分为两类，并分别标记为模型 1～模型 4。首先估计两个未包含交互项的模型，称为模型 1 和模型 2。模型 1 包含市场结构变量 n_t 与虚拟变量 Onenet_t，模型 2 则将虚拟变量 Onenet_t 替换为价格上限管制的虚拟变量 $\mathrm{Pricecap}_t$，用于分别说明两类虚拟变量对移动电话扩散的影响。模型 3 在模型 1 的基础上增加交互项 $n_t * \mathrm{Onenet}_t$，模型 4 则在模型 3 的基础上增加虚拟变量 $\mathrm{Pricecap}_t$。模型 1～模型 4 的估计结果汇总于表 4.4。同时，四个模型的 DW 值及 Log likelihood 值也在表 4.4 中进行了汇总，以为模型间的评价提供更多信息。模型 5 在模型 3 的基础上将交互项 $n_t * \mathrm{Onenet}_t$ 替换为 $\left(n_t - \overline{n_t}\right) * \left(\mathrm{Onenet}_t - \overline{\mathrm{Onenet}_t}\right)$，同时，模型 6 在模型 4 的基础上将交互项 $n_t * \mathrm{Onenet}_t$ 替换为 $\left(n_t - \overline{n_t}\right) * \left(\mathrm{Onenet}_t - \overline{\mathrm{Onenet}_t}\right)$，以弱化多重共线性对参数估计的干扰。模型 5 和模型 6 的参数估计结果汇总于表 4.5，模型 3b 和 4b 的参数估计结果一并在此呈现，以进行对比分析。不难发现，通过交互项中心化处理，交互项自身的参数估计值及显著性并未改变，即交互项 $n_t * \text{Onenet}_t$ 和 $\left(n_t - \overline{n_t}\right) * \left(\text{Onenet}_t - \overline{\text{Onenet}_t}\right)$ 的参数估计值和显著性在中心化处理前后不变。与此不同，交互项中心化处理却极大地改善了模型主变量，如市场结构指数 n_t 的显著性。4.6.2 小节中将基于参数估计结果对市场结构特征、网内网外定价政策与移动电话扩散的关系做出说明，并验证网内网外定价政策变量的内生性。在统计软件 Eviews 7.0 的工作平台中，模型 1～模型 6 的估计式分别如下：

$$Y = C(1)*\text{EXP}(-\text{EXP}(-(C(2)+C(3)*T+C(4)*N*T \\ +C(5)*\text{ONENET}*T))) \tag{4.28}$$

$$Y = C(1)*\text{EXP}(-\text{EXP}(-(C(2)+C(3)*T+C(4)*N*T \\ +C(5)*\text{PRICECAP}*T))) \tag{4.29}$$

$$Y = C(1)*\text{EXP}(-\text{EXP}(-(C(2)+C(3)*T+C(4)*N*T+C(5)*\text{ONENET}*T \\ +C(6)*N*\text{ONENET}*T))) \tag{4.30}$$

$$Y = C(1)*\text{EXP}(-\text{EXP}(-(C(2)+C(3)*T+C(4)*N*T+C(5)*\text{ONENET}*T \\ +C(6)*\text{PRICECAP}*T+C(7)*N*\text{ONENET}*T))) \tag{4.31}$$

$$Y = C(1)*\text{EXP}(-\text{EXP}(-(C(2)+C(3)*T+C(4)*N*T+C(5)*\text{ONENET}*T \\ +C(6)*(N-\overline{N})*(\text{ONENET}-\overline{\text{ONENET}})*T))) \tag{4.32}$$

$$Y = C(1)*\text{EXP}(-\text{EXP}(-(C(2)+C(3)*T+C(4)*N*T+C(5)*\text{ONENET}*T \\ +C(6)*\text{PRICECAP}*T+C(7)*(N-\overline{N})*(\text{ONENET}-\overline{\text{ONENET}})*T))) \tag{4.33}$$

表 4.3　待估参数初始值赋值

参数	S	α_F	β_F	β_n	β_{Onenet}	β_{Pricecap}	$\beta_{n*\text{Onenet}}$	$\beta_{(n-\bar{n})*(\text{Onenet}-\overline{\text{Onenet}})}$
赋值	100	−3	0.1	0.01	0.001	0.01	−0.000 1	−0.000 1

表 4.4　网内网外同价政策与市场结构适用性：基于我国电信业 1987～2017 年的相关数据的估计结果

变量	模型 1a 基于1987～2010年数据集	模型 1b 基于1987～2017年数据集	模型 2a 基于1987～2010年数据集	模型 2b 基于1987～2017年数据集	模型 3a 基于1987～2010年数据集	模型 3b 基于1987～2017年数据集	模型 4a 基于1987～2010年数据集	模型 4b 基于1987～2017年数据集
S	134.691	119.0468	138.6464	119.5747	180.8659	114.9381	195.8915	115.3102
	(5.367)***	(2.728 917)***	(7.513 801)***	(2.660 982)***	(29.501 7)***	(2.361 977)***	(32.758 66)***	(2.470 605)***
α_F	-2.956 104	-2.996 792	-2.860 022	-2.785 275	-2.629 804	-3.184 076	-2.629 582	-3.070 419
	(0.062 996)***	(0.140 963)***	(0.065 318)***	(0.135 816)***	(0.134 973)***	(0.138 676)***	(0.121 527)***	(0.183 754)***
β_F	0.114 524	0.082 312	0.105 178	0.061 89	0.069 719	0.140 764	0.069 871	0.125 581
	(0.006 133)***	(0.014 743)***	(0.006 891)***	(0.014 631)***	(0.018 387)***	(0.022 069)***	(0.016 744)***	(0.027 449)***
n	0.012 28	0.034 106	0.013 557	0.038 339	0.021 777	0.008 077	0.020 501	0.012 743
	(0.001 97)***	(0.005 393)***	(0.002 792)***	(0.005 454)***	(0.003 834)***	(0.008 813)***	(0.003 467)***	(0.010 181)***
Onenet	-0.002 216	-0.000 283	—	—	0.027 997	-0.056 673	0.030 071	-0.051 654
	(0.000 656)***	(0.002 090)	—	—	(0.010 59)**	(0.017 725)***	(0.008 959)***	(0.018 615)***
Pricacap	—	—	-0.000 858	0.003 018	—	—	-0.000 875	0.001 683
	—	—	(0.000 775)	(0.001 853)	—	—	(0.000 41)**	(0.001 84)
$n*$Onenet	—	—	—	—	-0.016 304	0.030 74	-0.017 362	0.027 914
	—	—	—	—	(0.005 687)***	(0.009 599)***	(0.004 804)***	(0.010 117)***
R_a^2	0.999 692	0.999 079	0.999 531	0.999 162	0.999 756	0.999 307	0.999 794	0.999 302
DW	1.833 225	1.380 085	1.605 988	1.647 128	2.190 083	1.870 905	2.113 964	1.980 746
Log likelihood	-6.595 879	-44.661 44	-11.632 04	-43.191 55	-3.134 035	-39.646 23	-0.444 873	-39.121 70

注：①括号中为标准误差；②"—"表示对变量选择性剔除，以识别模型设定的影响。

**表示5%显著。

***表示1%显著。

表 4.5 网内网外同价政策、市场结构演化与交互项中心化处理：基于我国电信业
1987～2017 年的相关数据的估计结果

变量	模型 3b 基于1987～2017年数据集	模型 5 基于1987～2017年数据集	模型 4b 基于1987～2017年数据集	模型 6 基于1987～2017年数据集
S	114.938 1	114.938 1	115.310 2	115.310 2
	(2.361 977)***	(2.361 975)***	(2.470 605)***	(2.470 606)***
α_F	−3.184 076	−3.184 076	−3.070 419	−3.070 419
	(0.138 676)***	(0.138 676)***	(0.183 754)***	(0.183 754)***
β_F	0.140 764	0.121 01	0.125 581	0.107 643
	(0.022 069)***	(0.017 618)***	(0.027 449)***	(0.022 739)***
n	0.008 077	0.020 988	0.012 743	0.024 467
	(0.008 813)	(0.005 897)***	(0.010 181)	(0.007 033)***
Onenet	−0.056 673	−0.009 640	−0.051 654	−0.008 946
	(0.017 725)***	(0.003 484)***	(0.018 615)***	(0.003 576)***
Pricacap	—	—	0.001 683	0.001 683
			(0.001 84)	(0.001 84)
$n*$Onenet	0.030 74	—	0.027 914	—
	(0.009 599)***	—	(0.010 117)***	—
$(n_t - \overline{n}_t)*$ (Onenet$_t$ − $\overline{Onenet}_t$)	—	0.030 74	—	0.027 914
	—	(0.009 599)***	—	(0.010 117)***
R_a^2	0.999 307	0.999 307	0.999 302	0.999 302
DW	1.870 905	1.870 905	1.980 746	1.980 746
Log likelihood	−39.646 23	−39.646 23	−39.121 70	−39.121 70

注：①括号中为标准误；②"—"表示对变量选择性剔除，以识别模型设定的影响。
***1%显著。

4.6.2 对实证结果的分析

1. 价格上限管制与移动电话的扩散

本书基于包含价格上限管制变量Pricecap的模型 2、模型 4、模型 6，对这一政策变量与移动电话扩散的内在关系做出说明。表 4.4 和表 4.5 提供了具体的参数估计结果，模型 2a 和模型 4a 对这一参数的估计值均为-0.000 8 左右，但模型 2a 并不显著，模型 4a 则在 5%的置信水平上显著，这一参数估计结果表明，开始于2005 年 10 月的价格上限管制政策在本书 2006～2010 年的观察周期，抑制了我国移动电话的扩散，价格上限管制政策起到了负面作用，但仅基于此估计结果无法

获知这一变量在长期内对我国移动通信业发展的影响是否会因市场结构而发生变化。因此,基于1987~2017年的数据集,本书在模型2b、模型4b和模型6中重新对价格上限管制变量Pricecap进行了参数估计,三个模型对这一变量的参数估计值均为正数,但并不显著,表明伴随观察周期延伸至2017年,始于2005年10月的价格上限管制政策对移动电话扩散的作用逐步从抑制转换为正面激励,但对这一价格管制政策的效果尚需要在未来进行追踪评价。

2. 市场结构特征与移动电话的扩散

基于1987~2010年的数据集进行参数估计的模型1a、模型2a、模型3a和模型4a对市场结构变量n给出了0.1~0.2的参数估计值,并且都在1%的置信水平上显著,表明在1987~2010年这一观察周期,伴随移动通信业引入竞争的市场化改革,市场结构的竞争因素趋于加强,显著推动了移动电话在我国的扩散。利用1987~2017年的数据集,模型1b、模型2b、模型3b、模型4b和模型5、模型6重新对市场结构特征变量n进行了参数估计,结果如下。

未包含交互项的模型1b和模型2b对这一变量的参数估计值均在1%水平上显著,约为0.03;包含交互项,但未进行中心化处理的模型3b和模型4b,对这一变量的参数估计值均为正数,但极不显著;对交互项进行中心化处理,并将交互项$n_t * Onenet_t$替换为$(n_t - \overline{n_t}) * (Onenet_t - \overline{Onenet_t})$的模型5和模型6对这一变量的参数估计值约为0.02,并且均在1%置信水平上显著,中心化处理显著弱化了多重共线性对市场结构特征变量n_t参数估计的干扰。因此,伴随观察周期从1987~2010年延伸至1987~2017年,移动通信业引入竞争的市场化改革,均在我国移动电话扩散和移动通信业市场绩效提升中扮演着关键角色,此结论也为我国移动通信业市场化改革的深远意义提供了某种理论说明。

3. 网内网外定价政策与移动电话的扩散

基于模型1a、模型3a和模型4a,对1987~2010年观察周期内网内网外定价政策变量Onenet与移动电话扩散的关系进行讨论。仅考虑市场结构变量与网内网外同价政策变量的模型1a对网内网外同价政策变量给出了约为-0.002的估计值,这意味着在移动通信市场各种因素(诸如市场结构特征、用户成本等)不变的条件下,这一变量在2005~2010年的观察周期内并不利于我国移动电话的扩散,但通过将市场结构与网内网外同价政策的交互项引入模型中,网内网外同价政策变量的估计值趋于合理。模型3a和模型4a对这一变量的估计值均约为0.03,换句话说,当重新考虑市场结构特征对网内网外定价管制政策实施效果的影响时,同一变量的参数符号发生了改变。因此,在1987~2010年这一观察周期,伴随市场结构趋于优化，网内网外同价政策的实施在整体上有利于我国移动电话的扩散。

同样，基于 1987～2017 年的数据集，在模型 1b、模型 3b、模型 4b 和模型 5、模型 6 中对网内网外定价政策变量 Onenet 进行重新估计，结果表明：未包含交互项的模型 1b 对这一变量的参数估计值约为-0.000 2，但并不显著；包含交互项，但未进行中心化处理的模型 3b 和模型 4b，对这一变量的参数估计值约为-0.005，也较为显著；对交互项进行中心化处理，并将交互项 $n_t * \text{Onenet}_t$ 替换为 $(n_t - \overline{n_t}) * (\text{Onenet}_t - \overline{\text{Onenet}_t})$ 的模型 5 和模型 6 对这一变量的参数估计值约为-0.009，并且均在 1%置信水平上显著。因此，伴随观察周期延伸至 2017 年，网内网外同价政策在整体上构成我国移动电话扩散的负面力量，同时意味着网内网外定价政策的取向需要伴随市场结构的演化进行相应的调整，即网内网外定价政策的效果将受到市场结构特征的约束。

4.　网内网外定价政策是否存在市场结构临界值及其内生性问题

在趋于垄断的市场环境中，差别定价对在位者有利，容易出现"强者更强，弱者更弱"的市场演变，将不利于行业发展。在趋于竞争的市场环境中，差别定价为新进入者提供了扩大市场份额、提升市场竞争力的机会，有利于改善市场竞争环境，推动行业发展。因此，本书认为趋于垄断的市场环境适用网内网外同价政策，而趋于竞争的市场环境则适用网内网外差价政策。但是否存在这一政策适用的市场结构临界值？即如果市场个体可以自由选择，运营商实施网内网外定价行为是否存在一个适用区间，在这一区间内市场个体行为应当得到政策支持，并最终有利于行业发展？或者说，网内网外定价政策是否应当内生地由市场结构决定，而不是外生地由监管政策引入市场？

本书分别利用模型 3a、模型 3b 和模型 5，基于 1987～2010 年、1987～2017 年两个观察周期及交互项中心化处理等情形对这一命题进行深入讨论。

利用模型 3a 的参数估计结果，对 1987～2010 年这一观察周期中网内网外定价政策与市场结构临界值问题做出说明。重新考虑的未包括价格上限管制变量的简化模型如下：

$$Y(t) = f(n_t, \text{Onenet}_t) = \beta_n n_t + (\beta_{\text{Onenet}} + \beta_\varphi n_t)\text{Onenet}_t \qquad (4.34)$$

显然，分析 Onenet_t 对移动电话扩散的影响等同于分析其系数 $\beta_{\text{Onenet}} + \beta_\varphi n_t$ 的符号及数值大小，并且交互项的参数估计值 β_φ 为负数，则有如下结论：

当 $1 \leqslant n_t \leqslant \dfrac{\beta_{\text{Onenet}}}{(-\beta_\varphi)}$ 时，$\beta_{\text{Onenet}} + \beta_\varphi n_t \geqslant 0$，即网内网外同价政策趋于改善市场绩效。

当 $n_t > \dfrac{\beta_{\text{Onenet}}}{(-\beta_\varphi)}$ 时，$\beta_{\text{Onenet}} + \beta_\varphi n_t < 0$，即网内网外同价政策趋于恶化市场绩效。显然，在这个简化模型中，网内网外同价政策存在市场结构临界值，并且等于 $\dfrac{\beta_{\text{Onenet}}}{(-\beta_\varphi)}$，即网内网外同价政策变量参数估计值与交互项估计值负数的比率。

基于表 4.4 中模型 3a 的参数估计结果，则上述简化模型为如下线性形式：

$$Y(t) = f(n_t, \text{Onenet}_t) = 0.021\,777n_t + (0.027\,997 - 0.016\,304n_t)\text{Onenet}_t \quad (4.35)$$

由于在 1987～2010 年这一观察周期，市场结构变量 $n_t \in (1, 1.93)$，故可得网内网外同价政策变量的系数取值区间为

$$0.027\,997 - 0.016\,304n_t \in (-0.003\,469\,72, 0.011\,693) \quad (4.36)$$

依据上述关于市场结构临界值的计算，可知当 $n \in (1, 1.717\,185\,967)$ 时，$0.027\,997 - 0.016\,304n_t > 0$，网内网外同价政策的实施在 1987～2010 年这一观察周期推动了移动电话在中国的扩散；而当 $n \in (1.717\,185\,967, +\infty)$ 时，$0.027\,997 - 0.016\,304n_t < 0$，网内网外同价政策不利于移动电话在中国的扩散。因此，在 1987～2010 年这一观察周期，我国网内网外同价政策的市场结构临界值约为 1.72。同时，为了提高结论的可信度，本书同样基于模型 3a 实现对 n_t 临界值的 5% 置信水平的区间估计。方法是，首先对变量 Onenet_t 和 $n_t * \text{Onenet}_t$ 做出 5% 置信水平的区间估计，并基于 4.5.1 小节关于临界值的计算公式进一步计算出 n_t 临界值的区间。可得 Onenet_t 的参数区间为 $(0.005\,654\,439, 0.050\,339\,188)$，$n_t * \text{Onenet}_t$ 的参数区间为 $(-0.028\,302\,435, -0.004\,306\,49)$。根据已知两个变量参数的区间求解其函数的区间的方法，获得 n_t 临界值区间的下限为 $(0.199\,786\,3, 1.313\,003\,903)$，由于小于 1 没有意义，故区间为 $(1, 1.31)$；上限为 $(1.778\,616\,866, 11.689\,144\,3)$。可获得一个较小的临界值区间，即 $(1.31, 1.78)$。当市场结构的 n 指数值大于临界值，即市场环境趋于竞争时，网内网外定价政策的基本方向是差别定价，市场主体基于自身策略实施定价行为。

考虑到模型 3b 中交互项 $n_t * \text{Onenet}_t$ 未进行中心化处理，特别是这一模型中市场结构特征变量 n_t 的参数估计结果极不显著，对 1987～2017 年这一观察周期的网内网外定价政策与市场结构临界值问题的讨论主要基于模型 5 展开。

忽略价格上限管制政策变量 Pricecap 的影响，中心化处理后的交互项与移动电话扩散之间的关系可进行如下简化处理：

令

$$
\begin{aligned}
Y(t) &= f(n_t, \text{Onenet}_t) \\
&= \beta_n n_t + \beta_{\text{Onenet}}\text{Onenet}_t + \beta_\varphi(n_t - \overline{n_t}) * (\text{Onenet}_t - \overline{\text{Onenet}_t})
\end{aligned} \quad (4.37)
$$

因变量 $Y(t)$ 关于网内网外定价政策变量 Onenet_t 进行求导，可得这一变量的偏效应系数为

$$\frac{\partial Y(t)}{\partial \text{Onenet}_t} = \beta_{\text{Onenet}} + \beta_\varphi (n_t - \overline{n_t}) \tag{4.38}$$

同时，基于变量描述统计结果（表 4.2），市场结构变量 n_t 和网内网外定价政策变量 Onenet_t 的均值分别为 $\overline{n_t} = 1.531\,935$ 和 $\overline{\text{Onenet}_t} = 0.419\,355$，为方便计算，保留小数点后两位，即 $\overline{n_t} = 1.53$ 和 $\overline{\text{Onenet}_t} = 0.42$，则式（4.38）可转化为

$$\frac{\partial Y(t)}{\partial \text{Onenet}_t} = \beta_{\text{Onenet}} + \beta_\varphi (n_t - 1.53) \tag{4.39}$$

显然，分析 Onenet_t 对移动电话扩散的影响等同于分析其偏效应系数 $\beta_{\text{Onenet}} + \beta_\varphi (n_t - 1.53)$ 的符号及数值大小，并且模型 5 中交互项的参数估计值 β_φ 约为 0.03，为正数，网内网外同价政策变量 β_{Onenet} 的参数估计值为负数，则有如下结论：

当 $1 \leqslant n_t \leqslant 1.53 + \dfrac{-\beta_{\text{Onenet}}}{\beta_\varphi}$ 时，$\beta_{\text{Onenet}} + \beta_\varphi (n_t - 1.53) \leqslant 0$，即网内网外同价政策趋于恶化移动通信市场绩效。

当 $n_t > 1.53 + \dfrac{-\beta_{\text{Onenet}}}{\beta_\varphi}$ 时，$\beta_{\text{Onenet}} + \beta_\varphi (n_t - 1.53) > 0$，即网内网外同价政策趋于改善移动通信市场绩效。

显然，在这个简化模型中，网内网外同价政策存在市场结构临界值，并且等于 $1.53 + \dfrac{-\beta_{\text{Onenet}}}{\beta_\varphi}$，即网内网外同价政策变量参数估计值的负数与交互项估计值的比率，加上市场结构指数 n_t 在 1987～2017 年这一观察周期的均值 1.53。

基于表 4.5 中模型 5 的参数估计结果，式（4.37）所表征的简化模型即为如下线性形式：

$$\begin{aligned} Y(t) = f(n_t, \text{Onenet}_t) &= 0.020\,988 n_t - 0.009\,640*\text{Onenet}_t \\ &\quad + 0.030\,740*(n_t - 1.53)*(\text{Onenet}_t - 0.42) \end{aligned} \tag{4.40}$$

因此，网内网外同价政策变量的偏效应系数为

$$\begin{aligned} \frac{\partial Y(t)}{\partial \text{Onenet}_t} &= \beta_{\text{Onenet}} + \beta_\varphi (n_t - 1.53) \\ &= -0.009\,640 + 0.030\,740(n_t - 1.53) \end{aligned} \tag{4.41}$$

由于在 1987～2017 年这一观察周期，市场结构变量 $n_t \in [1, 2.17]$，故可得网内网外同价政策变量的系数取值区间为

$$-0.009\,640 + 0.030\,740(n_t - 1.53) \in [-0.025\,93, 0.010\,034] \tag{4.42}$$

依据关于市场结构临界值的计算，可知当 $n_t \in [1, 1.843\,598]$ 时，$-0.009\,640 + 0.030\,740(n_t - 1.53) \leqslant 0$，网内网外同价政策的实施不利于移动电话在我国的扩散。这一阶段应当实施网内网外差别定价，并且通过非对称管制政策，将差别定价权赋予处于劣势地位的新进入者，诸如中国联通；而处于垄断地位的在位者，如中国移动，则需要遵守网内网间通话费用相同的定价规则。当 $n_t \in (1.843\,598, +\infty)$ 时，$-0.009\,640 + 0.030\,740(n_t - 1.53) > 0$，网内网外同价政策构成我国移动电话采用率增长的重要推动力量，这一时期应对所有市场个体采取对称管制政策，并严格实施网内网外同价政策。需要说明的是，网内网外定价政策取向不仅与市场结构 n 指数的临界值相关，还与市场结构的演化趋势相关。一般来讲，趋于垄断的市场环境适用网内网外同价政策，而趋于竞争的市场环境则适用网内网外差别定价政策。因此，伴随观察周期从 1987～2010 年延伸至 1987～2017 年，网内网外定价政策取向与市场结构 n 指数的内在关系出现了变化，这也充分说明网内网外定价政策具有内生性，并且受到市场结构特征的显著约束。此处的分析与本章模型设定部分对式（4.11）～式（4.18）的相关讨论一致。本书对两个观察周期的比较分析可以视作两个不同情形的移动通信市场，因此，两者研究结论的不一致情形在某种意义上也表明：始于 2008 年的全业务经营改革对我国移动通信市场的重构在 2010 年尚未充分体现。由于模型 3a 并未对交互项进行中心化处理，并且受限于 1987～2010 年这一观察周期恰好处于市场化改革的初期，特别是改革效果的滞后性，对参数估计结果产生了一定程度的负面干扰，因此，尽管本书对网内网外定价政策与市场结构特征的内在关系在两个不同观察周期内均进行了详尽的讨论，但关于这一命题的基本认知则主要基于本书利用 1987～2017 年的数据集及模型 5 的参数估计结果所获得的相关结论。需要说明的是，对两个观察周期的比较分析为我们深刻认知这一命题提供了必要思路。

5. 我国网内网外定价政策与浙江联通的"随意打"行为

基于关于市场结构临界值的计算结果，本书对我国移动通信业市场化改革、2004 年网内网外同价政策的实施及 2012 年浙江联通的"随意打"市场行为做出评价。依据表 4.5 中模型 5 的参数估计结果，本书测算出我国网内网外同价政策市场结构的临界值约为 $n = 1.84$。如果市场结构 n 指数值小于 1.84，则意味着网内网外差别定价政策较为适用；如果这一指数大于 1.84，则意味着网内网外同价政策较为适用。这一结论也与我国电信业价格管制政策的实践基本吻合。需要强调的是，临界值并不是判断政策适用性的唯一标准。除此之外，我们还需要观察市场结构 n 指数的变动趋势，即市场结构是趋于垄断还是趋于竞争。整体来讲，趋于垄断的市场环境，适用网内网外同价政策或定价权独享于在位者的网内网外差别定价政策；而趋于竞争的市场环境，则适用运营商共享定价权的网内网外差别定价政策。但在市场竞争度足够的情形下，网内网外同价政策则成为价格管制政策的必要选项，以规避可能的"过度竞争"所引致的市场秩序混乱。我国移动通信业在 1987～2017 年的 n 指数在 1～2.17 范围内浮动，并且表现为多次阶段性下降的整体递增过程，在重要的改革节点年份，这一特征更为明显。1994 年中国联通的成立及 1999 年对中国电信业的业务分割均强化了市场中的竞争因素，但 2002 年中国电信的"南北分治"在削弱了一个寡头之后，创造了一个新的更大的寡头即中国移动，并且自 2003 年开始中国移动的用户市场份额出现了递增，这意味着移动通信业的市场环境在这一阶段趋于垄断。

　　尽管 n 指数在 2002 年达到 1.79 并接近临界值 1.84，但其增长速度连年下降，2003 年仅增长 0.03 个百分点，远小于此前每年近 0.1 个百分点的增长额（图 4.7）。实际上，n 指数从 2003 年的 1.82 降至 2004 年的 1.80，我国移动通信业的市场环境更加趋于垄断。在这样的市场环境中，所有运营商共享定价权的网内网外差别定价政策对处于优势地位的中国移动更有利。在位者通过实施网内网外差别定价，排挤潜在竞争对手，进一步扩大其与中国联通的市场份额差距，同时意味着中国移动通信市场的垄断特征趋于强化。实际上，中国移动在这一时期采取了第三类的网内网外定价策略，用于排挤其竞争对手中国联通，而潜在移动电话用户则为了获得网络经济性的成本节约，往往倾向于选择拥有较大规模用户的在位厂商，即中国移动。因此，在未达到市场结构 n 指数临界值，但整体趋于垄断的市场环境中，同样适用网内网外同价政策。2004 年底，我国开始实施网内网外同价的管制政策，对新进入者中国联通进行了政策保护，扼制了移动通信市场的垄断倾向，并且在长期内改善了我国移动通信业的市场绩效。尽管如此，或许由于网间价格管制政策的滞后效应，实际上，自 2005 年我国开始实施网内网外同价政策后，至 2008 年 n 指数一直处于下降阶段。但需要强调的是，n 指数的下降速度在这一价格政策实施后趋于变缓，这意味着受到网内网外同价政策的干预，电信业的市场环境在本质上是趋于竞争的，特别是在 2008 年之后 n 指数开始迎来一个持续上升的过程，即为此提供了证明。

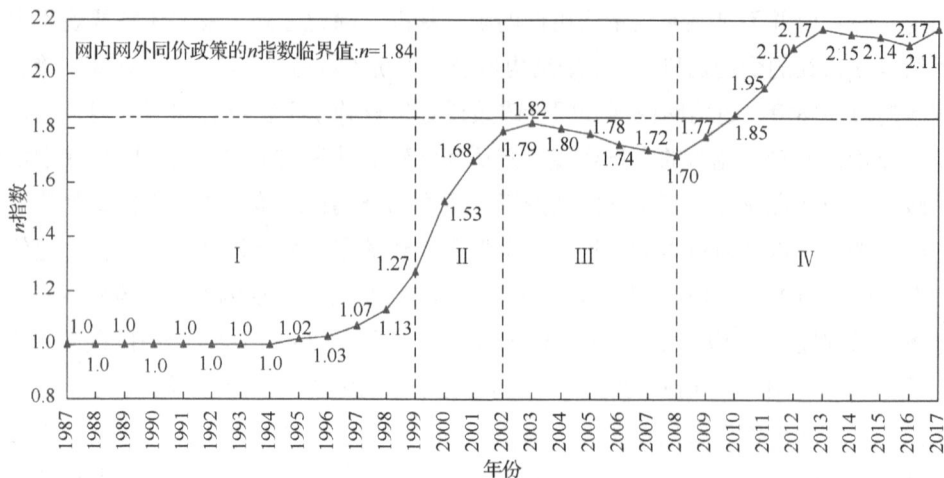

图 4.7　1987～2017 年中国移动通信市场 n 指数变迁及网内网外同价政策的 n 指数临界值

2010 年，我国移动通信市场的 n 指数达到 1.85，由于 3G 产品对市场的冲击，整体上市场结构进一步趋于竞争。在一个超过网内网外定价政策适用性临界值，并且市场环境趋于竞争的网络型产业中，是否需要改变政策方向，实施网内网外差别定价政策？基于模型 5 的计算结果，网内网外同价政策有助于提升移动电话在这一市场环境情形中的扩散速度，并且在整体上改善我国移动通信业的市场绩效。尽管如此，2012 年 3 月 20 日，浙江联通推出了"随意打"套餐，可以将其理解为市场个体基于市场环境信息进行的自发行为，属于第四类网内网外定价策略，致力于提高其长期动态利润率，但客观上并不利于电信业行业竞争环境的改善[1]。在 2004 年的市场环境中，网内网外差别定价政策对在位者中国移动有利，但对行业成长不利，原因在于其将进一步扩张中国移动的市场势力，加剧市场的垄断特征。因此，在 2004 年为保护中国联通而实施的网内网外同价政策却在 2012 年被政策受益者打破，这就需要反思市场个体行为的合理性及未来政策改革的方向，特别是在市场结构 n 指数大于临界值 1.84，整体市场环境已趋于竞争的情形下，网内网外差别定价是否存在"潜在的过度竞争"风险，以及通过网内网外同价政策的实施为所有运营商构建有效竞争的平台是否更有利于我国移动通信业市场竞争力和市场绩效的提升。

需要强调的是，在我国移动通信业的两个政策周期，即网内网外差别定价

---

[1] 实际上，浙江联通推出"随意打"套餐后，即被电信业监管部门紧急叫停，并且受到工业和信息化部的关注。监管部门叫停这一市场行为的出发点在于这一网内网外差别定价行为将导致竞争公平的缺失，并最终对市场绩效产生负面效应。

（1994～2004 年）和网内网外同价（2005～2017 年）中，市场个体的决策依据存在显著差异。实际上，1994～2004 年，在位者中国移动进行网内网外差别定价的决策依据更多的是一种在位者排斥竞争对手（中国联通）的市场行为，其主要目的在于扼制新进入者的用户份额增长。因此，这一时期适用网内网外同价或差别定价权独享于新进入者的网内网外差别定价政策，以保护电信市场的追随者中国联通，推动移动电话在我国的扩散，并改善我国移动通信业的市场绩效。与 1994～2004 年的政策周期不同，2005～2017 年，在位者中国移动的决策依据主要是最大化利润。在市场结构 n 指数小于临界值，并且整体趋于竞争的市场环境中，即在 2005～2009 年这一观察周期内，适用差别定价权运营商共享的网内网外差别定价政策。伴随市场环境的趋于竞争，市场追随者中国联通的"随意打"行为是为了从 2G 市场中获得更多的用户和话务源，以提高用户市场份额，并在 2G 用户升级为 3G 用户之后，提升与中国移动的竞争能力。因此，在趋于竞争的市场环境中，差别定价在一定程度上有利于处于弱势地位的追随者，如中国联通、中国电信。追随者通过扩大市场份额，改善了整个行业的运行环境。但需要说明的是，无论是 2004 年政策出台之前中国移动实施的第三类网内网外定价策略，还是 2012 年 3 月 20 日浙江联通实施的第四类定价策略，市场个体采取何种定价策略都取决于其对市场结构及变动趋势的判断。因此，从这个角度理解，市场个体网内网外定价行为的内生性得到了说明，同时，网内网外定价的政策取向则是一个受多种因素约束的综合选择，而本书的讨论则为深刻认知这一问题提供了新的视角。

4.7 主 要 结 论

基于时变 Gompertz 模型，利用我国 1987～2010 年及 1987～2017 年移动通信业的相关市场数据，本章以移动通信市场为例，对网络型产业的网内网外定价政策取向、市场结构演化及二者的内在约束关系进行了比较研究，并获得如下基础结论。

1）在市场结构 n 指数逐步下降、整体市场环境趋于垄断的情形中，适用网内网外同价政策；而在市场结构 n 指数逐步上升、整体市场环境趋于竞争的情形中，适用网内网外差价政策。在趋于垄断的市场环境中，差别定价对在位者有利，容易出现"强者更强，弱者更弱"的市场现象，不利于行业发展，实施网内网外同价政策或将差别定价权单独赋予新进入者的网内网外差别定价政策有助于为处于劣势地位的新进入者提供政策保护。在趋于竞争的市场环境中，特别是当新进入者积累了一定的市场竞争能力时，网内网外差别定价政策将为新进入者提供扩大用户市场份额并进一步提升市场竞争力的机会，在某种意义上有利于改善市场竞争环境、推动网络型产业发展。尽管如此，考虑到网内网外差别定价触及了市场竞争的公平原则，其对整个市场竞争秩序的干扰及其引致的产业发展障碍需要引起足够的反思。因此，当新进入者具备一定程度的市场竞争能力时，实施网内网外同价政策有助于构建网络型产业公平竞争的基础环境，并最终为网络型产业的良性发展给予长期的正面激励。

2）网内网外定价政策对网络型产业市场绩效的影响与市场结构的具体特征相关。实际上，网内网外定价政策存在"市场结构 n 指数的临界值"约束，所有市场个体的定价行为均内生地由市场结构的特征决定。这一临界值等于网内网外同价政策变量参数估计值的负数与交互项估计值的比率加上市场结构 n 指数的均值。当表征市场结构特征的 n 指数达到临界值时，意味着市场环境整体趋于竞争，新进入者具备了一定的市场竞争能力，致力于实现网络型产业的长期发展，应当实施网内网外同价政策，打破不对称价格管制政策对新进入者的保护罩，构建市场竞争的公平环境，激活所有市场个体的市场竞争潜力，并最终通过实施网内网外同价政策长期改善网络型产业的市场绩效。当市场结构 n 指数介于 1（完全垄断）与临界值之间时，移动电话的扩散整体处于一个趋于垄断的市场环境中，尽管网内网外同价政策在一定程度上有利于保护市场中处于弱势地位的追随者，对整个行业长期内公平竞争环境的形成及实现运营商之间的竞争均衡产生正面作用，但实际上，网内网外同价政策对于新进入者的支撑作用不及将差别定价权单独赋予新进入者的网内网外差别定价政策。考虑到新进入者面临的用户规模在初期往往偏小，这一不对称的网内网外差别赋权有助于通过降低产品价格提升其吸引潜在用户的能力，并且最终通过用户规模的扩张和市场份额的增长实现对在位者垄断势力的冲击，从整体上提升网络型产业的竞争程度，并为网络型产业打破垄断、提升运行绩效奠定重要基础。因此，市场个体的网内网外定价行为偏好将内生地由网络型产业的市场结构特征所限定，但又受到监管部门政策取向的约束。

3）基于模型 5 的参数估计结果，本书测算出我国移动通信业网内网外同价政策的 n 指数的临界值约为 1.84，为深刻理解网内网外定价政策与市场结构演化的内在关系奠定了定量分析的基础。2002 年"南北分治"之后，移动通信在世界范围内获得了迅猛发展，移动业务成为整个电信业中最重要的业务，推动了中国移动在整个电信业及移动通信市场内部市场势力的增强。我国移动通信市场的 n 指数增速自 2002 年开始下降，并在 2004 年开始递减。因此，在一个 n 指数高于临界值，但市场结构趋于垄断的环境中，国家监管部门实施了网内网外同价政策，以保护中国联通的市场份额，抵制来自在位者中国移动的为排挤竞争对手而实施的网内网外差别定价行为。2004 年末，网内网外同价政策的实施约束了我国移动通信市场的垄断趋势。实际上，2004 年开始 n 指数缓慢下降，至 2008 年后开始迎来一个递增的过程，并在 2010 年达到 1.85，超过此前这一指数的最高值 1.82，2017 年市场结构 n 指数则达到 2.17。因此，在一个 n 指数大于临界值、市场结构整体趋于竞争的环境中，新进入者已经进入市场数十年，并逐步积累了市场竞争实力，实施网内网外同价政策，构建市场竞争的公平环境，或许对于网络型产业的长期发展是一个更合理的选择。

第5章

网络型产业的新产品扩散、网络外部性与管制改革

5.1 引　言

在我国电信业历经数轮改革，移动通信的网络运营商由两家演变为三家，移动网络的技术基准从 2G 逐步升级为 4G[①]和 5G，电信业进入全业务经营的背景下，作者希望可以借助本书中经典的扩散模型，基于移动电话扩散这一分析视角，为理解我国移动通信业的改革与发展提供新思路，并致力于回答如下问题：历经数次行业改革、移动通信技术基准的升级，以及经济、社会等基础环境发生巨大变迁，我国移动通信市场发展的基础动力有哪些？引入竞争的市场化变革对移动电话的扩散及整个移动通信业的发展是否存在决定性意义？三家运营商的市场结构对我国移动通信市场而言是最优的吗？

由于移动电话用户总数及其普及率是衡量移动通信业市场绩效的重要方面，因此本书关于管制改革、市场结构特征与移动电话扩散关系的研究，实际上可归结为对移动通信市场改革与发展的评价研究。本章选择 Gompertz 模型作为基础模型，通过将经济、社会因素引入基础模型的三个参数（市场容量 S、扩散的初始水平 a 及扩散速度 b）中来实现本书的研究目的。但由于经济、社会因素对整个扩散过程的影响实际上更多的是通过对扩散速度 b 的影响来实现的，加上其他两个参数本身的时变性较弱，本书主要基于扩散速度 b 这一途径分析各因素与移动电话扩散的关系。基于 Gompertz 模型的研究结果，在 1987～2010 年、1987～2017 年这两个观察周期，扩散速度的固定效应 β_F 值为 0.07～0.48，这意味着如果将其他因

---

① 目前，在我国城市区域，4G 已经基本普及；在乡村，4G 也开始逐步普及，并且为数字化建设和乡村振兴战略实施提供了技术支撑。

素视作不变，则移动电话在我国的扩散速度存在可观的固定效应。与其他变量相比，技术变革的参数估计结果为正值但并不显著，与 Gruber（2001b）对中东欧地区的研究结论一致，其可能的原因在于我国 2G 技术的引入（第一个省级 GSM 网络建于 1994 年）还处于移动电话普及率偏低的历史时期，并与 1994 年中国的市场化改革时间发生了重叠，技术因素在移动电话扩散过程中的作用被弱化。在 1987~2010 年这一观察周期，反映购买力水平的人均收入变量 Pgdp（GDP per capital）获得了正的估计值，并且在 5% 的置信水平下显著，表明经济发展的基础环境将对新产品的扩散产生显著的正面效应；而在 1987~2017 年这一观察周期，变量 Pgdp 的参数估计值则为负数。移动电话与固定电话的关系则在本书的研究中也获得了某种说明，研究结果表明：在 1987~2010 年这一观察周期，移动电话和固定电话在我国是一种互补关系，与 Gruber（2001b）所研究的中东欧地区的情形类似；但在 1987~2017 年这一观察周期，两者的内在关系在整体上属于替代关系。

　　在所有的变量中，本书重点研究了市场结构变量对移动电话扩散的作用。市场结构变量采用的是 HHI 指数的倒数 n 指数，以便于直观地测度市场竞争的影响。时间 t 的 n 指数定义为

$$n_t = \frac{1}{\sum_{i=1}^{M} s_{it}^2}$$

式中，$i = 1, 2, \cdots, M$ 表示移动电话运营商；s_{it} 表示基于用户规模测算的第 i 个移动运营商 t 时刻的百分比形式的市场占有率。

　　基于 Gompertz 模型的估计结果，在两个观察周期内，引入竞争的改革对我国移动电话扩散均起到极为重要的推动作用，远高于其他经济和社会变量的参数估计值，这意味着市场化改革构成我国移动电话扩散的主要动力来源。从某种意义上讲，自 1987 年至今，我国移动通信业的繁荣是以引入竞争的市场化改革为基础的。本书的研究同样为"电信业改革有效"的基本论断提供了某种说明。此外，在模型中添加 n 指数的二次项揭示了引入竞争的改革与移动电话扩散可能满足一个倒 U 形的二次型关系，即竞争机制带给市场绩效的改善存在一个上限，同时这意味着对于产业发展的特定阶段而言，存在一个最优的市场结构。在 1987~2010 年这一观察周期，基于二次型模型的基本特征及参数估计的结果，经过简单计算获得了以 n 指数表征的最优市场结构，当这一指数值等于 3.47 时，我国移动通信业将实现最优市场结构。在 1987~2017 年这一观察周期，最优市场结构的 n 指数为 2.79。我国移动通信市场 1987~2017 年的市场结构 n 指数在 1~2.17 之间浮动，均小于最优 n 指数的估计值，表明我国目前移动电话市场竞争并不充分，引入竞争的改革尚有较大空间。本书对市场化改革在移动电话扩散中的作用及最优市场结构所进行的分析，提供了关于移动通信业改革和适度竞争的反思。除了扩散分析这一研究视角的创新，本书对移动通信市场最优市场结构的研究还具有显著的

现实意义。实际上，本书的相关研究即始于对我国移动通信业反竞争问题的思考。反竞争问题不仅在移动通信业内部，还在整个电信业领域，运营商通过业务捆绑实施的反竞争行为已开始日益普遍。有学者认为，移动通信业的在位运营商通过将宽带业务与有线电视捆绑将在一个周期内将中国有线电视运营商挤出市场，并且加剧市场结构的垄断趋势。因此，当前的市场结构并不是最优的，存在恶化竞争的风险。

　　本章其余各节安排如下：5.2 节对新产品扩散、市场规模与网络外部性的关系做出说明，并测算我国电信业三家网络运营商的网络外部性；5.3 节对新产品扩散研究的扩散模型的参数含义、本书的模型设定及数据来源进行说明，并基于经济意义进行参数预期；5.4 节说明参数估计方法及模型展开的基本逻辑，并基于 Gompertz模型的参数估计结果，对新产品扩散的固定效应及影响因素做出分析，作为对模型稳定性的说明，同时提供一种 Logistic 模型的估计结果；5.5 节对本章进行总结。

5.2　新产品扩散、市场规模与网络外部性

5.2.1　网络外部性的估计式

　　自 1985 年 M. L.卡茨和卡尔·夏皮罗在《美国经济评论》上发表 "Network Externalities, Competition and Compatibility"（《网络外部性、市场竞争与兼容性》）一文开始，网络外部性的研究就被推向了一个新的高度。对网络型产业而言，网络经济性是一个首要的概念。由于相互连接的物理或虚拟网络，网络中的用户规模成为测度网络经济性或网络价值的重要指标，如银行网络中持卡人的数目、移动通信网络中的移动电话的用户规模等。网络经济性的测度方法很多，并以梅特卡夫法则为代表。袁宏斌（2005）使用这一方法测度了中国银行卡产业的网络外部性。网络价值以交易量测度，用户规模则为持卡人数，结果表明，用户规模与网络价值间存在显著的正相关关系。梅特卡夫法则可用如下公式表示：

$$V_i = k_i(N_i - a)^2 + b \tag{5.1}$$

式中，V_i 表示第 i 个网络的网络价值；i 表示某一网络；k_i 表示网络效应因子；N_i 表示网络用户规模；a 和 b 表示修正因子。

　　本书将尝试基于梅特卡夫法则测度中国电信业的网络外部性，通过选取1987～2017 年移动电话扩散的部分数据（主要基于 2004～2017 年的数据展开），分析三家移动网络运营商（中国电信、中国移动、中国联通）的网络外部性。用户规模以移动电话用户数、本地固话用户数及宽带用户数之和进行表征，而网络价值则

以运营商的主营业务收入进行表征，则上述公式演变为包含时间 t（下标）的形式：

$$V_{it} = k_{it}(N_{it} - a_t)^2 + b_t \qquad (5.2)$$

5.2.2　数据来源与简单说明

用于测度我国电信业网络外部性的式（5.2）共有三个待估参数，分别为网络效应因子 k_i，以及两个对模型的修正因子 a 和 b。致力于对上述模型进行估计，考虑到数据选取的可行性，本书抽取了 2004～2017 年共 14 年的数据，这个时间段恰好是我国电信业经历了"南北分治"之后快速发展的阶段。数据频度为年，数据观察点为 14。所有数据均为作者从三家运营商 2004～2017 年的年报中整理汇总所得。数据集主要包括三家移动网络运营商以下两个方面的数据（表 5.1）。

1）2004～2017 年的主营业务收入数据，单位为百万元。由于中国联通年报表述方式的差异，部分年份的主营业务收入数据缺失，本书选择移动服务收入的相应数据作为替代，这样处理将对估计结果产生一定影响，但对于说明网络外部性的存在性并未构成显著影响。同时，主营业务收入数据伴随电信业内部的兼并重组，以及是否将"产品销售收入"列为辅助性收入出现了修正、重列等情形①，并在不同年份的年报中存在同一运营商在同一年份的收入数据不一致的情形，本书均基于靠后年份的年报数据进行了数据调整。

2）用户规模数据，单位为万户。本书将用户规模定义为移动电话用户、固网用户及本地电话用户三类群体的总和，与关于主营业务收入的说明类似，由于部分年份的中国联通年报中本地电话用户数据缺失，本书选择以移动电话用户数和固网用户数之和作为对其用户规模的替代。实际上，从 2008 年开始，中国联通年报中开始提供包含移动电话用户、固网用户及本地电话用户的用户数据。中国移动和中国电信的用户规模则是移动电话用户、固网用户及本地电话用户三类群体之和。基于表 5.1 的相关数据不难发现，三大运营商的用户规模与其主营业务收入之间基本呈现一种同向递增关系，此点结论亦可从图 5.1～图 5.3 中获得进一步的直观认知。因为数据缺失及替代变量的选择，从中国联通两类数据集的内在关系中可以观察到一些有趣的变化，但其整体上仍然呈现递增关系，所以关于网络外部性与用户规模的关系，本书主要基于我国移动通信业的三大运营商（中国移动、中国电信和中国联通）的相关参数估计结果做出分析。

---

① 例如，2015 年，中移铁通有限公司收购了中国铁通集团有限公司的若干资产和业务（目标资产和业务），由于中移铁通有限公司及目标资产和业务均由中国移动最终控制，此次收购目标资产和业务被视为共同控制下的业务合并。因此，中国移动 2015 年的年报对 2014 年和 2015 年的业务收入数据做了特别说明："本集团在重列 2014 年合并综合收益表比较数字时，已包含目标资产和业务的经营业绩并抵销与其产生的交易，从而视同该收购自所呈报期间的起始日，即 2014 年 1 月 1 日已完成。本集团于 2014 年 12 月 31 日经重列的合并资产负债表已包含目标资产和业务的资产和负债。详情请参阅列载于本年报内的合并财务报表附注 2（b）。"

表 5.1　2004～2017 年我国三家移动网络运营商主营业务收入与用户规模

年份	主营业务收入/百万元			用户规模/万户		
	中国移动	中国电信	中国联通	中国移动	中国电信	中国联通
2004	203 993	152 754	79 087	22 274	20 049	12 711
2005	243 011	162 529	87 049	26 561	23 111	12 979
2006	295 358	172 514	95 347	31 869	25 169	14 409
2007	356 959	177 588	99 539	38 482	25 638	16 374
2008	411 810	184 507	159 790	47 245	28 052	16 880
2009	452 103	209 219	153 950	53 755	28 733	28 896
2010	485 231	219 367	171 300	58 400	32 900	31 129
2011	527 999	245 068	209 150	64 955	37 287	34 812
2012	560 413	283 176	248 930	71 028	41 374	39 514
2013	590 811	321 584	295 040	76 719	44 148	44 327
2014	581 817	324 394	284 680	80 662	43 613	44 994
2015	584 089	331 202	277 050	82 623	44 528	39 850
2016	623 422	352 285	274 200	84 889	46 498	40 570
2017	668 351	366 229	274 829	88 689	50 529	42 070

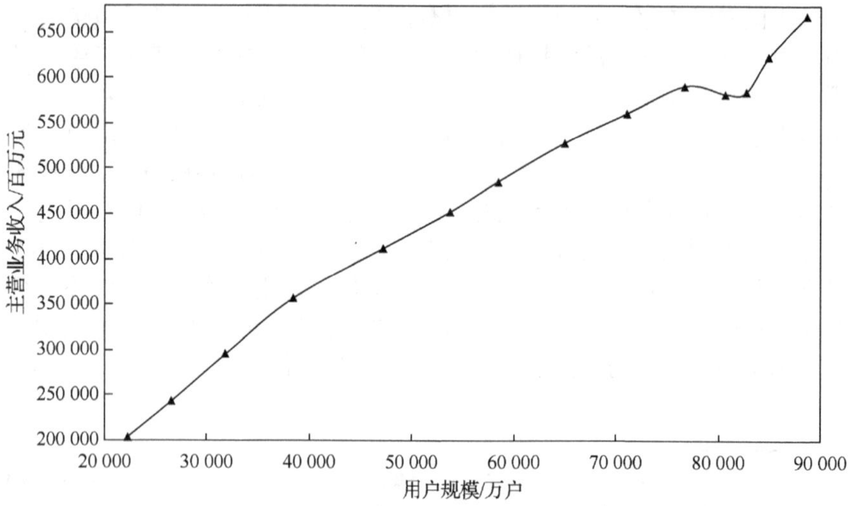

图 5.1　2004～2017 年移动通信网络运营商中国移动的网络价值（主营业务收入）
与用户规模的趋势关系

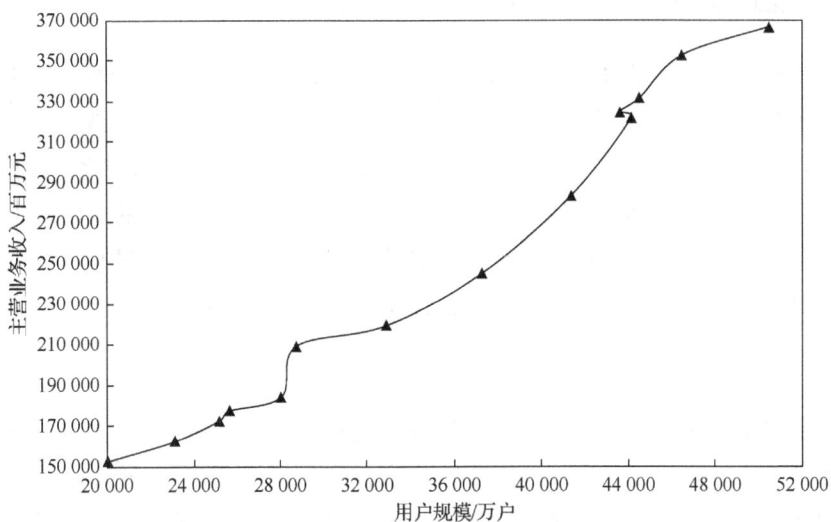

图 5.2　2004～2017 年移动通信网络运营商中国电信的网络价值（主营业务收入）
与用户规模的趋势关系

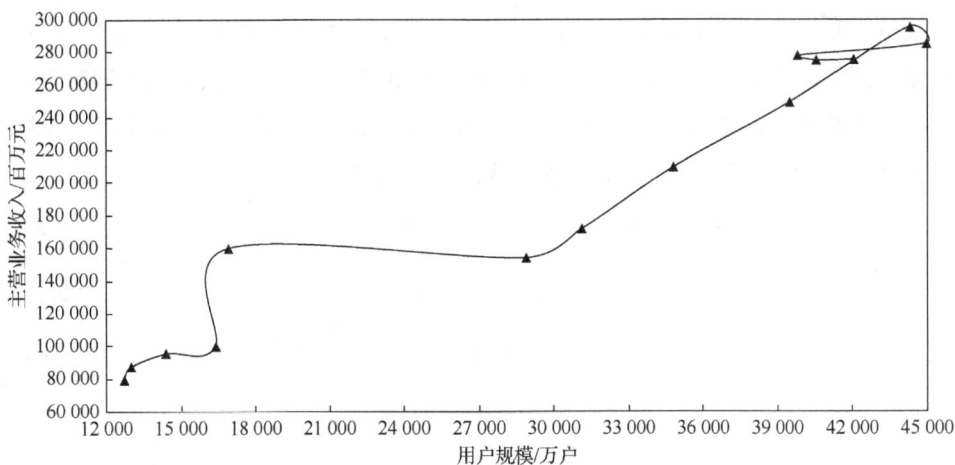

图 5.3　2004～2017 年移动通信网络运营商中国联通的网络价值（主营业务收入）
与用户规模的趋势关系

5.2.3 我国电信业三家运营商网络外部性测度结果

用于估计网络外部性的式（5.2）属于非线性模型中较简单的一种，将上述估计式的最后一项左移重新构建被解释变量，可以通过对数化实现非线性模型的线性转化，从而为使用传统的 OLS 进行参数估计提供了可能。尽管如此，对数线性化还是存在信息遗漏问题。我们仍然通过对待估参数赋予初始值的方法基于 NLS 进行参数估计。如果在有限次数内迭代成功，则说明获得了有效的估计结果，基于所得结果进行的统计推断和相关分析都是可信的。估计式为

$$Y = c(1) * [x - c(2)]^2 + c(3) \tag{5.3}$$

式中，Y 和 x 分别表示主营业务收入和用户规模；$c(1)$、$c(2)$ 和 $c(3)$ 分别表示三个待估参数。

对于三家运营商而言，测度其网络外部性实质上进行的是一个简单的一元非线性回归。首先对中国移动的两组数据进行估计以获得初步信息。由于无法获得相关研究的结论支持，基于理论分析也无法获得关于初始值的良好预测，本书只是基于参数符号进行赋值，三个参数 $c(1)$、$c(2)$ 和 $c(3)$ 的符号预计为正，故均对其分别赋予初始值 1。本书按照包含三个参数的情形、剔除调整因子 b 的情形、剔除调整因子 a 的情形，以及只考虑网络价值与用户规模满足二次方关系四种情况进行了参数估计，并标记为模型 1～模型 4，其结果汇总于表 5.2～表 5.4。模型 1 的估计式即为式（5.3），模型 2～模型 4 的估计式分别为

$$Y = c(1) * [x - c(2)]^2 \tag{5.4}$$

$$Y = c(1) * (x)^2 + c(3) \tag{5.5}$$

$$Y = c(1) * (x)^2 \tag{5.6}$$

表 5.2　中国移动的网络外部性测度及参数估计结果：基于 2004~2011 年及 2004~2017 年的数据集

变量	基于 2004~2011 年的数据集				基于 2004~2017 年的数据集			
	模型 1	模型 2	模型 3	模型 4	模型 1	模型 2	模型 3	模型 4
k_i	0.000 000 202 (0.000 000 095 4) *	0.000 000 262 (0.000 000 086) **	0.000 000 181 (0.000 000 003 8) ***	0.000 000 262 (0.000 000 016 5) ***	0.000 000 23 (-0.000 000 142 0)	0.000 000 23 (0.000 000 046 2)	0.000 000 175 (0.000 000 006 39) ***	0.000 000 23 (0.000 000 008 37) ***
a	1.391 008 (173 441)	1.391 008 (72 090.8)	—	—	1.141 978 (270 792)	1.079 871 (55 482.6)	—	—
b	11 700.2 (11 939.5)	—	15 721.6 (647.5) *	—	1.000 001 (25 186.7)	—	16 834.7 (1 736.1) ***	—
R_a^2	—	—	—	—	0.836 2	0.849 8	0.983 0	0.861 4
DW	—	—	—	—	0.263 5	0.263 9	1.113 9	0.263 5
Log likelihood	—	—	—	—	34.173	-146.04	-130.79	-146.04

注：括号中为标准误。k_i、a 及 b 分别表示网络效应因子及两类调整因子，仅考虑一种调整因子及不考虑调整因子的情形。"—"表示选择性剔除，基于估计结构进行模型对比。模型 1~模型 4 分别为考量两类网络效应因子及两类调整因子。

*10%显著。

**5%显著。

***1%显著。

表 5.3 中国电信的网络外部性测度及参数估计结果：基于 2004～2011 年及 2004～2017 年的数据集

变量	基于 2004～2011 年的数据集				基于 2004～2017 年的数据集			
	模型 1	模型 2	模型 3	模型 4	模型 1	模型 2	模型 3	模型 4
k_i	0.000 000 715 -0.000 000 002 13 *** (592 706)	0.000 000 715 -0.000 000 25 (35 907)	0.000 000 429 (0.000 000 038 8) ***	0.000 000 715 (0.000 000 035 7) ***	0.000 000 450 -0.000 000 785 (451 370)	0.000 000 450 (0.000 000 152) ***	0.000 000 245 (0.000 000 016 1) ***	0.000 000 450 (0.000 000 033) ***
a	1.391 0	1.391 0	—	—	1.259 6	1.259 6 (50 723.1)	—	—
b	1.000 2 (82 698)	—	11 700.2 (1 511) ***	—	1.000 2 (48 680)	—	18 439.4 (1 261.8) ***	—
R_a^2	—	—	—	—	-0.099 2	-0.007 7	0.946 4	0.069 9
DW	—	—	—	—	0.108 1	0.108 1	0.615 5	0.108 1
Log likelihood	—	—	—	—	-147.83	-147.83	-127.30	-147.83

注：括号中为标准误。模型 1～模型 4 分别为考虑两类调整因子、仅考虑一种调整因子及不考虑调整因子的情形。"—"表示选择性剔除，基于估计结构进行模型对比。a 及 b 分别表示网络效应因子及两类调整因子。

***表示 1% 显著。

表 5.4　中国联通的网络外部性测度及参数估计结果：基于 2004~2011 年及 2004~2017 年的数据集

变量	基于 2004~2011 年的数据集				基于 2004~2017 年的数据集			
	模型 1	模型 2	模型 3	模型 4	模型 1	模型 2	模型 3	模型 4
k_i	0.000 000 028 (0.000 000 42)	0.000 000 476 (0.000 000 131)	0.000 000 095 (0.000 000 044 2)**	0.000 000 476 (0.000 000 154)***	0.000 000 245 (−0.000 000 18)	0.000 000 450 (0.000 000 152)	0.000 000 387 (0.000 000 035 7)***	0.000 000 476 (0.000 000 154)***
a	1.391 00 (149 786)	1.391 00 (258 154)	—	—	1.259 57 (191 351)	1.259 57 (50 722)	—	—
b	15 721.6 (1 895.0)	—	13 366.8 (1 070.2)***	—	18 439.4 (11 228)	—	13 049.3 (1 898.9)***	—
R_a^2	—	—	—	—	0.941 5	−0.007 7	0.899 2	0.069 9
DW	—	—	—	—	0.615 5	0.108 1	1.303 6	0.108 1
Log likelihood	—	—	—	—	−127.30	−147.83	−135.00	−147.83

注：括号中为标准误。模型 1～模型 4 分别为考量两类调整因子、仅考虑一种调整因子及不考虑两类调整因子的情形。"—"表示选择性剔除，基于估计结构进行模型对比。模型 1～模型 4 分别表示网络效应因子及两类调整因子。a 及 b 分别为调整因子。

**表示 5% 显著。

***表示 1% 显著。

　　本书利用两类 2004~2011 年及 2004~2017 年的数据集，并基于模型 1~模型 4 对中国移动、中国电信及中国联通的网络外部性特征进行测度，相关参数估计结果分别汇总于表 5.2~表 5.4。参数估计结果表明，关于我国电信业网络外部性的测度与 5.2.1 小节和 5.2.2 小节关于这一命题的预期基本相符。在梅特卡夫法则公式的三个待估参数中，作者最感兴趣的是网络效应因子 k_i 的参数估计结果，这也是进行网络型产业的网络价值与用户规模内在关系讨论的重要前提。实际上，我国移动通信业网络运营商中国移动、中国电信和中国联通基于模型 1 对网络效应的参数估计结果均极不理想，网络效应因子 k_i 及两类调整因子 a 和 b 的估计值呈现出极为严重的统计不显著，从另一个角度说明我国电信业的网络外部性并不以模型 1 所表征的内在机制发挥作用。通过部分及全部剔除水平调整因子 a 和 b，网络效应因子 k_i 的统计显著性获得改善，但在仅剔除调整因子 b 的模型 2 中，另一调整因子 a 的显著性未改变，依然在统计学上不显著。实际上，模型 2 中调整因子 a 的估计结果不显著，尚有一种解释是我国电信业的网络运营商的用户规模已经足够大，调整因子 a 几乎可以忽略不计。在仅剔除调整因子 b 的模型 3 以及完全剔除调整因子 a 和 b 的模型 4 中，中国移动、中国电信和中国联通三家运营商均获得了较理想的参数估计结果，网络效应因子 k_i 均在 1% 的置信水平上显著，同时说明我国电信业的网络外部性整体满足典型的二次型关系。尽管如此，考虑到在三家运营商基于模型 4 的参数估计中，其调整可决系数 R_a^2 偏低，以下关于网络外部性及网络运营商网络价值的用户规模弹性的讨论主要为三家运营商基于模型 3 的相关参数估计结果。

　　基于 2004~2011 年的数据集对模型 3 的参数估计结果表明，我国电信业三家运营商的网络效应因子 k_i 在(0.000 000 095,0.000 000 429)范围内浮动。因此，在 2004~2011 年这一观察周期，中国联通的网络效应因子 k_i 值为 0.000 000 095，不及中国电信的 0.000 000 429 和中国移动的 0.000 000 181，并且以中国电信的网络外部性最显著。基于 2004~2017 年的数据集对模型 3 的估计结果表明，我国电信业三家运营商的网络效应因子 k_i 在(0.000 000 175,0.000 000 387)范围内浮动。在 2004~2017 年这一观察周期内，中国联通的网络效应因子最强，k_i 值达到 0.000 000 387；中国电信次之，网络效应因子 k_i 值为 0.000 000 245；而中国移动的网络效应因子则最小，k_i 值仅为 0.000 000 175，约为中国联通的 1/2，这一结果可能与 2010 年中国移动在移动通信市场的用户份额持续下跌存在关联（图 4.1）。需要说明的是，基于模型 3 的相关参数估计结果，三家运营商的网络效应因子的 k_i 值均较小，但这并不能说明我国电信业的网络外部性不显著。实际上，这种较小的网络效应因子值亦可能由模型设定中相关变量数据统计的基础单位差异较大所致，而在本书中用于测度网络价值的主营业务收入的单位为百万元，测度网络规模的用户数的单位则为万户。显然，若前者的测度单位调整为万元，网络效应

因子 k_i 值将出现显著增长。因此，如果考虑到这种数据单位差异给网络效应因子数值本身带来的负面约束，在逻辑上可认为我国电信业三家网络运营商依然具备较显著的网络外部性，即以主营业务收入测度的网络价值与用户规模之间存在显著的正相关关系，运营商均因用户规模的扩张实现了经营收入的快速增长。

实际上，除上述关于网络价值与用户规模之间的模型分析外，通过测算网络价值关于用户规模的弹性也可以为我们深刻认识网络型产业的网络外部性特征提供思路。

在网络型产业中，第 i 个运营商在时期 t 的网络价值关于用户规模的弹性可以用如下公式表示：

$$e_{N,V} = \frac{V_{it} - V_{i,t-1}}{V_{i,t-1}} \cdot \frac{N_{i,t-1}}{N_{it} - N_{i,t-1}}$$

$$= \frac{\partial V_{it}}{V_{i,t-1}} \cdot \frac{N_{i,t-1}}{\partial N_{it}} \tag{5.7}$$

式中，N 表示网络价值；V 表示用户规模；i 表示网络型产业中的某个运营商；V_{it} 和 $V_{i,t-1}$ 分别表示运营商 i 在时期 t 和 $t-1$ 时的网络价值；N_{it} 和 $N_{i,t-1}$ 分别表示运营商 i 在时期 t 和 $t-1$ 时的用户规模。

通过移项，式（5.7）可以转换为如下包含残差项 ε_{it} 的估计式：

$$\frac{\partial V_{it}}{V_{i,t-1}} = e_{N,V} * \frac{\partial N_{it}}{N_{i,t-1}} + \varepsilon_{it} \tag{5.8}$$

基于估计式（5.8），分别利用三家运营商的主营业务收入与用户规模 2004～2011 年及 2004～2017 年的数据集，获得两个观察周期内我国电信业运营商的网络价值关于用户规模的弹性系数，相关估计结果汇总于表 5.5，但与我们的预期略有冲突。在 2004～2011 年这一观察周期，中国电信和中国移动的网络价值关于用户规模的弹性系数均为小于 1 的正数，前者约为 0.599 778，在 5%的置信水平上显著，后者约为 0.901 223，约在 1%的置信水平上显著。中国联通的用户规模弹性系数则是大于 1 的负弹性，约为-1.005 381，这一数值的直观含义表明：伴随用户规模的增长，中国联通的主营业务收入并未实现增长，反而出现了一定程度的下降，这一结果的出现并不排除中国联通单个用户的低贡献价值特征所带来的不利影响[1]。

---

[1] 实际上，在较长时期内，中国联通主要通过提供较低资费以吸引潜在用户，但这一市场行为实质上起到了市场细分的作用：基于通信费用节约而选择中国联通的用户，往往对高附加值通信业务并不偏好，导致中国联通的单位用户价值低于中国移动等运营商。在我国偏远的乡村，中国联通的市场渗透率远高于中国移动，这与中国联通的低资费策略及农民群体的低收入状态有关。虽然在中国联通发展的早期，其通信网络建设滞后导致通话质量较低，但对于农民群体而言，通话质量并不构成其对移动运营商选择的重要因素。

表 5.5　我国电信业运营商的网络价值关于用户规模的弹性系数：基于
2004～2011 年及 2004～2017 年的数据集

弹性系数	基于 2004～2011 年的数据集			基于 2004～2017 年的数据集		
	中国电信	中国移动	中国联通	中国电信	中国移动	中国联通
$e_{N,V}$	0.599 778	0.901 223	-1.005 381	0.864 558	1.059 379	0.297 929
	(0.192 096)**	(0.057 396)***	(1.015 524)	(0.181 780)***	(0.083 654)***	(0.277 186)

注：括号中为标准误。

**5%显著。

***1%显著。

伴随观察周期从 2004～2011 年延伸至 2004～2017 年，全业务经营改革深入推进，特别是具备高价值特征的 3G 业务实现了快速发展，我国电信业三大运营商的网络价值关于用户规模的弹性系数出现了显著增长：中国移动的弹性系数增长至 1.059 379，中国电信的弹性系数增长至 0.864 558，而中国联通的弹性系数也从负值增长至 0.297 929，前两者均在 1%的置信水平上显著。在 2004～2017 年这一观察周期，中国电信和中国联通的网络价值关于用户规模的弹性系数均小于 1，表明相比用户规模的快速增长，网络价值的增长相对滞后，其中可能的原因在于对用户规模进行测度的用户类型不仅包含高网络价值的移动电话用户，还包含较为庞大的本地电话用户群体，特别是这些低网络价值用户群体在中国电信和中国联通的用户群体中占比较高，也对其弹性系数的下降起到了一定作用。实际上，中国移动的用户群体中有较大比例属于移动业务用户，自 2008 年全业务经营改革开始后才开始出现本地电话业务用户，并且比例较少。因此，以高价值的移动通信业务为主的中国移动，其网络价值关于用户规模的弹性系数在 2004～2017 年这一观察周期已经大于 1，表明因用户规模扩张所引致的网络价值溢出，即其网络经济性已非常显著。因此，基于两个观察周期内的网络价值关于用户规模弹性系数的数值大小及演化特征，在逻辑上可认为我国电信业的网络外部性并未得到充分实现。实际上，以移动电话为代表的新产品的扩散（或者说普及）构成网络型产业用户规模的形成过程，而其网络外部性的发挥则需要依赖一个不断优化的市场竞争环境，以对新产品扩散及用户规模扩张产生显著的正面激励。以下将以移动电话 1987～2017 年在我国的普及过程为例，探讨新产品扩散的动力因素及其与我国移动通信市场结构特征的内在关系，以及最优市场结构的存在性等命题，并通过市场结构的优化和市场绩效的改善来实现网络型产业的"组织优化"。

5.3　模型与数据

5.3.1　基础模型：时变 Gompertz 模型

本书选择具备时变特征的 Gompertz 模型作为基础模型，表达式为

$$Y(t) = Se^{-e^{-a_t - b_t \times t}} \tag{5.9}$$

式中，各参数的含义及具体特征详见第 4 章中的相关讨论，此处不予重复。

通过对模型进行分析，并简单求导，可得扩散速度变量 b_t 的表达式为

$$b_t = \frac{\partial Y_t}{\partial t} \times \frac{1}{Y_t} \times \frac{S}{S - Y_t} = \frac{\Delta Y_t}{Y_t} \times \frac{S}{S - Y_t} = \frac{\Delta Y_t}{Y_t} \times \frac{S}{\Delta S_t} = \frac{\dfrac{\Delta Y_t}{Y_t}}{\dfrac{\Delta S_t}{S}} \tag{5.10}$$

基于式（5.10），扩散速度的测度指标 b_t 等于累积扩散水平的变化率与潜在用户余额变化率（可以理解为剩余市场容量变化率）之间的比值。这个比值的大小将通过对扩散速度的影响，在某种意义上决定新产品扩散过程的实际周期。

5.3.2　模型设定与变量说明

对参数 S 的设定如下：

$$Y(t) = \frac{Y_t}{\text{pop}_t} \tag{5.11}$$

$$S = \frac{Y_t^*}{\text{pop}_t} \tag{5.12}$$

式中，$Y(t)$ 表示 t 期的累积采用率水平；Y_t 表示 t 期的移动电话的累积采用额；S 表示移动电话扩散的饱和水平（最大普及率或渗透率）；Y_t^* 表示移动电话扩散的饱和用户数；pop_t 表示 t 期末的人口总数（牛文涛，2009）。

对参数 b_t 设定如下：

$$b_t = \beta_F + \beta_D \text{Digital}_t + \beta_{\text{Fixed}} \text{Fixed-line penetration}_t + \beta_n n_t$$
$$+ \beta_{n^2} n_t^2 + \beta_{\text{Pgdp}} \text{Pgdp}_t + \beta_{\text{Urbane}} \text{Urbanizationrate}_t + u_t \tag{5.13}$$

式中，β_F 表示对新产品扩散过程中的自发效应进行测度，表征的是假定其他因素不变，或者剔除技术因素、供给因素和需求因素的影响时，新产品扩散所拥有的固定效应，预期这一参数的符号为正；β_D、β_{Fixed}、β_n、β_{n^2}、β_{Pgdp}、β_{Urbane} 等表

示待估参数，其中，β_{n^2} 的参数符号预期为负，β_{Fixed} 和 β_{Urbane} 的参数符号不确定，而其他待估参数的符号则预期均为正数（表 5.6）。

表 5.6　参数符号预期

参数	α_F	β_F	β_D	β_{Dr}	β_n	β_{n^2}	β_{Pgdp}	β_{Fixed}	β_{Urbane}
符号	>0	>0	>0	>0	>0	<0	>0	?	?

注："?"表示参数符号预期不明确。

　　$Digital_t$ 表示虚拟解释变量，主要对市场中的技术基准的差异进行测度。对于整个观察周期，以年为单位，采用数字移动通信技术的周期（1G）作为政策基期，并且赋值为 0，与此对比，将数字技术的周期内的年份赋值为 1，这种处理方法有助于说明新技术的采用对新产品扩散将产生怎样的作用。由于技术因素改善了网络运营商的供给条件，同时提高了有限的频谱资源的利用效率，成为促进电信业发展的基础力量。因此，数字技术这种新的技术被引入市场中将对移动电话的扩散起到积极的推动作用，预期该参数大于 0，符合基本的逻辑。同时，数据信息更丰富的数字化率（整个用户群体中采纳 2G 以上通信服务的比率）变量 $Digital\ rate_t$ 也将会被引入模型并与 $Digital_t$ 做出对比分析，通过对两种类型变量的参数估计结果的分析，将为更准确地理解这一因素在移动电话扩散过程中的作用提供帮助。

　　$Fixed\text{-}line\ penetration_t$ 表示固定电话普及率。本书对移动电话普及率的定义及计算方法对固定电话具备同样的适用性，并不存在参数含义及结果解释等方面的差异。作为一种新产品，移动电话具备固定电话无法比拟的优势，包括便捷性、尊严感及使用难度并未超过难以接受的范围，这些优势或特征意味着当移动电话的使用成本下降时，移动电话对固定电话的替代将迅速展开。实际上，上述基本结论也可以从电信业发展的历程中获得相关证明。但从网络层面进行分析，移动电话与固定电话之间同样存在显著的互补关系，这是由于完整的通信网络由移动网络与固定网络两个网络构成。此外，已有研究表明，通信更多地发生于移动电话与固定电话之间，移动电话与移动电话之间或固定电话与固定电话之间的通信率要低一些，因此，一个完整通话的实现需要移动电话与固定电话的联合。总的来讲，移动电话与固定电话之间属于替代关系还是互补关系，需要基于具体的市场环境做出评价。本书无法对这一参数的符号给出明确的界定，如果参数估计值大于 0，则表明两者为替代关系；如果参数估计值小于 0，则表明两者为互补关系。

　　n_t 表示市场结构的测度指标，它是直接采用百分比计算的 HHI 指数的倒数，用于直观地说明竞争因素在移动电话扩散过程中的作用。在世界范围内，移动通信业发展的历程表明，过度垄断或独家垄断的市场结构往往构成移动电话扩散的阻碍因素，移动电话扩散的加速过程则在引入竞争的改革之后到来。因而，从长期来讲，作为市场中竞争因素的一种测度指标，变量 n_t 与移动电话的扩散将表现为正相关的关系，而其参数估计值大小则代表市场改革对移动电话扩散的重要程度，同样可以理解为其对移动通信业发展的重要性。预期 n_t 将获得一个正的参数估计值。

n_t^2 表示 n_t 指数的二次项，即基本数据可基于 n_t 指数的相关数据求平方而获得。考虑到移动通信业的过度竞争对移动电话的扩散、移动通信市场发展同样会产生一定的负面作用，因此，我们认为应该存在一个最优的市场结构，即最优的竞争度。参数 β_{n^2} 的符号预期为负，结合 n_t 指数的参数估计结果可获得最优的 n_t 值。

$Pgdp_t$（GDP per capital）表示国内生产总值的人均水平，本书所使用的这一变量均为剔除价格因素的不变价类型的国内生产总值。这一变量主要用于测度经济发展水平，在更深层次上，可以作为普通用户购买能力的一种测度指标。一般来讲，经济发展水平构成移动通信市场发展的基本动力，而居民购买力水平则表征的是市场需求的基本条件。因此，参数 β_{Pgdp} 的符号预期为正值。

$Urbanizationrate_t$ 表示 t 期累积的城市化水平，基本的计算方法是获得城镇居民和人口总额的具体数值，对两者求比值。这一参数是一种社会特征变量，我们无法明确其余移动电话扩散的具体关系特征，因此，对这一参数的符号预期不确定。同时，这种社会特征变量只是被引入模型，而并非作为主要的目标变量，5.2.4 小节对此的分析只是作为一种补充，以对移动电话扩散的动力因素做出全面认识。

对 u_t 的处理并不会对本书的基本结论产生影响。

考虑到位置变量 a_t 仅具备较弱的时变性，为简化起见，我们将其视作固定，模型设定和估计都仅考虑扩散初始水平所具备的自发效应。这种处理同样不会对本书结论产生显著影响。

基于上述分析，本书时变 Gompertz 模型的 NLS 估计式为

$$Y(t) = Se^{-e^{-a_t - b_t \times t}}$$

$$a_t = \alpha_F$$

$$b_t = \beta_F + \beta_D Digital_t + \beta_{Fixed} \text{Fixed-line penetration}_t + \beta_n n_t$$
$$+ \beta_{n^2} n_t^2 + \beta_{Pgdp} Pgdp_t + \beta_{Urbane} Urbanizationrate_t + u_t \qquad (5.14)$$

将式（5.14）中关于 a_t 与 b_t 的设定引入时变 Gompertz 模型的基本表达式中，即可以获得估计式的完整形式，由于表达式较长，此处不再写出。

通过对数线性化，并且对移动电话扩散的饱和水平 S 进行合理赋值，即可以实现对式（5.14）的 OLS 估计[①]，其赋值原则是不小于现有历史数据，即 $S_* \geq 101.97$。令 $S = S_*$，可获得如下式子：

---

① 本书未提供 OLS 的估计结果，如果对这一主题感兴趣，可与作者联系。

$$\begin{cases} \ln\left(-\ln\left(\dfrac{Y(t)}{S_*}\right)\right) = -a_t - b_t \times t \\ a_t = \alpha_F \\ b_t = \beta_F + \beta_D \text{Digital}_t + \beta_{\text{Fixed}}\text{Fixed-line penetration}_t + \beta_n n_t \\ \qquad + \beta_{n^2} n_t^2 + \beta_{\text{Pgdp}}\text{Pgdp}_t + \beta_{\text{Urbane}}\text{Urbanizationrate}_t + u_t \end{cases}$$
(5.15)

整理后，可获得时变 Gompertz 模型的 OLS 估计式，如下：

$$\ln\left(-\ln\left(\frac{Y(t)}{S_*}\right)\right) = -\alpha_F - (\beta_F + \beta_D \text{Digital}_t$$

$$+ \beta_{\text{Fixed}}\text{Fixed-line penetration}_t + \beta_n n_t + \beta_{n^2} n_t^2 + \beta_{\text{Pgdp}}\text{Pgdp}_t$$

$$+ \beta_{\text{Urbane}}\text{Urbanizationrate}_t) \times t + u_t$$
(5.16)

若令 Fixed-line penetration$_t^*$ = Fixed-line penetration$_t \times t$，$n_t^* = n_t \times t$，$n_t^2 = n_t^2 \times t$，Urbaniza-tionrate$_t^*$ = Urbanizationrate$_t \times t$，Pgdp$_t^*$ = Pgdp$_t \times t$，以及 Digital$_t^*$ = Digital$_t \times t$，则式（5.16）可转换为如下估计式：

$$\ln\left(-\ln\left(\frac{Y(t)}{S_*}\right)\right) = -\alpha_F - (\beta_F t + \beta_D \text{Digital}_t^* + \beta_{\text{Fixed}}\text{Fixed-line penetration}_t^*$$

$$+ \beta_n n_t^* + \beta_{n^2} n_t^{*2} + \beta_{\text{Pgdp}}\text{Pgdp}_t^* + \beta_{\text{Urbane}}\text{Urbanizationrate}_t^*) + u_t$$
(5.17)

同样，本书利用上述关于位置变量 a_t 与速度变量 b_t 的相同设定，Logistical 模型族中的 Fisher-Pry 模型也在 5.4 节中的实证部分进行了估计，以与 Gompertz 模型做出对比，并且基于两类模型参数估计结果的差异性对整个模型的稳定性及其基本结论的有效性做出基本判断。

Fisher-Pry 模型的表达式为

$$Y(t) = \frac{S}{1 + e^{-a_t - b_t \times t}}$$
(5.18)

5.3.3　数据来源与描述性分析

本书的数据频度为年，数据的时间跨度为 1987～2017 年，共计 31 个数据点。移动电话扩散累积采用率水平[$Y(t)$]数据主要来源于 1987～2018 年的《中国统计年鉴》，部分数据基于《中国通信业发展统计公报》进行了调整，并做出相互印证。本书对虚拟变量 Digital 的取值进行了适当调整。尽管我国 GSM 系统的实验工作最早开始于 1992 年，但考虑到如下两个原因，并且出于模型分析的需要，我们将 1994 年视作我国 2G 技术的开始年份：其一，我国首个省级规模的 GSM 系统于 1994 年开始投入运营；其二，直至 1994 年我国始有关于数字移动电话的统计数据。我们对 2G 开始年份的处理会对估计结果产生影响，但不会颠覆结论。2009～

2017 年的数据中含有 3G 和 4G 用户，由于 3G 和 4G 本身为一种数字通信技术，此处合并讨论。由于相同的原因，我们对整个用户群体中采用数字通信服务的比率即数字化率（digital rate）变量的数据也进行了相应的调整，1994 年的数字用户数据参考国际电信联盟网站数据库，1995～2017 年的相关数据参考历年《中国统计年鉴》《中国电信业发展统计公报》。

固定电话普及率（fixed-line penetration）数据与移动电话普及率的来源相同，不予重复。为了克服名义变量带来的影响，本书以 1987 年为基年，依据《中国统计年鉴》相关数据测算了 1987～2017 年不变价的 Pgdp 数据。城市化水平（urbanization rate）变量用于测度社会系统特征，其 1987～2017 年的数据来自 2018 年的《中国统计年鉴》。

为更好地理解样本的基本统计特征，本书一并提供了模型中的所有变量，包括通信服务数字化率（digital rate）、固定电话普及率（fixed-line penetration）、市场结构（n 及 n^2）、经济发展水平（Pgdp）、城市化水平（urbanization rate）等解释变量的描述统计指标，汇总于表 5.7。此外，移动通信技术的虚拟变量 Digital 仅有 0 和 1 两个取值，故表 5.7 进行描述统计分析时未予包含，但对其与被解释变量 $Y(t)$ 的趋势关系进行了描绘，见图 5.4。通信服务数字化率（digital rate）、固定电话普及率（fixed-line penetration）、市场结构（n 及 n^2）、经济发展水平（Pgdp）、城市化水平（urbanization rate）等解释变量与被解释变量 $Y(t)$ 的趋势关系见图 5.5～图 5.9，其中，市场结构 n 指数及其二次项 n^2 与被解释变量 $Y(t)$ 的趋势关系一并在图 5.7 中进行呈现。自 1994 年我国采用数字通信技术后，移动电话累积采用率水平持续增长。固定电话与移动电话的扩散关系不明确，早期为互补关系，后期则为替代关系，而其余变量与移动电话扩散都呈现同方向增长趋势。

表 5.7　变量描述统计结果

Statistics	$Y(t)$	Digital rate	Fixed-line penetration	n	n^2	Pgdp	Urbanization rate
Mean	32.084 11	65.916 13	13.021 94	1.5319 35	2.546 455	3 705.701	39.750 97
Median	16.14	100	14.23	1.7	2.89	2 926.013	39.09
Maximum	101.97	100	28.1	2.17	4.708 9	9 995.957	58.52
Minimum	0.000 1	0	0.36	1	1	1 123	25.32
Std. Dev.	36.733 79	45.389 07	9.750 848	0.454 184	1.392 465	2 219.006	11.015 59
Skewness	0.729 454	-0.682 55	0.008 639	-0.025 77	0.169 065	1.266 713	0.205 508
Kurtosis	1.970 484	1.560 741	1.539 095	1.414 614	1.574 391	4.006 304	1.647 435
Jarque-Bera	4.118 241	5.082 681	2.757 115	3.249 967	2.772 812	9.598 237	2.581 224
Probability	0.127 566	0.078 761	0.251 942	0.196 915	0.249 972	0.008 237	0.275 102
Sum Sq.Dev.	40 481.15	61 805.02	2 852.371	6.188 484	58.168 8	148 000 000	3 640.298
Observations	31	31	31	31	31	31	31

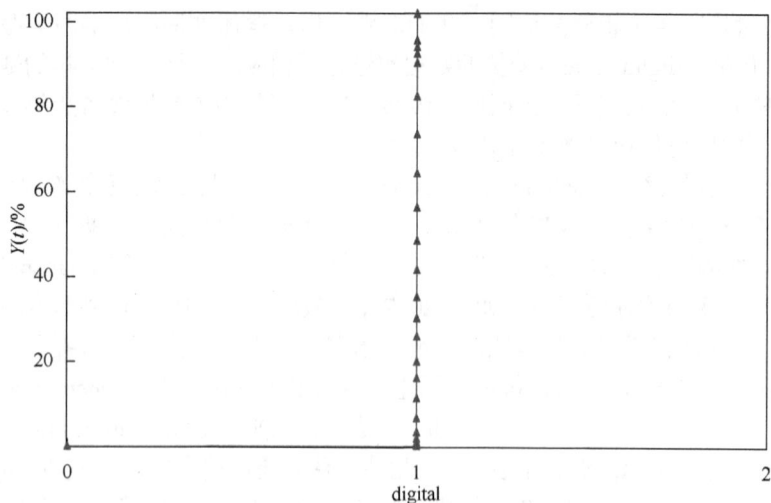

图 5.4　1987～2017 年移动电话在我国的扩散与数字通信技术行业应用的趋势关系

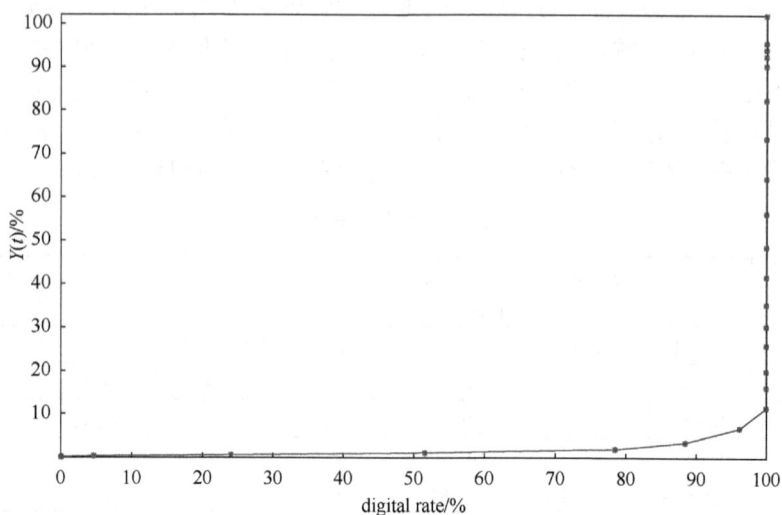

图 5.5　1987～2017 年移动电话在我国的扩散与通信服务数字化率的趋势关系

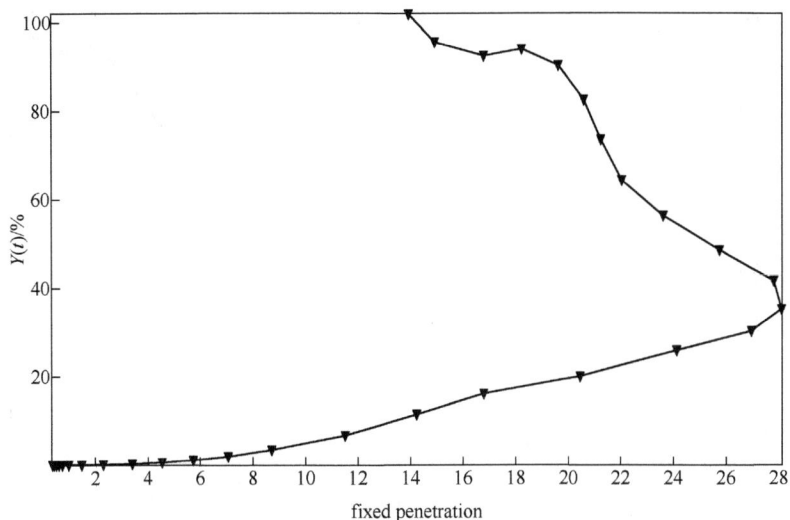

图 5.6　1987～2017 年移动电话在我国的扩散与固定电话普及率的趋势关系

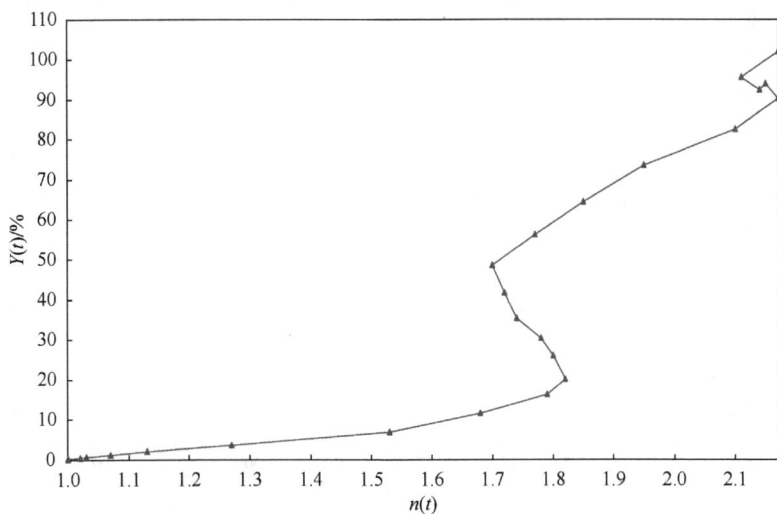

图 5.7　1987～2017 年移动电话在我国的扩散与市场结构 n 指数的演变的趋势关系

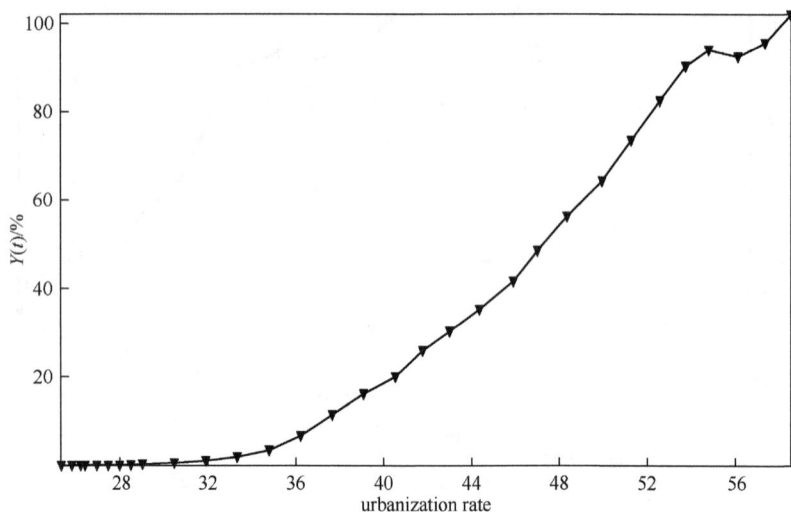

图 5.8　1987～2017 年移动电话在我国的扩散与城市化水平的趋势关系

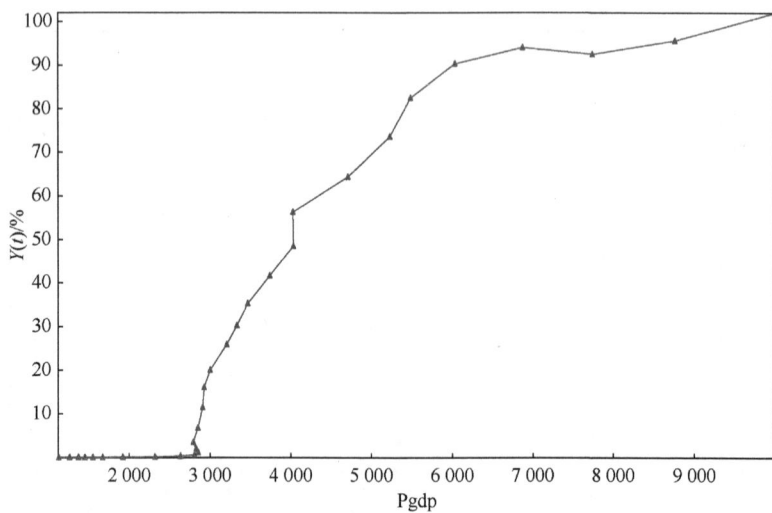

图 5.9　1987～2017 年移动电话在我国的扩散与人均国内生产总值的趋势关系

5.4　网络型产业新产品扩散、管制改革与最优市场结构的估算

5.4.1　参数估计方法

本书将运用 NLS 对时变 Gompertz 模型做出估计。首先需要为所有待估参数提供一个有效的初始值。实际上，初始值的赋值将对 NLS 的估计结果产生重要影响，或者说估计结果对赋值本身极为敏感，偏差过大的赋值情形将直接导致 NLS 估计的失败，所有参数的估计值将被标注为 "NA"。对于市场容量 S、位置变量的固定效应 α_F、扩散速度的固定效应 β_F 的初始值赋值相对较为容易，而对时变 Gompertz 模型中剩余变量的初始值赋值则并不存在捷径，只有参考已有文献的研究结论，并考虑参数本身的经济含义对初始值不断进行调整，才能获得较为理想的估计结果。表 5.8 提供了本书对包含多个变量的时变 Gompertz 模型进行 NLS 估计时所使用的初始值，它们均在有限迭代次数内实现了模型估计结果的收敛，这意味着参数估计及检验均渐近有效，实证结果将可以用于经济意义的相关讨论。为更好地对比时变性特征对非线性模型估计的影响，本书基于 1987～2010 年和 1987～2017 年的数据集，对非时变 Gompertz 模型及包含不同变量的时变 Gompertz 模型分别进行参数估计，其相关估计结果一并列出，并在表 5.9 和表 5.10 中进行了汇总。

表 5.8　待估参数初始值赋值

参数	S	α_F	β_F	β_D	β_{Dr}
赋值	100	−3	0.1	−0.01	0.001
参数	β_n	β_{n^2}	β_{Pgdp}	β_{Fixed}	β_{Urbane}
赋值	0.01	−0.000 1	0.000 1	−0.001	−0.001

基于引入变量的差异，表 5.9 中的时变 Gompertz 模型分别被标记为模型 1～模型 6，以示不同。在 1987～2010 年这一观察周期，六类时变 Gompertz 模型对我国移动电话普及饱和水平的估计值处于(157.938 1,204.470 1)区间，其与非时变模型对这一参数的估计值 142.939 4 相比出现了小幅上涨。这一结果也可以从另一个层面提供有益的启示，即移动电话在中国的扩散并不是自发进行的，其扩散过

表 5.9　网络型产业的新产品扩散、管制改革与市场结构：基于 Gompertz 模型和 1987～2010 年的数据集

变量	非时变模型	时变模型					
		模型 1	模型 2	模型 3	模型 4	模型 5	模型 6
S	142.939 4	165.308 6	183.269 2	186.056 2	188.379 9	157.938 1	204.470 1
	(16.064 57)**	(36.084 42)**	(84.298 49)**	(55.460 33)**	(91.844 42)**	(32.297 62)**	(63.829 59)**
α_F	-2.879 461	-2.985 09	-2.893 157	-2.842 084	-2.848 361	-3.008 398	-2.790 247
	(0.119 506)**	(0.123 881)**	(0.262 79)**	(0.194 232)**	(0.266 114)**	(0.122 59)**	(0.179 871)**
β_F	0.128 307	0.138 044	0.120 717	0.086 089	0.105 295	—	—
	(0.010 199)**	(0.882 337)	(0.032 428)**	(0.831 644)	(0.041 838)**		
n	—	0.028 217	0.026 735	0.052 615	0.040 16	0.028 101	0.056 34
		(0.002 276)**	(0.002 793)**	(0.023 502)**	(0.030 415)	(0.002 307)**	(0.021 704)**
n^2	—	—	—	-0.007 578	-0.004 028	—	-0.008 726
				(0.007 262)	(0.008 956)		(0.006 74)
Pgdp	—	0.000 006 92	0.000 006 68	0.000 006 47	0.000 006 51	0.000 006 89	0.000 006 41
		(0.000 001 37)**	(0.000 001 25)**	(0.000 001 31)**	(0.000 001 29)**	(0.000 001 39)**	(0.000 001 2)**
digital	—	-0.001 984	—	0.011 532	—	0.137 542	0.089 075
		(0.882 103)		(0.829 76)		(0.010 245)**	(0.037 813)**
digital rate	—	—	0.000 072	—	0.000 048 7	—	—
			(0.000 104)		(0.000 128)		
urbanization rate	—	-0.001 903	-0.001 841	-0.001 705	-0.001 75	-0.001 854	-0.001 714
		(0.000 298)**	(0.000 262)**	(0.000 309)**	(0.000 352)**	(0.000 316)**	(0.000 279)**
fixde penetration	—	0.000 0761	0.000 112	0.000 11	0.000 117	0.000 053 5	0.000 138
		(0.000 112)	(0.000 165)	(0.000 107)	(0.000 166)	(0.000 117)	(0.000 090 1)
R_a^2	0.998 019	0.999 899	0.999 907	0.999 901	0.999 903	0.999 904	0.999 908
DW	0.669 743	3.041 566	3.175 813	3.221 865	3.243	3.066 961	3.201 251
n^*	—	—	—	3.471 562	4.985 104	—	3.228 283

注：括号中为标准误；"—"表示变量未进入估计；n^*表示最优市场结构的估计值。
**表示 5% 显著。

表 5.10　网络型产业的新产品扩散、管制改革与市场结构：基于 Gompertz 模型和 1987~2017 年的数据集

变量	非时变模型	时变模型				
		模型 7	模型 8	模型 9	模型 10	模型 11
S	134.486 8 ** (6.334 716)	135.842 8 ** (18.741 5)	140.628 2 ** (20.159 12)	115.729 9 (3.758 454) **	115.730 1 (3.758 484) **	119.193 4 (3.413 93) **
α_F	-3.133 96 (0.151 158) **	-2.798 659 (0.721 612) **	-3.477 03 (0.967 584) **	-4.707 511 (0.774 622) **	-4.707 553 (0.774 621) **	-2.947 052 (0.088 097) **
β_F	0.144 404 (0.009 306) **	0.070 018 (0.364 933)	0.197 564 (0.166 268)	0.486 089 (0.140 918) **	—	—
n	—	0.024 913 (0.006 578) **	0.025 47 (0.006 719) **	-0.150 221 (0.047 021) **	-0.150 222 (0.047 021) **	0.115 786 (0.006 344) **
n^2	—	—	—	0.049 756 (0.012 85) **	0.049 757 (0.012 85) **	-0.020 724 (0.002 85) **
Pgdp	—	-0.000 002 65 (0.000 000 666) **	-0.000 002 10 (0.000 000 905) **	—	—	—
digital	—	0.003 365 (0.334 297)	—	—	0.486 096 (0.140 918) **	—
digital rate	—	—	-0.000 278 (0.000 347)	—	—	—
urbanization rate	—	0.000 516 (0.001 601)	-0.000 897 (0.002 023)	-0.002 893 (0.001 47) *	-0.002 893 (0.001 47) *	—
fixde penetration	—	-0.000 174 (0.000 223)	-0.000 316 (0.000 264)	-0.000 71 (0.000 258) **	-0.000 71 (0.000 258) **	—
R_a^2	0.996 420	0.999 283	0.999 300	0.953 323	0.999 476	0.998 823
DW	0.620 485	2.098 411	2.007 129	0.326 127	2.104 018	1.162 029
n^*	—	—	—	1.51	1.51	2.79

注：括号中为标准误差；"—"表示变量未进入估计；n^* 表示最优市场结构的估计值。
*10%显著。
**5%显著。

程是多因素①综合冲击下的一个演变过程,这也是本书对移动电话普及问题进行讨论所获得的一个基本结论。用于表征移动电话扩散初始水平的位置变量 α_F,以及未考虑其他因素时的自发扩散速度效应参数 β_F,均在六类模型的估计中保持了相对一致性,其参数符号也与 5.3.2 小节的预期基本相符。

对于表 5.9 中的时变 Gompertz 模型 1~模型 6,本书基于如下逻辑展开分析。第一步,模型对市场结构变量 n 指数的二次项不予考虑,仅对两类通信技术变量(digital 及 digital rate)做出对比,即为模型 1 和模型 2。两类模型均包括除 n 指数二次项外的五个解释变量,其不同之处在于模型 1 的移动通信技术变量采用的是虚拟变量 digital,而模型 2 以数字化率 digital rate 对其进行替代,以检验数据信息更丰富的变量对参数估计结果的影响。第二步,考虑二次项的存在性,即为模型 3 和模型 4。两类模型分别在模型 1 和模型 2 的基础上增加了 n 指数的二次项,用于测度市场竞争变量对新产品扩散的作用方式,并对新产品扩散的最优市场结构进行说明。第三步,对扩散速度的固定效应参数 β_F 不显著的模型,剔除模型中的 β_F 变量,即为模型 5 和模型 6,用于说明多因素变量的引入对新产品扩散速度固定效应的冲击,即非时变模型的固定效应更多的是由经济和社会因素推动的,而时变模型则将扩散速度的固定效应从中分离出来。

与表 5.9 类似,基于引入变量的差异,表 5.10 中的时变 Gompertz 模型分别被标记为模型 7~模型 11。在 1987~2017 年这一观察周期,非时变 Gompertz 模型对移动电话普及饱和水平的估计值约为 134.486 8,而五类时变 Gompertz 模型对这一参数的估计值则在(115.729 9,140.628 2)区间浮动,尽管整体符合预期,但部分模型对移动电话普及饱和水平的估计值较低,或许与其所引入变量中"负面力量"的干预相关。在 1987~2017 年这一观察周期,表征移动电话扩散初始水平的位置变量 α_F 及自发扩散速度效应参数 β_F 在五类模型的估计中保持了相对一致性。对于表 5.10 中的时变 Gompertz 模型 7~模型 11,本书按照与表 5.9 中时变 Gompertz 模型 1~模型 6 的相似逻辑展开分析:第一步,不考虑市场结构 n 指数的二次项,即 n^2 在模型中选择性剔除,主要比较两类通信技术测度指标(digital 及 digital rate)对模型估计结果的影响,标记为模型 7 和模型 8;第二步,考虑最优市场结构的存在性,将市场结构 n 指数的二次项 n^2 引入模型,并剔除不显著的变量,标记为模型 9;第三步,选择性剔除扩散速度的固定效应参数 β_F,用于说明多因素变量的引入对这一参数估计值的干扰,标记为模型 10;第四步,提供仅包含市场结构 n 指数及其二次项 n^2,并且剔除扩散速度固定效应参数 β_F 的估计结果,标记为模型 11,以进行对比分析。

为判定模型稳定性,以下还将提供基于 Fisher-Pry 模型参数的估计结果。利用 1987~2010 年的数据集所进行的参数估计,其相关结果汇总于表 5.11,利用 1987~2017 年的数据集所进行的参数估计,其相关结果则汇总于表 5.12。

---

① 这里的多因素主要可以划分为技术因素、供给因素和需求因素。

表 5.11　网络型产业的新产品扩散、管制改革与市场结构：基于 Fisher-Pry 模型和 1987~2010 年的数据集

变量	非时变模型	时变模型			
		模型 1	模型 2	模型 3	模型 4
S	82.676 78 (5.876 833)**	78.734 09** (11.279 12)**	101.051** (20.876 07)**	84.633 68** (13.945 95)**	105.643 5** (25.638 74)**
α_F	-7.031 158 (0.312 191)**	-7.986 947 (0.602 916)**	-7.146 414 (0.185 307)**	-6.736 498 (0.494 603)**	-7.181 797 (0.287 911)**
β_F	0.339 595 (0.021 845)**	-1.632 082 (72.657 87)	0.162 172 (0.042 691)**	-2.705 191 (33.752 11)	0.182 189 (0.116 291)
n	— —	0.118 936 (0.016 188)**	0.092 16 (0.008 278)**	0.521 776 (0.132 129)**	0.067 506 (0.126 245)
n^2	— —	— —	— —	-0.122 132 (0.039 34)**	0.007 257 (0.036 555)
Pgdp	— —	0.000 020 5 (0.000 011)*	0.000 020 6 (0.000 004 17)**	0.000 018 5 (0.000 008 28)**	0.000 021 0 (0.000 004 14)**
digital	— —	2.003 978 (72.657 04)	— —	2.569 821 (33.749 8)	— —
digital rate	— —	— —	0.001 809 (0.000 326)**	— —	0.001 913 (0.000 521)**
urbanization rate	— —	-0.005 81 (0.004 359)	-0.006 033 (0.001 392)**	-0.003 362 (0.003 041)	-0.006 378 (0.001 542)
fixde penetration	— —	-0.000 199 (0.000 95)	0.000 605 (0.000 457)	0.000 0472 (0.000 76)	0.000 695 (0.000 464)
R_a^2	0.994 687	0.999 599	0.999 905	0.999 75	0.999 9
DW	0.479 324	1.287 083	2.663 087	1.638 473	2.653 53
n^*	—	—	—	2.136 115	—

注：括号中为标准误差；"—"表示变量未进入估计；n^*表示最优市场结构的估计值。

*10%显著。

**5%显著。

表 5.12 网络型产业的新产品扩散、管制改革与市场结构：基于 Fisher-Pry 模型和 1987～2017 年的数据集

变量	非时变模型	时变模型				
		模型 5	模型 6	模型 7	模型 8	模型 9
S	108.758 1	117.742 2	117.791 3	121.429 3	121.425 6	105.571
	(2.312 776)**	(8.102 195)**	(8.497 824)**	(10.122 25)**	(9.911 252)**	(1.711 19)**
α_F	-6.717 376	-11.914 65	-10.733 63	-10.675 19	-10.674 68	-6.069 127
	(0.219 458)**	(1.317 779)**	(1.829 733)**	(1.049 965)**	(1.027 939)**	(0.151 215)**
β_F	0.298 928	0.836 604	0.729 358	0.556 98	—	—
	(0.011 68)**	(2.481 85)	(0.336 677)**	(2.786 652)		
n	—	0.059 659	0.055 253	0.070 63	0.070 627	0.245 134
		(0.008 703)**	(0.010 741)**	(0.090 265)	(0.088 37)	(0.012 537)**
n^2	—	—	—	-0.004 494	-0.004 493	-0.052 301
				(0.024 248)	(0.023 739)	(0.005 374)**
Pgdp	—	0.000 001 97	0.000 000 85	—	—	—
		(0.000 001 81)	(0.000 002 35)			
digital	—	0.146 61	0.000 967	0.241 062	0.797 973	—
		(2.468 996)	(0.001 191)	(2.777 957)	(0.171 459)**	
digital rate	—	—	—	—	—	—
urbanization rate	—	-0.011 611	-0.009 279	-0.009 021	-0.009 02	—
		(0.002 603)**	(0.003 631)**	(0.001 977)**	(0.001 935)**	
fixde penetration	—	-0.000 859	-0.000 64	-0.000 597	-0.000 597	—
		(0.000 405)**	(0.000 463)	(0.000 39)	(0.000 382)	
R_a^2	0.996 937	0.999 441	0.999 460	0.999 394	0.999 75	0.998 752
DW	0.667 294	1.869 129	1.942 325	1.843 591	1.638 473	1.272 856
n^*	—	—	—	7.85	7.85	2.34

注：括号中为标准误差；"—"表示变量未进入估计；n^* 表示最优市场结构的估计值。
**表示 5%显著。

5.4.2　新产品扩散的固定效应、影响因素与管制政策对市场结构的依赖

基于表 5.9 和表 5.10 中 Gompertz 模型的参数估计结果,本书将对新产品扩散与市场结构特征、通信技术变革等经济因素、社会因素的关联性特征进行简单的说明。

1. 新产品扩散的固定效应: 位置效应与速度效应

对于新产品扩散,本书将扩散的初始水平视为位置效应。基于早期的位置特征,以及后期多个因素对新产品扩散速度的影响,基本上就可以确定新产品的扩散轨迹。因此,有更多理由相信新产品的扩散存在自发行为,即固定效应。需要说明的是,与面板数据模型中的固定效应不同,这里的固定效应主要强调扩散的自发性。从某种意义上说,这种固定效应决定了新产品扩散的起点。在 1987~2010 年这一观察周期,时变 Gompertz 模型对位置变量 α_F 参数给出约为-2.88 的估计值(这里的负号并不意味着位置变量的固定效应为负,它实际上是由模型设定所致的),与非时变 Gompertz 模型对此变量的估计值极为接近,表明移动电话早期在中国扩散的初始水平并没有受到本书模型所引入变量的过多影响,这也与主流的研究结论基本一致。在 1987~2017 年这一观察周期亦有相似的结论,时变 Gompertz 模型对位置变量 α_F 参数的估计值与非时变 Gompertz 模型对这一参数的估计值极为接近,均约为-3.13。

在 1987~2010 年这一观察周期,时变 Gompertz 模型对扩散速度的固定效应 β_F 的估计值在 0.08~0.14 之间浮动,表明忽略其他因素的影响,移动电话在中国的扩散速度拥有 0.1 左右的固定效应。经过简单的对比即可发现,这一估计结果略小于这一观察周期内非时变模型中参数 b 的估计值(考虑实际经济含义,在表 5.9 和表 5.10 中均以 β_F 表征),其基本原因在于后者并未考虑影响移动电话扩散的多个因素对扩散速度的干扰。在 1987~2017 年这一观察周期,时变 Gompertz 模型对扩散速度的固定效应 β_F 的参数估计值则在 0.07~0.49 之间浮动,实际上,这一参数的较高估计值既与观察周期的延伸相关,也与模型本身的设定相关(如剔除了 Pgdp 和通信技术指标的模型 9,对固定效应 β_F 的参数估计值较高)。整体上,在 1987~2010 年和 1987~2017 年这两个观察周期,时变 Gompertz 模型对位置变量 α_F 和扩散速度的固定效应 β_F 两类固定效应的参数估计值均呈现内在的一致性。

2. 技术变革与新产品扩散

技术因素往往被视作新产品扩散的重要驱动力。在世界范围内,20 世纪 80 年代后期出现的 2G 技术对移动电话的扩散产生了重要影响。1993 年 9 月 19 日,我国开始为公众提供 2G 移动业务,移动电话此后在我国经历了一个极为成功的扩散过程。作者在对两类通信技术变量估计结果的对比中发现了一些信息。在 1987~

2010 年这一观察周期，虚拟变量 digital 在模型 1 和模型 3 中并不显著，模型 1 对这一参数的估计甚至为负数，与基本的预期冲突。实际上，在剔除了扩散速度的固定效应变量后，模型 1 和模型 3 的对应模型（模型 5 和模型 6）对这一虚拟变量的估计结果显著性略有提高。与此相似，数据信息更丰富的数字化率变量 digital rate 的估计结果同样不显著。与此类似，在 1987~2017 年这一观察周期，虚拟变量 digital 在模型 7 中极为不显著，而数据信息更丰富的数字化率变量 digital rate 在模型 8 中也不显著，并且参数符号为负数，与预期不一致。剔除了扩散速度的固定效应 β_F 后，模型 10 对虚拟变量 digital 给出了较为显著的估计结果。此外，两类通信技术变量的参数估计值均非常小，这意味着技术因素似乎对移动电话在中国的扩散既不重要也不显著。实际上，新一代的通信技术如数字技术对移动电话扩散的影响力微弱并不是中国的特例，Gruber（2001b）对中东欧地区移动电话扩散的研究中也获得了类似的结果，但与此不同的是，数字通信技术对移动电话在欧洲联盟的扩散则极为重要（Gruber，1999；Gruber，2001b）。这种结论的矛盾性可能源于移动电话的扩散在两个地区所面临的差异化的市场环境。

技术因素并未构成我国移动电话扩散的重要动力，其可能的原因有如下两个。其一，2G 技术引入我国的时间与中国电信业的改革时间基本上重叠。按照对 2G 技术采用年份的定义，1994 年新技术开始应用于我国移动通信市场。同年，我国基于欧洲模式对电信业进行了改革，成立了中国联通，开始为我国移动市场引入竞争。此外，技术变革对频谱资源利用效率的改善本身也为新个体进入移动市场提供了可能。因而，数字技术对移动电话扩散的重要性，或许由于与市场变革时间的重叠反而被弱化了。其二，1G 技术（模拟技术）使用年限过短。在 1994 年开始引入数字技术时，我国 1G 用户总数只有 156.68 万户，其扩散本身还处于低水平，就普及率而言也仅有约 13%。此外，1994 年，我国 1G 网络的频谱资源并未被利用充足，即使在 2001 年 1G 退网时也是如此。2G 技术增加了新的业务，诸如短信等，但实际上长期以来中国电信业主要的收入来源是语音通信，而不是短信息服务等数字业务。

3. 个体购买力提升、城市化推进与新产品扩散

我们将个体购买力变量 Pgdp、社会系统特征变量城市化率与新产品扩散的内在关系在此处合并讨论。在 1987~2010 年这一观察周期，时变 Gompertz 模型对两类变量的估计结果在参数符号上极为一致，并且都在 5% 的置信水平上显著。个体购买力变量 Pgdp 的参数估计值在(0.000 006 41, 0.000 006 92)区间浮动，约为 0.000 006。这一估计结果表明在这一观察周期，经济发展水平和居民购买力因素是新产品扩散的重要动力，其可能的逻辑在于：伴随经济整体环境的改善及普通个体需求能力的提升，更多的社会个体倾向于采用移动电话这项服务，个体通过

移动通信服务提高了时间利用效率。与此同时，每个行业借助移动通信方式对信息的高效利用共同提高了整个经济的运行效率。因此，经济增长与移动电话的扩散构成一种正相关关系。移动电话的扩散只是移动通信行业发展的一个侧面，从本质上讲，经济发展水平是移动通信业发展的动力，同时也是移动电话扩散的基本动力。与此不同，在 1987～2017 年这一观察周期，时变 Gompertz 模型 7 和模型 8 对个体购买力变量 Pgdp 的估计值均为负值，约为-0.000 002，并且在 5% 的置信水平上显著。在两个观察周期内，同一变量参数估计符号的差异需要基于扩散速度的测度指标 b_t 的内涵进行理解。b_t 等于累积扩散水平的变化率与潜在用户余额变化率（可以理解为剩余市场容量变化率）之间的比值，这个比值的大小构成对新产品扩散速度的某种测度，但其并非新产品扩散速度本身。显然，在新产品扩散的不同阶段，这一指标的数值本身存在自身的演化规律，个体购买力变量 Pgdp 等需求因素与这一指标的内在关系亦存在演化的可能性。

在 1987～2010 年这一观察周期，六个时变 Gompertz 模型对社会系统特征城市化水平变量的参数估计结果均为负值，约为-0.002。与此类似，在 1987～2017 年这一观察周期，包含这一变量的时变 Gompertz 模型对其参数估计值大多为负值，约为-0.003，模型 8 给出的估计值为-0.000 897，但其并不显著，同时模型 7 对这一变量的估计值为正数，其也并不显著。因此，在 1987～2010 年和 1987～2017 年这两个观察周期，城市化进程与移动电话在我国的普及之间存在相似的关系。从整体上来讲，城市化的推进成为移动电话扩散的某种负面力量，但需要说明的是，虽然这一社会化过程对移动电话这种新产品的扩散产生了重要影响，但在众多推动新产品扩散的因素中，其并不是决定性的。

4. 固定电话与移动电话在中国的关系：是替代还是互补

与固定电话相比，移动电话作为一种创新产品具备显著的比较优势，加之其使用难度并无显著提高，这些因素都促使移动电话成为固定电话的替代品。尽管如此，从另一个层面理解，由于固定网络构成移动电话用户与固定电话用户之间实现通信的基础，固定电话也在逻辑上成为推动移动电话被采用的可能原因，或者说成为移动电话的互补品。实际上，已有研究表明，尽管移动电话和固定电话在欧洲联盟地区呈现出替代关系（Gruber，2001a），但在中东欧地区则呈现出一种互补关系（Gruber，2001b）。时变 Gompertz 模型对固定电话与移动电话在中国的关系给出了具体的数量说明。在 1987～2010 年这一观察周期，模型 1～模型 6 都对固定电话普及率变量给出了约为 0.000 1 的正的估计值，表明这一时期在移动电话在中国扩散的过程中，固定电话整体上成为移动电话的互补品。但需要指出的是，六类模型中这一参数在惯常统计意义水平上均不显著，说明需要谨慎面对有关两者关系的绝对描述。

与此不同的是，伴随观察周期的延伸，在 1987～2017 年这一观察周期，时变 Gompertz 模型对固定电话普及率的参数估计值为负数，约为-0.000 7，并在 5%置信水平上显著，表明这一时期我国的移动电话与固定电话之间的关系已从互补关系演化为替代关系。实际上，2017 年，我国固定电话的采用率仅为 13.94%[①]，约相当于这一指标在 2000 年的水平。特别需要指出的是，固定电话普及率自 2006 年开始进入持续下降阶段，而 1987～2006 年则是一个持续上升的过程。因此，我国固定电话普及率数据的演化过程也进一步印证了本书对在两个观察周期内移动电话和固定电话内在关系的讨论。

5. 市场变革、适度竞争与新产品扩散

自 1987 年至今，移动电话扩散的过程伴随着我国移动通信行业引入竞争、市场结构变迁的过程。对市场竞争环境进行测度的市场结构特征变量 n 指数成为本书研究新产品扩散的重要考虑因素。在 1987～2010 年这一观察周期，市场结构变量在六个时变 Gompertz 模型中均非常显著，其对移动电话扩散的重要性在 0.03～0.05 之间浮动。无论从参数值的大小还是从显著性角度分析，均可以得到如下基本结论：移动通信业改革在我国移动电话扩散的过程中扮演着关键角色。在我国移动电话扩散的众多影响因素中，市场结构变量 n 指数居于重要的位置，参数估计值在 0.03～0.05 之间浮动。这一基本结论为我国移动通信业改革的必要性提供了某种证明。我国移动通信业由小到大，从 1987 年仅仅 700 户发展到如今全球最大的移动市场，引入竞争的改革功不可没。在 1987～2017 年这一观察周期，对这一变量的参数估计值与此类似，但部分模型对这一变量的估计值为负值，和 5.3.2 小节中的预期存在冲突。

考虑到市场结构 n 指数这一变量主要基于市场中的竞争因素进行测算，而我国移动通信业的自然垄断性虽然弱化，但依然很强，过度竞争同样不利于移动通信业的发展，因此本书认为这一变量对移动电话扩散的作用方式可能满足一个倒 U 形轨迹。在 1987～2010 年这一观察周期，为了有效地识别这一特征，选择模型 1～模型 2 作为基础模型，添加了市场结构变量的二次项 n^2，并对其依据 NLS 进行估计。调整后的模型与 5.3.2 小节中的预期相符，市场结构变量二次项的参数估计值为负数，表明这一变量对移动电话扩散经历了从促进到阻碍的演进过程，同时其也构成新产品扩散最优市场结构具有存在性的某种证明。在 1987～2010 年这一观察周期，市场结构变量 n 指数的参数估计值在 0.052 165～0.056 34 之间浮动（包含二次项 n^2 的模型中，模型 4 对 n 指数的估计值在统计学意义上不显著，此

[①] 特别是在相对贫困的乡村，固定电话运营商已经逐步拆除固定电话通信的基础设施。对于农民群体而言，移动电话成为一个更好的选择。

处的讨论主要基于模型 3 和模型 6），而其二次项 n^2 的参数估计值在-0.008 726～
-0.007 578 之间浮动，其二次项的参数估计值为-0.007，据此可计算最优的市场结
构变量 n 指数 $n*$ 为 3.47。这一估计结果与现有研究文献中"移动通信业最优市场
绩效的实现需要三家左右运营商"的结论基本一致。但需要强调的是，这里的数
值是指移动通信市场中参与竞争运营商的有效当量，而非运营商的数目本身。在
1987～2017 年这一观察周期，包含市场结构变量 n 指数及其二次项的模型 9～模
型 11，对两个变量的参数估计值存在一定冲突。尽管如此，其亦可提供有益的启
示。基于模型 9～模型 10 的参数估计结果，我国移动通信业最优市场结构的实现
需要市场结构变量 n 指数不小于 1.51；而基于模型 11 的参数估计结果，最优市场
结构的实现需要市场结构变量 n 指数不大于 2.79。两个观察周期内的参数估计结
果均表明了最优市场结构和适度竞争对移动电话普及的重要意义。需要说明的是，
移动通信业改革对竞争的引入与其产业发展的目标也可能发生偏离，盲目改革带
来的过度竞争与过度垄断都将对市场绩效产生严重的负面效应。基于所选择目标
模型（模型 11）的分析结果，我国移动电话的扩散或移动通信业的发展在竞争强
度大于 2.79 的市场结构中均会被抑制，但考虑到在本书的观察周期内，我国移动
通信市场的 n 指数为 1～2.17，这意味着我国移动通信市场的竞争并不充分，有必
要进一步采取促进竞争的政策，尚存在一定的改革空间。

5.4.3　模型稳定性

由于非线性模型收敛即可获得渐近有效的参数估计，本书同时提供了利用
1987～2010 年和 1987～2017 年的数据集对另一种 S 形扩散模型即 Fisher-Pry 模型
的参数估计结果，并分别汇总于表 5.11 和表 5.12，以加深对模型稳定性的认识。
Fisher-Pry 模型与 Gompertz 模型的估计结果极为类似，参数估计的数值大小及符
号本身都可以获得某种意义上的印证。Fisher-Pry 模型同样认为引入竞争的市场化
改革、普通个体收入水平的提高、数字技术的使用及固定电话的普及等因素是移
动电话扩散的动力来源，而城市化过程的推进则是这种新产品在我国被采纳的负
面因素。相比 Gompertz 模型，Fisher-Pry 模型对移动电话扩散的饱和水平值的低
估，也伴随观察周期从 1987～2010 年延伸至 1987～2017 年，获得了某种证明。

此外，将市场结构变量 n 指数的二次项引入时变 Fisher-Pry 模型中，同样为
移动电话这种新产品的扩散存在一个最优的市场结构提供了证据。Fisher-Pry 模型
与 Gompertz 模型的基本结论得到了相互说明，这意味着基于 Gompertz 模型的结
论，本书对移动电话扩散与市场结构等变量间关系的研究可以为理解新产品的扩
散提供帮助。同时，由于移动电话的扩散构成移动通信业市场绩效的重要方面，
上述基本结论同样可以为理解我国移动通信市场的发展提供基本的参考。

5.5 主要结论

移动电话的扩散过程实质上构成移动市场的形成过程，也是移动通信网络发挥网络外部性的用户基础，并在一定程度上成为整个移动通信业发展的重要基础。因此，关于移动电话扩散的研究与关于移动通信市场绩效的研究具备本质上的一致性。在某种意义上，本书基于经典扩散模型对我国移动电话扩散与引入竞争的市场化改革之间关系的研究，同样适用于对移动通信业发展相关问题的讨论。本章关于新产品扩散、网络外部性与管制改革的研究，主要获得了如下基础结论。

1）我国电信业三家网络运营商的用户规模与以主营业务收入表征的网络价值之间存在显著的正相关关系。基于梅特卡夫法则对我国电信业网络外部性的测度表明，在 2004～2017 年这一观察周期，三家运营商的网络外部性在(0.000 000 175, 0.000 000 387)区间浮动。作为一种补充分析，本书同样测算了我国电信业三家网络运营商网络价值关于其用户规模的弹性。在 2004～2011 年这一观察周期，中国电信和中国移动用户规模的变化带来其网络价值的同向变化，但中国联通的弹性系数为负数；而在 2004～2017 年这一观察周期，三家运营商的网络价值关于用户规模的弹性系数均为正数，中国电信和中国联通的这一系数小于 1，而中国移动的这一系数则大于 1。

2）移动电话这种新产品的扩散并不是简单的自发趋势过程，而是多因素综合冲击下的一个演变过程。这些因素包括测度管制改革的市场结构变量、测度市场需求条件的经济发展水平、测度技术基准差异的数字技术的采用等。基于两个数据集的估计结果均表明，在所有影响因素中，市场结构变量 n 指数起到了显著的作用，其估计值约为 0.03，远高于其他变量的参数估计值，特别是数字技术的采用及城市化对我国移动电话扩散在统计学意义上不显著或影响甚微。

3）市场结构变量对移动电话这种新产品扩散的作用可能满足一个倒 U 形的二次型关系，即竞争机制带给市场绩效的改善存在一个上限，同时对于产业发展的特定阶段而言存在一个最优的市场结构。在 1987～2010 年这一观察周期，基于二次型模型的基本特征及参数估计结果，经过简单计算获得了以 n 指数表征的最优市场结构：当 n^* 等于 3.47 时，我国移动通信业将实现最优的市场结构，其基本含义是当市场中存在约为 3.47 个有效厂商当量时，移动电话普及的最优市场结构方可实现；大于或低于这一临界值的市场结构均代表对最优市场结构情形的偏离，前者需要引入竞争，后者则需要规避因过度竞争而带来的市场秩序的混乱。在 1987～2017 年这一观察周期，基于相关参数估计结果，市场结构 n 指数 $n*$等于 2.79 时，移动电话的扩散处于最优市场结构中。在 1987～2017 年的 31 年间，我国移动通信市场的 n 指数在 1～2.17 之间浮动，这意味着我国移动通信市场并未遭受过度竞争所带来的负面作用，但市场竞争尚不充分，引入竞争的市场化改革亟待进行。

第6章

网络型产业的管制体系研究

基于第1～5章关于网络型产业组织优化的相关研究，本章对网络型产业的监管体系建设问题进行讨论，并对网络型产业管制改革的实践进行反思。

6.1　降低政策制定滞后性，实施非对称管制政策

本书对网络型产业网内网外定价问题的研究来自2012年3月20日浙江联通的"随意打"市场行为带来的广泛讨论。本书的研究对网络型产业网内网外定价政策改革具有较强的启示作用，集中于以下两个方面。

1）监管部门应当动态追踪市场信号，在市场结构发生实质变化后，适时改变政策方向，并由市场个体基于市场结构特征，自主决定其网内网外定价行为；而当新进入者具备一定程度的市场竞争力时，则可实施网内网外同价政策，以构建公平竞争的市场环境。在新竞争者被引入市场的早期阶段（如成立初期的中国联通），网内网外同价政策约束了在位企业基于自身市场地位排挤新进入者的市场行为，有利于对称的市场竞争格局的实现。从本质上讲，这种对称的市场结构可能仍然无法在短期内实现，改革的滞后性和市场地位的惯性都加剧了这一情形。需要强调的是，网内网外定价政策的决定权回归到市场个体手中需要具备一个前提条件，即单个个体的市场行为足以改变其竞争对手的策略。如果市场个体之间的地位悬殊，盲目放开网内网外定价政策将对产业发展带来不利影响。因此，网内网外定价政策的方向和调整效率需要改革，但这种改革或许在第二种政策条件下可以加快到来，即通过非对称的网内网外定价政策给市场竞争个体带来差异性的激励，加速市场结构的优化过程，并在市场结构达到临界值时进行政策变革。尽管如此，考虑到网内网外差别定价触及了市场竞争的公平原则，其对整个市场竞

争秩序的干扰及其引致的产业发展障碍仍需要引起足够的反思。因此，当新进入者具备一定程度的市场竞争力时，实施网内网外同价政策有助于构建网络型产业公平竞争的基础环境，并最终为网络型产业的良性发展提供长期的正面激励。

2）我国移动通信市场的垄断属性依然显著，中国移动一家独大的局面并未改变，非对称管制政策体系构建具备现实的紧迫性。在网内网外定价政策的制定上，允许中国联通、中国电信单向与中国移动实施差别定价，但中国移动遵守网内网外同价政策。这一政策歧视有利于中国联通和中国电信市场力量的增长，但需要强调的是，这种政策并不利于我国电信业的长期发展。因此，在三家网络运营商的市场地位趋同的条件下，应当取消这种歧视性政策，并允许市场中的所有个体可以基于自身的目标实施不同的定价政策，将网间定价权返还给市场竞争者。总的来讲，我国电信业网内网外定价政策改革的基本逻辑是，适时调整政策方向，在不同市场地位的个体之间实施非对称管制政策，在市场个体竞争力趋同的条件下，结束非对称管制政策，实施对称管制政策，具体的定价策略由市场中的竞争个体自主决定。确定改革的节点年份，则需要基于市场数据及其他国家的相关经验进行。

6.2　创造适度竞争的市场环境，构建规范有效的管制体系

创造适度竞争的市场环境，构建规范有效的管制体系政策建议主要基于第5章的相关研究，其研究结论对移动通信市场的发展及整个电信业等网络型产业的市场化改革具有以下三层政策含义。

1）创造适度竞争的市场环境。市场结构变量对移动电话扩散的作用呈现一个倒U形轨迹，垄断和过度竞争都会阻碍移动通信业的发展。垄断带来的效率损失，其产品和服务提供价高量少，无法满足有效的市场需求；而过度竞争意味着市场中存在过多的供给者，在产业发展的特定阶段，市场规模不足以容纳更多的竞争者。在网络型产业发展的早期阶段，自然垄断性显著，市场规模仅可容纳一家市场个体。如果发放许可证，允许第二家网络运营商进入市场，这一市场结构状况即可理解为过度竞争。是否处于过度竞争在本质上与产业发展的阶段有关，这是因为产业发展的阶段在一般条件下将决定市场规模的大小。

伴随市场规模的扩大，原本处于过度竞争的市场也会因外部环境的改善而趋于弱化这种"过度特征"，并向有效竞争过渡。当市场结构处于过度竞争时，整个行业将出现过剩产能，这意味着生产能力利用率低下，而由于网络型产业的成本沉没化特征显著，生产能力利用率低下将增加企业的运营成本，并压缩其利润空间，最终引致市场秩序的混乱。同时，这种过度竞争的市场结构将显著影响这个行业的国际竞争力，尤其在市场开发条件下，这个行业将成为国际竞争者的掠夺对象，并在国际竞争中被打败。因此，过度竞争的市场结构无论是对行业内部有效竞争的实现，还是对提升这一行业的国际竞争力都存在负面作用。印度电信业因盲目追求竞争而带来市场混乱的失败经历就是对过度竞争负面效应的一个现实说明。

2）我国电信业三家运营商的市场结构并不是最优的，可能的改革路径如下：通过向中国有线电视发放移动电话牌照，将市场中运营商的数目增加至四家。这种做法与在 1994 年成立中国联通类似，但不同之处在于，中国广播电视网络已经存在，并且具备提供相关电信业务的基础。实际上，美国、欧洲地区的电信业改革都包括对有线电视运营商的许可进入，前者在 1992 年，后者在 1996 年开始允许有线电视运营商经营本地电话业务。从生产能力利用率的角度分析，我国有线电视网络对整个电信业实质上构成一种资产闲置。但有线电视这种专用网络进入电信市场需要制定相应的业务规范，欧美国家的经验可以为我们提供参考。需要强调的是，由于改革的滞后性和市场地位的惯性，2008 年之后的业务重组改革至今并未对我国电信业市场结构带来显著作用，本书第 4 章的模型分析甚至获得了这次改革加剧了市场结构的垄断特征的结果。显然，这种垄断特征的强化并非改革所致，而是因为管制改革政策需要一个传递过程，其对市场结构的重构尚需要一个周期。因此，我国电信市场是否允许有线电视运营商进入还需要对我国电信业市场结构进行进一步分析。如果我国电信业的市场结构在下个周期并未趋于优化，而存在走向垄断的新趋势，则引入新的竞争者可作为政策改革的方向。

3）建立规范、有效的管制制度。通过政府的强制力，管制政策约束了竞争个体的市场行为，对整个市场的成长、发展及结构变迁都将产生显著影响。但由于政策制定者及其实施主体存在"自利性"，管制存在失灵的可能。在极端情况下，管制效果也可能违背改革的初衷，走向改革的对立面，如引入竞争的改革反而加剧了垄断。致力于保护改革成果，避免管制失灵，对管制部门进行管制的相关制度及机构都需要及时出现，这些对管制效果进行评价并对管制部门进行监管的部门可以成为第三方，但重要的是要保持第三方部门的独立性。可能的策略是选择某项管制政策的利益无关群体，以匿名形式进行评价、监督，并保持这些群体名单的动态性和随机性，即随机抽取独立群体，动态选择代表名单对某些管制政策进行效果评价，并监督管制实施主体的相关行为。

6.3　出台相关纲领性文件，强化依法管制的行动逻辑

在世界范围内，尤其是在英国、美国等网络型产业改革的先锋国家，纲领性文件的制定总是与这一行业的管制改革紧密相连的。纲领性文件是指诸如《1996 年电信法案》之类的法律文件，这些文件的出台为新阶段的改革及管制的基本框架提供了基准和方向。但在网络型产业的管制改革实践中，纲领性文件往往落后于管制政策的实施。作为整个管制改革的组成部分，管制政策的实施需要纲领性文件的指导，并基于这些法律条文获得政策实施的依据。市场经济在本质上属于法治经济，网络型产业同样需要在法治的基础上获得发展。《1996 年电信法案》等行业发展的纲领性文件包含对政策方向和改革重点的基本描述，对网络型产业市场化改革和发展具有重要意义。对我国而言，仅有极少数的网络型产业出台了纲领性文件，并且严重滞后于改革实践。纲领性文件的缺失已经成为我国网络型产业改革和发展的重要约束，因此，我国应尽快借鉴国际经验，出台相关纲领性文件，为我国网络型产业的管制政策实施提供法律依据。需要强调的是，这些纲领性文件需要保证制定主体的独立性，即需要摆脱利益集团的干扰，并基于行业发展和改革的基本目标来制定。

英国、美国等国家针对网络型产业的纲领性文件已经非常成熟，其制定、修改和其他相关经验都可以作为我国的具体参考。但我国网络型产业在经济制度、产业发展的阶段、基本目标及市场环境等方面均与英国、美国等国家存在差异，这是纲领性文件在制定过程中需要特别关注的问题。此外，尽管纲领性文件的出台为管制改革提供了基本的方向，但伴随市场环境的变化，其指导性将存在失效的可能，即纲领性文件存在一定程度的时效性。总的来讲，纲领性文件的出台构成网络型产业管制实践的重要组成部分，但其存在有由环境变化等因素带来的时效性问题。因此，对网络型产业而言，纲领性文件的获得必然表现为一个制定、修改和重新制定的动态过程。

参 考 文 献

埃弗雷特·M 罗杰斯, 2002. 创新的扩散[M]. 辛欣, 译. 北京: 中央编译出版社.

陈兵, 2019. 改革开放以来铁路业定价机制的嬗变与展望[J]. 兰州学刊 (1): 5-21.

陈代云, 2000. 网络产业的规制改革: 以电力、电信为例[J]. 中国工业经济 (8): 33-38.

程先锋, 2005. 关于网内外差别定价的理论研究[J]. 当代通信 (19): 72-73.

戴维·M. 纽伯里, 2002. 网络型产业的重组与规制[M]. 何玉梅, 译. 北京: 人民邮电出版社.

邓胜, 2005. 移动通信网差别定价能否叫停? [J]. IT 时代周刊 (Z1): 74-75.

董烨然, 2002. 中国网络型产业的特征与政策取向[J]. 经济研究参考 (83): 10-16.

杜创, 2019. 网络外部性、临界容量与中国互联网普及进程研究[J]. 社会科学战线 (6): 101-110.

范合军, 2010. 产业组织理论[M]. 北京: 经济管理出版社.

房林, 2010. 网络产业互联互通的接入定价研究: 以电信业为例[D]. 天津: 南开大学.

高斌, 2008. 通信经济学[M]. 北京: 人民邮电出版社.

郭洁, 2008. 中国自然垄断产业规制权法律控制绩效研究[M]. 北京: 经济科学出版社.

和军, 2008. 自然垄断产业规制改革理论研究: 新制度经济学视角[M]. 北京: 经济科学出版社.

胡志兵, 唐守廉, 2007. 可分割性与不可分割性对网络型产业自然垄断的影响[J]. 北京邮电大学学报 (社会科学版), 9 (4): 25-29.

黄纯纯, 2011. 网络型产业组织理论的历史、发展和局限[J]. 经济研究 (4): 147-160.

黄居林, 2004. 网络型产业的竞争研究[D]. 重庆: 重庆大学.

卡布尔 J, 2000. 产业经济学前沿问题[M]. 于立, 张嫚, 王小兰, 译. 北京: 中国税务出版社.

卡尔·夏皮罗, 哈尔·瓦里安, 2000. 信息规则: 网络经济的策略指导[M]. 张帆, 译. 北京: 中国人民大学出版社.

肯尼斯·W. 克拉克森, 罗杰·勒鲁瓦·米勒, 1989. 产业组织: 理论、证据和公共政策[M]. 华东化工学院经济发展研究所, 译. 上海: 上海三联书店.

李怀, 2004. 基于规模经济和网络经济效益的自然垄断理论创新: 辅以中国自然垄断产业的经验检验[J]. 管理世界 (4): 61-81.

李美娟, 唐启明, 2017. 携号转网政策下中国电信业接入定价研究[J]. 价格月刊 (1): 19-23.

李霞, 2006. 网络型产业进入壁垒问题研究[D]. 北京: 北京邮电大学.

李旭颖, 2009. 网络型产业竞争化与规制重构[J]. 生产力研究 (4): 115-116, 130.

李长英, 2011. 产业组织理论与应用[M]. 北京: 中国人民大学出版社.

刘恒军, 2008. 网络型产业的动态竞争理论研究[D]. 北京: 北京邮电大学.

刘戒骄, 2001. 竞争机制与网络产业的规制改革[J]. 中国工业经济 (9): 30-37.

刘戒骄, 杨晓龙, 2004. 网络竞争与网络产业改革[J]. 中国工业经济 (7): 50-56.

刘金全, 2002. 时变参数选择模型与货币政策的时变反应分析[J]. 中国社会科学 (4): 40-49.

刘宇, 方雷, 2018. 政企分开后我国铁路行业改革的困境与出路[J]. 改革 (7): 75-83.

刘玉其, 2005. 取消差别定价不能浅尝辄止[J]. 通信世界 (27): 25.

柳卸林, 吴丰祥, 朱文伶, 2009. 中国移动电话扩散的驱动力及预测模型研究[J]. 中国软科学 (6): 43-52.

柳学信, 2004. 网络产业接入定价与互联互通管制: 对我国电信业互联互通问题的分析[J]. 中国软科学 (2): 56-60.

柳学信, 2006. 信息非对称下中国网络型产业规制问题研究[M]. 北京: 首都经济贸易大学出版社.

罗雨泽, 朱善利, 陈玉宇, 等, 2011. 我国移动通信产业发展路径区域差异及扩散机制研究[J]. 经济研究 (10): 81-94.

罗仲伟, 2000. 网络特性与网络产业公共政策[J]. 中国工业经济 (10): 55-61.

马思宇, 肖洪涛, 2005. 移动运营商取消网间差别定价现象之我见[J]. 通信世界 (43): 40.

马云泽, 2008. 规制经济学[M]. 北京: 经济管理出版社.

牛文涛, 2008. 马歇尔冲突的融合理论述评[J]. 决策与信息 (财经观察) (9): 22.

牛文涛, 2009. 中国移动电话扩散趋势及动力因素研究[D]. 成都: 西南财经大学.

彭云飞，马超群，2009．网络型产业关键成功因素识别[J]．系统工程理论与实践（10）：68-75.

戚聿东，柳学信，2009．自然垄断产业改革：国际经验与中国实践[M]．北京：中国社会科学出版社.

乔治·J. 施蒂格勒，1989．产业组织和政府管制[M]．潘振民，译．上海：上海三联书店.

秦占欣，2004．民航运输业的网络经济性与政府管制变迁[J]．西安交通大学学报（社会科学版）（2）：46-49.

曲振涛，杨恺钧，2006．规制经济学[M]．上海：复旦大学出版社.

让·雅克·拉丰，让·泰勒尔，2001．电信竞争[M]．胡汉辉，刘怀德，罗亮，译．北京：人民邮电出版社.

斯蒂芬·马丁，2003．高级产业经济学[M]．史东辉，等译．上海：上海财经大学出版社.

泰勒尔，1997．产业组织理论[M]．马捷，吴有昌，陈耀，等译．北京：中国人民大学出版社.

谭孝权，2010．Hotelling 模型的网内外差别定价分析[J]．工业工程，13（1）：31-35.

唐守廉，2001．电信管制[M]．北京：北京邮电大学出版社.

唐未兵，刘巍，2004．网络产业的联盟结构研究[J]．中国工业经济（5）：47-53.

唐晓华，唐要家，2002．不完全信息与网络产业激励性规制改革[J]．中国工业经济（6）：71-77.

唐晓梅，2003．成本对电信业务定价的影响[J]．通信企业管理（8）：34-35.

王春晖，2006．国外竞争法律制度对中国电信业监管的启示[J]．世界电信，19（12）：20-23，38.

王德财，张维华，骆品亮，2001．对等收费下网络之间的价格竞争[J]．复旦学报（自然科学版）（6）：665-669.

王惠玲，2010．3G 业务对电信市场结构的影响[J]．贵州商业高等专科学校学报，23（2）：8-12.

王俊豪，1998．论自然垄断产业的有效竞争[J]．经济研究（8）：42-46.

王俊豪，2001．政府管制经济学导论[M]．北京：商务印书馆.

王俊豪，等，2002．中国自然垄断经营产品管制价格形成机制研究[M]．北京：中国经济出版社.

王磊，2018．电信网络接入定价理论与政策研究[J]．价格理论与实践（2）：32-36.

王西玲，2005．网内外差别定价的不合理性探析[J]．移动通信，29（3）：112-113.

王学庆，1999．西方发达国家电信业引入竞争机制的经验[J]．世界经济（4）：54-58.

王燕，2003．网络型产业价格规制的比较与选择[J]．天津社会科学（6）：88-91.

王燕，2004．网络产业价格规制模式的多元化及其适用性分析[J]．当代财经（10）：16-19.

王燕，2007．网络型产业价格规制模式改革研究：以我国铁路业为例[D]．北京：北京交通大学.

王燕，李文兴，2004．网络产业价格规制对投资行为的扭曲及改进方案[J]．中国软科学（8）：92-96.

韦惠民，李国民，暴宇，2006．移动通信技术[M]．北京：人民邮电出版社.

吴洪，黄秀清，苑春荟，2007．通信经济学[M]．北京：北京邮电大学出版社.

徐华，2004．网络型产业互联互通的经济分析[J]．中国经济问题（2）：45-51.

徐华，2006．论网络型产业有效竞争的决定变量[J]．中国经济问题（2）：3-11.

徐明慧，郑维明，2006．基于 Bass 模型的移动电话用户数扩散研究[J]．科技管理研究（5）：121-123.

徐晓慧，王云霞，2009．规制经济学[M]．北京：知识产权出版社.

严华，2008．网络型产业的经济特征与规制改革：以电力产业为例[D]．苏州：苏州大学.

余英，2004．网络型产业的政府管制：机场管制研究[D]．合肥：合肥工业大学.

袁宏斌，2005．中国银行卡产业的网络经济性分析和发展策略探析[D]．杭州：浙江大学.

袁靖波，周志民，周南，等，2019．管制放松后的企业竞争行动、竞争对手分类与销售绩效[J]．管理世界，35（6）：179-192，196.

约瑟夫·斯蒂格利茨，张昕竹，汪向东，等，1999．促进规制与竞争政策：以网络产业为例[J]．数量经济技术经济研究（10）：51-57.

张彬，杨国英，荣国辉，2002．产品扩散模型在 Internet 采用者分析中的应用[J]．中国管理科学（2）：51-56.

张凤林，1989．从马歇尔到凯恩斯：现代西方经济思想史上的一页[J]．辽宁大学学报（哲学社会科学版）（4）：98-101.

张树民，2003．网络型产业的非对称管制与竞争[D]．成都：西南财经大学.

张昕竹，2000．中国规制与竞争：理论和政策[M]．北京：社会科学文献出版社.

张昕竹，2004．中国铁路规制与竞争：理论和政策[M]．北京：国家行政学院出版社.

张昕竹，马源，冯永晟，2014．移动化、宽带化、信息化下的电信监管[M]．北京：中国社会科学出版社.

张旭梅,官子力,范乔凌,等,2017. 考虑网络外部性的电信业产品服务供应链定价与协调策略[J]. 管理学报(2):270-276.

张玉,2010. 论解制与规制重建的路径选择:以西部石油城区天然气供给体系的规制重建为例[J]. 学术交流(1):85-89.

赵桂琴,1998. 论"马歇尔冲突"[J]. 中国人民大学学报,12(2):17-20.

植草益,1992. 微观规制经济学[M]. 朱绍文,胡欣欣,等译. 北京:中国发展出版社.

朱恒源,刘广,吴贵生,2006. 城乡二元结构对产品扩散的影响研究:以彩电采用为例[J]. 管理世界(4):66-72.

祝祖强,2011. 基于网络型产业规制理论的中国铁路收入清算研究[D]. 北京:北京交通大学.

BASS F M, 1969. A new product growth model for consumer durables[J].Management science(15):215-227.

BAUMOL W J, 1982. Applied fairness theory and rationing policy[J]. American economic review, 72(4):639-651.

BEWLEY R, GRIFFITHS W E, 2003. The penetration of CDs in the sound recording market:issues in specification, model selection and forecasting [J].International journal of forecasting,19(1):111-121.

BOTELHO A, PINTO L C, 2004. The diffusion of cellular phones in Portugal[J]. Telecommunications policy, 28(5-6): 427-437.

CHOW G C, 1967. Technological change and demand for consumers[J]. American economic review(57): 1117-1130.

CLARK J M, 1940. Toward a concept of workable competition[J]. American economic review, 30(2):241-256.

ECONOMIDES N, 1996. Network externalities, complementarities, and invitations to enter[J]. European journal of political economy, 12(2):211-233.

GABRIELSEN T S, VAGSTAD S, 2008. Why is on-net traffic cheaper than off-net traffic?[J]. European economic review, 52(1) :99-115.

GERPOTT T J, 2008. Termination-discriminatory pricing in European mobile communications markets[J]. International journal of mobile communications, 6(5):564-586.

GRILICHES Z, 1957. Hybrid corn:an exploration in the economics of technological change[J]. Econometrica, 25(4):501-522.

GRUBER H, 1999. An investment view of mobile telecommunications in the European Union[J]. Telecommunications policy(23):521-538.

GRUBER H, 2001a. Spectrum limits and competition in mobile markets:the role of license fees[J]. Telecommunications policy, 25(1): 59-70.

GRUBER H, 2001b. Competition and innovation:the diffusion of mobile telecommunications in Central and Eastern Europe[J]. Information economics and policy(31):19-34.

GRUBER H, VERBOVEN F, 2001. The diffusion of mobile telecommunications services in the European Union[J]. European economic review(45):577-588.

HARDIE B G S, FADER P S, WISNIEWSKI M,1998. An empirical comparison of new product trial forecasting models[J]. Journal of forecasting, 17(3-4):209-229.

HOTELLING H, 1929. Stability in competition[J]. Economic journal, 39(153):41-57.

KATZ M. L, SHAPIRO C, 1985.Network externalities, competition and compatibility[J]. American economic review, 75(3):424-440.

KIM H S, KWON N, 2003. The advantage of network size in acquiring new subscribers:a conditional logit analysis of the Korean mobile telephony market[J]. Information economics and policy, 15(1):17-33.

LAFFONT J J, REY P, TIROLE J, 2008. Network competition:II. Price discrimination[J].The rand journal of economics, 29(1):38-56.

LAFFONT J J, REY P, TIROLE J, 1998. Network competition:I.overview and nondiscriminatory pricing[J]. The rand journal of economics, 29(1):1-37.

LAFFONT J J, TIROLE J, 1986. Using cost observation to regulate firms[J]. Journal of political economy, 94(3):614-641.

LAFFONT J J, TIROLE J, 1993. A theory of incentives in procurement and regulation[M]. Cambridge: MIT Press.

LAFFONT J J, TIROLE J, 1994. Access pricing and competition[J]. European economic review, 38(9): 1673-1710.

LAFFONT J J, TIROLE J, 2000. Competition in telecommunications[M]. Cambridge:MIT Press.

LIEBOWITZ S J, MARGOLIS S E, 1994. Network externality:an uncommon tragedy[J]. Journal of economic perspectives, 8(2):133-150.

LITTLECHILD S C, 1983. Regulation of British telecommunications profitability[R]. London: HMSO.

MANSFIELD E, 1961. Technical change and the rate of imitation[J]. Econometrica (29):741-766.

MARSHALL A, 1890. Principles of economics[M]. London: Macmillan.

MEADE N, ISLAM T, 1995. Forecasting with growth curves: an empirical comparison[J]. International journal of forecasting, 11(2):199-215.

MEADE N, ISLAM T, 1998. Technological forecasting: model selection, model stability, and combining models[J]. Management science,44(8):1115-1130.

MEADE N, ISLAM T, 2001. Forecasting the diffusion of innovations:implications for time-series extrapolation[J]. Principles of forecasting.international series in operations research & management science(30): 577-595.

MEADE N, ISLAM T, 2006. Modelling and forecasting the diffusion of innovation:a 25-year review[J]. International journal of forecasting, 22(3): 519-545.

MICHALAKELIS C, VAROUTAS D, SPHICOPOULOS T, 2008. Diffusion models of mobile telephony in greece[J]. Telecommunications policy, 32(3):234-245.

MUSGRAVE R A, 1959. The theory of public finance: a study in public economy[M]. New York: McGraw-Hill.

PARKER P M, RÖLLER L H, 1997. Collusive conduct in duopolies:multi-market contact and cross-ownership in the mobile telephone industry[J]. The RAND journal of economics, 28(2):304-322.

PELTZMAN S, 1976. Toward a more general theory of regulation[J]. Journal of law and economics, 19 (2) :211-240.

PIGOU A C, 1920. The economics of welfare[M]. London: Macmillan.

ROGERS E M, 1995. Diffusion of innovations[M]. 4th ed. New York: The Free Press.

ROHLFS J, 1974. A theory of interdependent demand for a communication service[J]. The Bell journal of economics and management science, 5(1):16-37.

RYAN B, GROSS N C, 1943. The diffusion of hybrid seed corn in two iowa communities[J]. Rural sociology, 8(8):15-24.

SCHMITTLEIN D C, MAHAJAN V,1982.Maximum likelihood estimation for an innovation diffusion model of new product acceptance[J]. Marketing science (1):57-78.

SHY O, 2001. The economics of network industries[M]. Cambridge: Cambridge University Press.

SRINIVASAN V, MASON H, 1986. Nonlinear least squares estimation of new product diffusion models[J]. Marketing science, 5(2):169-178.

STEFFEN H, 2007. On-net and off-net pricing on asymmetric telecommunications networks[J]. Information economics and policy, 19(2):171-188.

STIGLER G J, 1971. The theory of economic regulation[J]. The Bell journal of economics and management science, 2(1):3-21.

STIGLER G J, 1983. The organization of industry[M]. Chicago: University of Chicago Press.

VISCUSI W K, VERNON J M, HARRINGTON J E, 1995. Economics of regulation and antitrust[M]. Cambridge, MA:MIT Press.

WILLIG R D, 1979. Multiproduct technology and market structure[J]. American economic review, 69(2):346-351.

WU F S, CHU W L, 2010. Diffusion models of mobile telephony[J]. Journal of business research, 63(5):497-501.

YOUNG P,1993. Technological growth curves. a competition of forecasting models[J]. Technological forecasting and social change,44(4):375-389.

附　录

附表 1　1987～2017 年我国移动通信市场 HHI 指数、H 指数、n 指数（依据用户份额）

年份	中国电信 用户数/万户	中国移动 用户数/万户	中国联通 用户数/万户	合计	中国电信 用户份额/%	中国移动 用户份额/%	中国联通 用户份额/%	HHI 指数	H 指数	n 指数	CR₁
1987	0.07	0	0	0.07	100.00	0.00	0.00	10 000.00	1.00	1.00	100.00
1988	0.32	0	0	0.32	100.00	0.00	0.00	10 000.00	1.00	1.00	100.00
1989	0.98	0	0	0.98	100.00	0.00	0.00	10 000.00	1.00	1.00	100.00
1990	1.83	0	0	1.83	100.00	0.00	0.00	10 000.00	1.00	1.00	100.00
1991	4.75	0	0	4.75	100.00	0.00	0.00	10 000.00	1.00	1.00	100.00
1992	17.69	0	0	17.69	100.00	0.00	0.00	10 000.00	1.00	1.00	100.00
1993	63.93	0	0	63.93	100.00	0.00	0.00	10 000.00	1.00	1.00	100.00
1994	156.78	0	0	156.78	100.00	0.00	0.00	10 000.00	1.00	1.00	100.00
1995	360.14	0	2.8	362.94	99.23	0.00	0.77	9 846.89	0.98	1.02	99.23
1996	676.08	0	9.2	685.28	98.66	0.00	1.34	9 735.10	0.97	1.03	98.66
1997	1 280.69	0	42.6	1 323.29	96.78	0.00	3.22	9 376.88	0.94	1.07	96.78
1998	2 244.29	0	142	2 386.29	94.05	0.00	5.95	8 880.69	0.89	1.13	94.05
1999	0	3 808.6	521	4 329.6	0.00	87.97	12.03	7 882.92	0.79	1.27	87.97
2000	0	6 579.3	1 874	8 453.3	0.00	77.83	22.17	6 549.15	0.65	1.53	77.83
2001	0	10 422.2	4 100	14 522.2	0.00	71.77	28.23	5 947.64	0.59	1.68	71.77

续表

年份	中国电信用户数/万户	中国移动用户数/万户	中国联通用户数/万户	合计	中国电信用户份额/%	中国移动用户份额/%	中国联通用户份额/%	HHI指数	H指数	n指数	CR_1
2002	0	13 783.5	6 817	20 600.5	0.00	66.91	33.09	5 571.80	0.56	1.79	66.91
2003	0	17 776.3	9 219	26 995.3	0.00	65.85	34.15	5 502.42	0.55	1.82	65.85
2004	0	22 274.3	11 208.1	33 482.4	0.00	66.53	33.47	5 546.18	0.55	1.80	66.53
2005	0	26 561.2	12 779.4	39 340.6	0.00	67.52	32.48	5 613.62	0.56	1.78	67.52
2006	0	31 869.2	14 236.6	46 105.8	0.00	69.12	30.88	5 731.29	0.57	1.74	69.12
2007	0	38 481.5	16 249.1	54 730.6	0.00	70.31	29.69	5 825.05	0.58	1.72	70.31
2008	3 542	47 244.5	13 336.5	64 123	5.52	73.68	20.80	5 891.52	0.59	1.70	73.68
2009	5 609	52 230	14 758.7	72 597.7	7.73	71.94	20.33	5 648.98	0.56	1.77	71.94
2010	9 052	60 978	16 742.6	86 772.6	10.43	70.27	19.29	5 419.45	0.54	1.85	70.27
2011	12 647	68 071	19 966	100 684	12.56	67.61	19.83	5 121.94	0.51	1.95	67.61
2012	16 062	71 030	23 931.2	111 023.2	14.47	63.98	21.56	4 767.06	0.48	2.10	63.98
2013	18 558	76 721	28 098	123 377	15.04	62.18	22.77	4 611.79	0.46	2.17	62.18
2014	18 562	80 663	29 910	129 135	14.37	62.46	23.16	4 644.85	0.46	2.15	62.46
2015	19 790	82 624	28 666	131 080	15.10	63.03	21.87	4 679.39	0.47	2.14	63.03
2016	21 500	84 890	26 382	132 772	16.19	63.94	19.87	4 744.94	0.47	2.11	63.94
2017	24 996	88 720	28 416	142 132	17.59	62.42	19.99	4 605.35	0.46	2.17	62.42

注：在移动业务剥离由中国移动经营之前，我国移动业务一直由中国电信的前身——邮电部电信总局经营，为了分析需要，本书将其简化为中国电信，这并不影响结论。中国电信在1987~1994年用户份额为100%，在1999~2007年用户份额为0%。

后　记

　　1995年，埃弗雷特·M.罗杰斯的《创新的扩散（第四版）》在美国出版，7年之后始有中译本。这本书一直被视作扩散研究的灯塔，所有致力于从事扩散分析的初学者都可以在这里寻找到自己努力的方向。十五年前我有幸阅读此书，即开始对扩散研究感兴趣，对移动电话这种新产品进行扩散分析构成自己最早的尝试，但如何系统地将扩散分析方法引入对产业组织的相关研究中实则并不明了。自2010年开始，我一直在从事扩散分析的相关研究工作，主要以电信业为例，对新产品扩散模型的选择、我国电信业规则改革与市场结构及网内网外定价政策和市场结构的关系进行研究。这些早期研究工作为本书的完成奠定了基础。

　　正是在这些研究的基础上，本书尝试将扩散分析的方法引入对产业组织理论的相关研究中，但不得不说，其孕育过程并不顺利，特别是对规则政策与市场结构双向关系的分析应当基于何种逻辑展开曾经让我困惑不已。困惑总是必然的，正是这种困惑引发我进行更深入的思考。今日终于完成本书，回想过往，我总是感慨不已。从6月的夏夜到秋日的寂寥，本书的完成如同自己播下的种子，历经四季轮回，终于开花结果。窗外的树木好像长高了许多，尽管我不曾注意，但它已经悄悄地成长。由于种种原因，关于网络型产业更重要的一些问题，本书并未涉及，或者并未进行深入研究，这也是我未来努力的方向。

牛文涛

于英国爱丁堡大学